Invencible

OTROS TÍTULOS DE CHIQUIS RIVERA

Perdón

Forgiveness (inglés)

Chiquis Keto

Chiquis Keto (inglés)

Invencible

CÓMO DESCUBRÍ MI FUERZA A TRAVÉS DEL AMOR Y LA PÉRDIDA

CHIQUIS RIVERA

con CECILIA MOLINARI

ATRIA ESPAÑOL

Nueva York Londres Toronto Sídney Nueva Delhi

Un sello de Simon & Schuster, Inc.
1230 Avenida de las Américas
Nueva York, NY 10020

Algunos nombres han sido cambiados y algún diálogo
ha sido reconstruido.

Traducido por Cecilia Molinari

Primera edición en rústica de Atria Español, febrero 2022
Publicado originalmente por Simon & Schuster, Inc.,
en inglés bajo el título *Unstoppable*.

ATRIA ESPAÑOL y su colofón son sellos editoriales de Simon & Schuster, Inc.

Impreso en los Estados Unidos de América

1 3 5 7 9 10 8 6 4 2

Datos del Catálogo de la Biblioteca del Congreso

Names: Rivera, Chiquis, author. | Molinari, Cecilia, translator.
Title: Invencible : cómo descubrí mi fuerza a través del amor y la pérdida / Chiquis Janney Rivera con Cecilia Molinari.
Other titles: Unstoppable. Spanish
Description: Primera edición en rústica de Atria Español | New York : Atria Español, 2022.
Identifiers: LCCN 2021050266 (print) | LCCN 2021050267 (ebook) | ISBN 9781982180799 (paperback) | ISBN 9781982180805 (ebook)
Subjects: LCSH: Rivera, Chiquis. | Singers—United States—Biography. | Mothers—Death. | Conduct of life. | LCGFT: Autobiographies.
Classification: LCC ML420.R64 A3 2022b (print) | LCC ML420.R64 (ebook) | DDC 782.42164092 [B]—dc23
LC record available at https://lccn.loc.gov/2021050266
LC ebook record available at https://lccn.loc.gov/2021050267

ISBN 978-1-9821-8079-9 (pbk)
ISBN 978-1-9821-8080-5 (ebook)

Este libro te lo dedico a TI.
Espero que te inspire y te dé fuerzas.
Que el dolor, la pérdida y el amor
te sirvan para descubrir
la mejor versión de ti misma.

CONTENIDO

Invencible

INTRODUCCIÓN

En diciembre de 2012, mi mundo se paralizó con el repentino fallecimiento de mi mamá. Me dejó sin aliento, preguntándome si valía la pena seguir viviendo sin ella. Pero no había tiempo para llorar, ni espacio para procesar este vacío súbito e insoportable que había dejado mi mamá, porque mis hermanos y hermanas me necesitaban. Así que entré en acción para de alguna manera rearmar nuestra familia. Sabía que eso era lo que mi mamá habría querido. Tenía que ayudarlos a curar sus corazones partidos; al mío le tocaría esperar. Fue en aquel entonces que escribí mi primer libro, *Perdón*. En esas páginas, sentí la necesidad de compartir mi historia, de aclarar las cosas, de contar mi verdad. También me dio la oportunidad de perdonar a los demás, perdonarme a mí misma y recoger los pedazos rotos de mi vida. Pero ¿qué pasó después?

Tener que continuar la vida sin la fuerza todopoderosa de Jenni Rivera a veces me resultaba paralizador. Ponerme en su lugar y asumir el papel de figura materna para mis hermanos menores Johnny y Jenicka fue un reto en sí mismo. Pero rendirme no era una opción. En estas páginas, comparto contigo las lecciones que me enseñaron a valerme por mí misma como nunca antes. Esta es la historia de cómo pasé de ser una cantante con los nervios de punta a una intérprete ganadora de un Grammy, de una emprendedora novata a una próspera empresaria a lo Boss Bee; revelo cómo navegué por las turbulencias de mis relaciones, cómo descubrí el equilibrio entre satisfacer las necesidades de mi familia y no dejar de lado mis propios sueños y cómo me convertí en esposa para luego verlo desmoronarse todo ante mis ojos.

Sí, he pasado por el infierno varias veces, pero sigo en pie. He sobrevivido. He logrado encontrarle la vuelta a la vida. Aprendí que nada ni nadie me impedirá escuchar a mi corazón, perseguir mis sueños y convertirme en la mejor versión posible de mí misma. *Invencible* es una nueva oportunidad para expresar la verdad de los últimos cinco años de mi vida, pero también es mi oportunidad para inspirarte. Sea lo que fuere que te toque enfrentar, lo que te diga la gente, lo derrotada que te puedas llegar a sentir, soy la prueba viviente de que tenemos el poder para volver a pararnos, desempolvarnos y ser invencibles.

1

SOBREVIVIR A LA PÉRDIDA Y A LA DESOLACIÓN

Una sensación inquietante se apoderó de mí cuando los largos y ardientes días del verano se suavizaron con el nostálgico resplandor otoñal de 2020. En general, me encanta esta época del año, cuando el tiempo empieza a cambiar y las noches frescas reclaman que me sumerja en mi clóset para sacar los suéteres y otras capas de ropa abrigadita que han estado esperando pacientemente su turno estacional. Pero esta vez fue diferente. Mi corazón estaba partido. Las simples actividades del día a día exigían hasta el último gramo de fuerza que llevaba en mi mente y cuerpo agotados. Mientras apagaba las luces de mi casa y subía lentamente las escaleras hacia mi recámara, no podía deshacerme de esta sensación, una especie de *déjà vu*, de que estaba reviviendo de nuevo el otoño de 2012. Después de cepillarme los dientes, lavarme la cara y hacer el resto de mi rutina nocturna en piloto automático, me metí en mi cama tamaño *king*, me acurruqué con mi mullida almohada bajo las suaves mantas blancas y luego me di vuelta despacito hacia el lugar vacío que había a mi lado. Se me hizo un nudo en el estómago y la presión agonizante en el pecho se volvió insoportable. Me… sentía… tan… sola.

Ya había sobrevivido a la peor y más inimaginable pérdida posible. El pilar de mi vida, la única persona en la que había confiado, a la que había adorado y perdonado más allá de la muerte, hacía rato que había partido. Y ahora, la persona que creía ser mi alma gemela, la que permanecería a mi lado en las buenas y las malas, la que juró amarme y cuidarme, también se había ido. De seguro que lograría vencer este tipo de devastación aplastante otra vez. Mi mente me decía que había pasado por cosas peores, que podía y lograría sobrellevar esto también, pero de alguna manera me encontraba una vez más empezando de cero a nivel emocional. ¿Cómo chingados llegué aquí?

Cuando mi mamá falleció en un accidente aéreo el 9 de diciembre de 2012, fue como si alguien hubiera dicho "apaga las luces" en mi vida. Me sequé el corazón sangrante y, entre lágrimas, pasé ese primer año intentando ver cómo llenar el vacío que ella había dejado en nuestra familia.

—¿Alguna vez se preguntan qué estará haciendo mamá? —les dije a mis hermanos y hermanas durante nuestras primeras vacaciones juntos un año después de que ella falleciera.

En honor a una promesa que habíamos hecho de tomarnos unas vacaciones familiares anuales, alquilé una caravana e invité a mis hermanos y hermanas a un viaje al Gran Cañón. En el último año, había lidiado con la ira, la frustración y un dolor insoportable, y luego perdoné... Juré no guardar ningún resentimiento hacia los que me habían herido o abandonado, acepté con gracia todo lo que había pasado —como detallé en mi primer libro, *Perdón*— y me reconcilié con la idea de que, aunque no entendía muy bien por qué la pieza que nos había mantenido unidos había desaparecido, sabía que me correspondía a mí, como hermana mayor, la que ya había estado cuidando de mis hermanos y hermanas durante toda la vida, ponerme en el lugar de mi mamá y empujarnos hacia adelante.

—Todo el tiempo —dijo Jacqie, mi hermana menor, que en ese entonces tenía veinticuatro años y vivía en su propia casa con su marido, Michael, con quien se había casado un año antes, y su hija, Jaylah.

—Yo sueño mucho con ella —dijo Johnny.

—¿Qué sueñas? —le pregunté.

—Con ella riéndose —susurró Johnny.

En aquel momento, Johnny tenía doce años. Es mi hermano menor, pero en realidad, siempre lo consideraré mi chamaquito. Cuando nació, mi mamá, que estaba decidida a no dejar de lado su carrera, me entregó a su bebé y me dijo: "Mija, te necesito de veras. Ahora más que nunca". Y así, Johnny se convirtió en mi hijo. Recuerdo como si fuera ayer, estar de pie entre bastidores con este pequeño en brazos, dándole de comer y acurrucándolo, mientras mi mamá hacía vibrar el escenario. Ella pasó los siguientes años en una gira perpetua, enfocada en hacer algo con su carrera para darnos a todos una vida mejor, mientras yo me quedé en casa con mis cuatro hermanos, cuidando de ellos lo mejor que pude con mis apenas diecisiete años.

—Me encantaría ser como ustedes —dijo mi hermano Mikey, quien tenía en ese entonces veintidós años y se había convertido en padre un año atrás con el nacimiento de la bellísima Luna.

—¿Qué quieres decir con eso? —le pregunté. Era la última noche de nuestras vacaciones en el Gran Cañón y nos encontrábamos sentados alrededor de una fogata mirando el cielo infinito plagado de estrellas parpadeantes.

—No siento nada de paz con este asunto —dijo Mikey, refiriéndose a nuestra aún reciente pérdida.

—Yo tampoco —murmuró Jenicka, mi hermana menor.

Por primera vez en nuestras vidas, mis hermanos y yo teníamos que empezar a aprender a vivir sin la fortaleza de Jenni Rivera, pero la mera idea de seguir adelante sin ella nos parecía absolutamente paralizadora.

—Creo que nunca lo comprenderé —les dije.

—Todavía ni siquiera entiendo por qué tuvo que partir mi papá, y ya han pasado cuatro años —dijo Jenicka conmovida.

Mi corazón se desplomó cuando escuché a Jenicka expresarse tan abiertamente. Esa noche, vi a mis dos hermanos más pequeños con otros ojos. Johnny tenía once años y Jenicka quince cuando falleció nuestra mamá. Habían perdido a su padre sólo unos años antes, así que en ese día inimaginable también se habían quedado huérfanos. Desde entonces, yo estaba decidida a asegurarme de que supieran que nunca los abandonaría. Me volví una mamá osa protectora.

Al parecer, el fideicomiso de mi mamá determinó que el tutor de los niños tenía que vivir en la casa con ellos. Mi tía Rosie había sido nombrada la tutora legal —un trago bien amargo para mí, dado que yo había criado a esos niños desde que llegaron a este mundo—, pero yo seguía siendo su tutora emocional. Así que, cuando los niños me pidieron que volviera a la casa, tuve muchas dudas porque por fin había empezado a acostumbrarme a estar sola, y sabía que la situación no era la ideal. Pero me necesitaban. Por eso, a pesar del incómodo acuerdo de custodia según el cual tenía que pedirle permiso a mi tía para algo tan insignificante como recogerlos en la escuela, les dije que sí a Johnny y a Jenicka, decidida a hacer lo necesario para ellos.

Estos niños eran tan fuertes, eran mis héroes y, honestamente, los ingredientes clave para mi supervivencia. Mientras yo luchaba por mantenerlos con vida, ellos me mantenían a mí con vida, me inspiraban a ser fuerte, a permanecer firme y a salir adelante sin importar lo que pasara.

Sobrevivir a la pérdida y a la desolación

El 2 de septiembre de 2014, casi al año de aquellas vacaciones con mis hermanos, una vez que mi tía Rosie y yo llegamos a un acuerdo, fui nombrada tutora legal oficial de los niños, y ella y su familia se mudaron de la casa. "Felicitaciones", me dijo Johnny con un tono serio el día que recibimos los importantísimos documentos, "acabas de dar a luz a un par de adolescentes". Ya no eran sólo mis hermanos, ahora eran oficialmente mis hijos, y todo lo que hiciera a partir de entonces no sería sólo para mí, sino también para ellos. Me juré que nunca les daría la espalda.

Aunque retomamos con facilidad nuestras viejas rutinas, pasar a criar a un preadolescente y una adolescente no fue nada fácil. En lugar de pasar tardes tranquilas relajándome en mi departamentito en un garaje en Van Nuys, ahora me preocupaba por llevar a los niños a la escuela a tiempo, asegurarme de que fueran a sus citas médicas e ir a sus conferencias de padres y maestros; lo que fuera, lo hacía. Llevaba a Johnny conmigo de compras a Target y luego pasábamos por su tienda preferida: GameStop. Íbamos al cine o veíamos películas en casa y pedíamos pizza. También lo llevaba conmigo a casa de mi novio Ángel. Durante esos dos primeros años no se despegó de mi lado, al igual que Jenicka.

Me aseguré de que ella recibiera clases de manejo para que pudiera obtener un permiso y, luego, su licencia de conducir. Eso cambió todo para mí porque, a partir de entonces, Jenicka pudo ayudarme yendo al supermercado y dejando o recogiendo a Johnny de cualquier cita programada. Aunque los dos se peleaban mucho —como la mayoría de los hermanos—, Jenicka siempre ha sido una muchachita de suma madurez y sabiduría, y su apoyo fue absolutamente inestimable. Me dio un poco más de espacio para respirar.

Jenicka iba a una escuela pública en ese momento, pero como allí había una fuerte población latina, todo el mundo sabía del fallecimiento de nuestra mamá, y eso estaba afectando mucho a su sensible alma.

—Porfaaa —me suplicó un día en casa—, ¿puedo ir a la escuela de Johnny?

Johnny había empezado hacía poco en la Fusion Academy de Woodland Hills, una escuela privada dedicada a la enseñanza individualizada, es decir que tenían un maestro para cada alumno. Aunque aún se sentía mal por la muerte de nuestra mamá, la atención personalizada le dio maravillosos resultados. Estaban acostumbrados a ver y tratar con niños famosos —Paris Jackson, la hija de Michael Jackson, también asistía a esa escuela—, por eso pensé que también sería una buena opción para Jenicka. Se sintió tan aliviada de poder centrarse por fin en la escuela en vez de la cháchara de los demás que tanto le había pesado, que incluso se graduó un año antes que su clase.

Este cambio no sólo significó que a mis dos niños les iba mejor en la escuela, sino que tenía que llevarlos al mismo lugar por la mañana, lo cual redujo mi tiempo en la carretera de manera significativa... a esa altura, disfrutaba de cualquier minuto libre que pudiera conseguir.

Aunque yo había sido su figura materna en el pasado, esto era diferente porque yo estaba silenciosamente devastada y aún trataba de procesar mi propio dolor. Cuando me mudé a casa de mi mamá para cuidar de los niños, Mikey dormía en mi recámara, así que me quedé con la antigua habitación de Jacqie, lo cual significaba que cada vez que iba y venía de allí —todos los pinches días— tenía que pasar por el cuarto de mi mamá, que habíamos dejado intacto desde que murió. La solapa de la sábana del lado izquierdo de su cama había quedado plegada desde la última vez que se había levantado. El bonito pijama de rayas que se había puesto la noche anterior estaba junto al lavabo del baño con su ropa interior, y había un vestido que se había quitado en el clóset y que había dejado en el suelo. Todo lo demás estaba limpio y ordenado. Pero esos pocos objetos permanecieron tal cual durante unos años. A veces no me molestaba; otras veces tenía que cerrar la puerta para evitar el recuerdo constante de su ausencia. Y había momentos en los que entraba, me sentaba en su cama y dejaba que me brotara un aluvión de lágrimas, sacando toda la fuerza que podía de su presencia menguante.

Fue difícil e incómodo, pero, en última instancia, sabía que estaba haciendo lo correcto al estar ahí para mis hermanos. Sabía lo mucho que mi mamá quería a estos niños, lo mucho que quería a todos sus hijos, así que volver a casa con ellos era también mi forma de honrar su legado, y poco a poco me estaba permitiendo sanar. Decidí aguantar y hacerme la fuerte para mis hijos. Jacqie se había casado y tenía una hija, Mikey también tenía una hija, así que ahora solo quedábamos Jenicka, Johnny y yo, y necesitaba que estuvieran bien.

Pero no lo hice todo sola. Primero, volví a contratar a Mercedes, la misma niñera que teníamos cuando mi mamá estaba viva. Johnny la quería mucho y se sentía cómodo con ella, así que, aunque mi mamá la había despedido, tomé la decisión ejecutiva de volver a contratarla, sabiendo que la razón por la que se habían separado era más por un malentendido que otra cosa. Fue una bendición, ya que me ayudaba a cocinar y a cuidar a los niños durante el día, lo que me permitió disponer de unas horas preciadas para decidir qué iba a hacer con mi vida, algo en lo que apenas tuve tiempo de pensar durante esos primeros años sin mi mamá.

Luego, cuando Rosie y su familia se mudaron de la casa, mi novio Ángel dio un paso adelante por nosotros. Llevábamos unos cuantos años juntos y, aunque a veces había sido un viaje emocionalmente agitado, que nos llevó a romper y volver a estar juntos más de una vez, cuando mi mundo se derrumbó, él estuvo ahí, firme a mi lado, brindándome amor y apoyo, empujándome a salir adelante y ofreciéndome consejos invaluables.

Primero, empezó a pasar más noches con nosotros para asegurarse de que estuviéramos seguros.

—Están solos —me dijo, preocupado—. Solamente tú y ellos.

En realidad, quería que nos mudáramos de la casa y nos fuéramos a vivir con él, pero yo no sentía que ninguno de nosotros tuviera la capacidad para lidiar con otra gran alteración en nuestras vidas.

—Vayamos poquito a poco —le respondí. Todos ansiábamos cierta sensación de normalidad y estabilidad, y él lo entendió, estaba de acuerdo.

Mucha gente nunca comprendió mi decisión de quedarme con él —incluida parte de mi familia—, dada la disputa que había tenido con mi mamá antes de que ella muriera. Pero yo sabía que, aunque había estado mal manejado, todo había sido para proteger y defenderme. Era un tipo sólido, no el gánster que muchos creían.

Ángel nunca mudó ninguna de sus cosas a la casa ni dejó nada allí, salvo un cepillo de dientes, porque realmente no quería vivir en la casa de mi mamá; no le parecía bien. Estaba decidido a no dejar que nadie pensara que se estaba aprovechando de la situación de ninguna manera. Esto significaba que a veces se iba a trabajar temprano para prepararse para el día en su oficina, pero siempre volvía, noche tras noche, para asegurarse de que no estuviéramos solos.

—Toma —me decía a menudo, entregándome un fajo de billetes—. Uso la electricidad y el agua cuando estoy aquí contigo. Por favor, paga lo que necesites; ve a comprar comida. —Era un proveedor innato y, aunque los arreglos actuales no eran lo que él deseaba, los aceptó, dándonos el espacio y el tiempo para sanar, al tiempo que me daba el amor y el cuidado que me urgía.

Por si fuera poco, también me brindó apoyo con Johnny. Ángel me ayudaba a consolar a Johnny cuando entraba en nuestra recámara en mitad de la noche asustado o triste. Hizo que Johnny se sintiera seguro y, poco a poco, se convirtió en una verdadera figura paterna en su vida. Ángel no lo regañaba, pero cuando Johnny se portaba mal o hacía algo que me estresaba, Ángel intervenía y decía:

—Ven aquí, Johnny, vamos a dar un paseo.

Luego lo guiaba hasta su coche y me daba el respiro que necesitaba para volver a centrarme.

—Oye, tu hermana está pasando por muchas cosas —le decía a Johnny luego en el carro—. Así que, si necesitas hablar con alguien, puedes contar conmigo.

Ángel lo llevaba a la oficina o simplemente daban una vuelta mientras escuchaban música, y Johnny se sentía a gusto con él.

Fueron años difíciles porque Johnny estaba en plena pubertad y explorando su sexualidad, y yo acababa de descubrir que le gustaban los chicos. Aunque Ángel no se identificaba con esto porque era algo tan nuevo y diferente para él, no juzgaba a Johnny y nunca lo hizo sentir mal. Al contrario, Ángel estaba ahí para él, dispuesto a escucharlo, comprenderlo y hablar con él, y eso significaba muchísimo para un niño que había perdido a sus padres y que ahora intentaba descubrirse a sí mismo. Creo que esto también influyó en el hecho de que Johnny estuviera tan unido a Ángel y lo admirara tanto, y aún hoy es así.

A pesar de que nuestra relación fue tumultuosa —quizás porque ambos estábamos pasando por muchas cosas y nos faltaba crecer a diferentes niveles—, Ángel siempre cuidó de mí y se aseguró de que me sintiera a salvo. Cada relación es un maestro en nuestras vidas, y yo aprendí mucho de él y estaré siempre agradecida por su presencia durante esos años de inexplicable dolor mientras mis hermanos y yo nos adaptábamos a la ausencia permanente de nuestra mamá.

De veras creo que tenemos la capacidad para lidiar con todo lo que Dios nos envía. Por eso siempre digo que Dios nunca se equivoca. Todo nos llega por alguna razón. Puede sonar a cliché, pero ese dicho manda en mi vida.

No le deseo este tipo de dolor a nadie: perder a un padre o a una mamá, a una pareja, a los amigos, ya sea por muerte o por el fin de una relación, puede llevar a cualquiera a un lugar oscuro. Lo sé, yo los he perdido a todos. Pero creo que las personas están destinadas a estar en nuestras vidas durante un cierto número de temporadas para enseñarnos las lecciones que necesitamos y así entrar en los siguientes años de nuestras vidas con algo de evolución en nuestro haber. Del dicho al hecho hay un largo trecho, ¿verdad? Sobre todo cuando se trata de la muerte de una mamá o un padre. Cuando estás en el meollo del asunto, sientes que esa sensación de devastación nunca desaparecerá. Pero siempre me digo a mí misma y a los que me rodean que están transitando por un momento difícil: Esto también pasará. Tal vez no ahora, tal vez no tan rápido como nos gustaría, pero acabará pasando, en especial si tienes la intención de superarlo. Nunca va a ser fácil, sólo se hará más fácil. Con el tiempo aprendes a vivir con ese vacío.

Estas son las preguntas que empecé a hacerme cuando estaba pasando por ese doloroso momento crucial en mi vida: ¿Qué debo aprender de esto? ¿Cómo se supone que debo crecer? ¿Cómo puedo ser una mejor amiga? ¿Cómo puedo ser una mejor hija? ¿Cómo puedo representar el legado de mi mamá? ¿Qué puedo aprender de ella, imitar o hacer de forma diferente? ¿Cómo puedo mejorar mi vida a través de este dolor? Cuando empiezas a buscar las respuestas a estas profundas preguntas, estás abriendo la puerta para crecer y evolucionar hacia la persona que estás destinada a ser.

Verás cómo mis respuestas florecen en estas páginas y se convierten en un aprendizaje esencial: Todas y cada una de las pérdidas se suman a una ganancia emocional, física y mental. Y un día, despertarás de esa deprimente película en blanco y negro y verás brillar de nuevo los colores.

Siempre he tenido que crecer más rápido que la gente de mi edad, pero esos primeros años sin mi mamá me enseñaron a ser una mujer hecha y derecha. Ella había sido mi defensora, mi porrista, mi mayor crítica y mi protectora, pero ahora tenía que dar la cara yo para protegerme a mí y a mis hermanos. Me di cuenta de que no podía depender de nadie más que de mí misma, y aprendí a ser fuerte de todas las formas imaginables. El dolor nos brinda lecciones. Nos ayuda a crecer y a ser más conscientes de nuestro entorno. Es una puerta al cambio y a la evolución.

Ándale pues, ¿y ahora qué?

Eso es lo que pensaba mientras me hacía camino durante esos primeros años con los niños. *Mierda, ¿ahora qué hago?*, pensé cuando me enteré de que Johnny había estado intercambiando fotos explícitas con un tipo y haciendo mal uso de su cuenta de Instagram, donde tenía cientos de miles de seguidores.

—Primero y principal, ¿por qué envías fotos con tu cara? —le pregunté a Johnny—. No puedo impedir que envíes fotos de tu pene, pero no pongas tu cara en ellas porque eres el hijo de una mujer famosa y parte de una familia conocida.

Me miró fijamente sin reaccionar. Él sabía que estaba en problemas y, como su mamá, yo tenía que darle una lección para que entendiera la gravedad de la situación. La única razón por la que esas fotos no salieron a la luz fue porque era menor de edad y publicarlas se consideraría pornografía infantil. Eso realmente nos salvó el pellejo, pero yo estaba furiosa. Me di cuenta de que era demasiado joven para manejar su propia cuenta en las redes sociales, así que la cerré y borré absolutamente todo. Él echaba humo, pero no me importó.

—Mira, eres un chamaquito —le dije con firmeza—, y no necesitas esto, además te está causando problemas.

Luego, para asegurarme de que no siguiera haciendo estupideces, lo mudé a la zona de la oficina situada justo enfrente de mi recámara. Quité la puerta y coloqué su colchón en el pasillo para poder vigilarlo de cerca por la noche.

Ay Dios mío, ¿qué voy a hacer? ¿A quién recurro ahora? ¿Cómo voy a ocuparme de todo esto, de ellos?, pensaba mientras esta situación se desencadenaba junto con otros innumerables desmadres propios de la crianza de dos adolescentes.

Y fue entonces que sucedió. Escuché la voz de mi mamá con toda claridad: "Arréglatelas", una frase que utilizaba a menudo. De niña, en mi casa no se consentía a nadie. Mi mamá siempre me lanzaba a lo más profundo de las aguas de cualquier cosa en la vida, y luego me decía: "Ahora nada". La regla que nos regía era la de aprender a arreglárnosla ante cualquier situación. Entonces me di cuenta de que *sé quién soy. Sé quién me crio. Y voy a lograr salir adelante.*

Puede que aún no veas la salida,
pero si te concentras en la luz,
llegarás al otro lado
sin siquiera darte cuenta.

2

RENDIRSE NO ES UNA OPCIÓN

Cuando no tienes mucho de niño, valoraras mucho más todo lo que te llega. De chamaquita, vi a mi mamá luchar por nosotros, luchar por sobrevivir, luchar por convertirse en cantante, en artista. Su determinación fue mi ejemplo —es lo único que he conocido—, así me educó, lanzándome al mar de la vida, donde o nadaba o me ahogaba. Y a huevo que nadé. Nadé a través de los altibajos, de la pérdida, de la devastación, arreglándomelas como podía, porque rendirme no era una opción, al menos no en nuestra casa. Mi mamá siempre decía: "Cuando te caes, levántate, sacúdete y sigue adelante". No había lugar para las víctimas, ni tiempo para sentir lástima por nosotros mismos.

No me ahogo en el miedo a los finales porque sé que dan paso a nuevos comienzos. Y sé cómo valerme por mí misma. No le tengo miedo al fracaso. Si alguna vez se acaba mi carrera, estoy dispuesta a agarrar un carrito y vender naranjas al lado de la autopista. Y mi puesto me llenaría de orgullo y me esforzaría por vender las naranjas más jugosas de la ciudad. Las haría brillar porque estoy decidida a hacer todo lo posible para tener éxito en lo que me proponga. Pase lo que pase, haré que las cosas funcionen. En mi interior, sé que estaré bien. Mi mamá nunca se rindió, y yo tampoco lo haré.

Otra fuerza que me impulsa a no rendirme son mis hermanos. Soy la mayor de los cinco y desde el principio me enseñaron a servirles de ejemplo. Siempre me esfuerzo por enorgullecer a mi mamá, a mis hermanos y por sentirme orgullosa de mí misma, haciendo lo mejor para todos, incluso cuando eso significa enfrentar nuestros miedos y tomar las decisiones más duras.

—Jenicka —llamé a mi hermana menor desde el sofá empenachado color crema junto al piano de cola en el salón formal de la que había sido nuestra casa desde 2009.

—Sí, hermana —respondió ella, en ese tono suave y tranquilo que hace que todo se sienta mejor.

—Ven aquí y llama a tus hermanos de mi parte, por favor —le pedí a mi dulce y madura hermanita, que ya tenía dieciocho añitos.

—¿Estamos en problemas? —preguntó Johnny mientras se acercaba al sofá, donde habíamos tenido tantas charlas anteriores como familia.

Johnny tenía quince años, pero era como si estuviera a punto de cumplir los treinta. Sin embargo, siempre será mi chamaquito.

—¡Tú y tus reuniones, Chiquis! Te tomas esto de ser la Boss Bee demasiado en serio —dijo Mikey, que en aquella primavera de 2016 tenía veinticuatro años, mientras bajaba las escaleras para unirse a nosotros.

—¡Soy una *boss*! —le repliqué. Amo a Mikey. Es un gran tipo, superinteligente, con un corazón enorme, pero siempre tiene algo que decir sobre todo.

—Quería convocar esta reunión porque es importante —les dije, una vez que todos se habían sentado—. Estuve hablando con nuestra tía Rosie. No sé… pues, no hay una manera fácil de decir esto, pero hemos decidido que es hora de vender la casa.

Sus ojos se dispararon hacia abajo y en un instante sus expresiones relajadas y alegres se nublaron de tristeza. Mi corazón latía a toda velocidad. Sabía que sería una charla dura, pero también creía que mi mamá no habría querido que nos quedáramos atrapados entre esas paredes, inmersos en sus recuerdos y viviendo constantemente en el pasado en los años venideros.

—Pero, ¿por qué? —preguntó Johnny, rompiendo el silencio entre nosotros.

—Porque tener que pagar esta casa de lo que hay en el fideicomiso no me sienta bien. Ese dinero puede usarse para otras cosas, como la escuela, la universidad y seamos realistas, yo no puedo pagar esta casa por mi cuenta.

Hasta entonces, el dinero de los fondos fiduciarios de Mikey, Jenicka y Johnny se utilizaba para pagar la hipoteca, pero yo ya no quería hacer eso. Ese dinero estaba destinado a sus futuros, a sus educaciones, a sus supervivencias, no a pagar una hipoteca de 15.000 dólares al mes. Mi mamá era Jenni Rivera, la artista femenina más vendida de la música regional mexicana, es decir, una superestrella de banda, a quien Billboard llamó la "artista latina más importante de 2013", pero yo apenas estaba comenzando en lo que respectaba a mi carrera como cantante. Todavía tenía un largo camino por delante antes de que la música se convirtiera en un negocio rentable en mi vida. Así que, por mucho que me hubiera gustado pagar esa casa y mantenerla, no estaba ganando lo suficiente como para dar un paso adelante y hacerlo realidad, simplemente no estaba dentro de mis posibilidades.

—Mikey quiere mudarse —continué mientras me miraban taciturnos—, lo cual significa que sólo seríamos nosotros tres.

—Jenicka también está grande. ¿Estás lidiando bien con eso? —interrumpió Mikey.

—Sí, pero ella no planea mudarse pronto —le respondí—.

Tiene que ir a la universidad. —Entonces me volví hacia Jenicka—: No hay ninguna razón para que te mudes. ¿Por qué me miras de esa manera?

—Y pues, ¿si hay una posibilidad de que lo haga? —dijo ella, tímidamente.

—Lo único que quiero es que vayas a la escuela, yo te cuidaré...

—Un momento —dijo Mikey, levantando la mano—. ¿Qué pasa con lo que quiere hacer ella?

—¿Qué quieres decir? —le dije, algo molesta.

—¿Te has estado escuchando? Has dicho: "Lo único que quiero..." —señaló Mikey.

—Pero lo que quiero para mí es lo mejor para ella —le respondí con una media sonrisa. Sabía a lo que se refería, pero no estaba dispuesta a aceptarlo.

—Suenas igual que mamá —dijo Johnny.

—Johnny también querrá ir a la universidad y... —continuó Mikey.

—No, no puedo estar solo —interrumpió Johnny—. No me imagino quedándome solo en la residencia universitaria.

—Pero, cuando tengas treinta años, ¿vas a seguir viviendo con tu hermana? —preguntó Mikey.

—Sí —contestó Johnny algo desafiante.

Imaginar cualquier tipo de cambio era difícil para todos nosotros en aquel entonces. Yo sabía que había llegado la hora de seguir adelante, pero, sinceramente, me daba un chingo de miedo.

—Ustedes dos se van a quedar conmigo hasta que tengan como veintinueve años —dije, sabiendo que era sólo una ilusión.

Por fin entendí por qué mi mamá siempre decía: "Somos nosotros contra el mundo". Asegurarse de que mis hermanos y yo nos mantuviéramos unidos durante esos primeros tres años después de su muerte había sido muy importante para nuestro proceso de recuperación. Pero en mi caso, había otra razón por la que no quería separarme de ellos: sentía que eran todo lo que me quedaba de ella. Había aceptado vender la casa, me había acostumbrado a que Jacqie viviera en su propia casa con su creciente familia, y sabía que Mikey pronto volaría del nido para formar un hogar para él y su hija de cuatro años, pero estaba lejos de sentirme preparada para dejar ir a mis bebés. Johnny y Jenicka habían sido mi faro, irradiando rayos de esperanza que me ayudaron a sobrellevar esa tempestad en nuestras vidas.

Me quité de encima estos pensamientos e intenté redirigir la conversación al punto principal: la mudanza de la casa de nuestra mamá.

—Nada va a cambiar —les dije—, simplemente será otra casa.

—¿De veras que ya no vamos a tener esta casa? —dijo Johnny, con ojos tristes, al darse cuenta de que esto estaba sucediendo en serio—. Me resulta difícil pensar que le va a pertenecer a otra persona.

—Lo sé —le dije en un tono más suave—. Sé que esto es difícil.

Esa casa era mucho más que un edificio. Representaba el trabajo incansable y el sacrificio de mi mamá, las innumerables giras, los interminables programas de televisión y radio y las entrevistas promocionales, todo lo cual la hacía perderse momentos importantes de nuestras vidas, como los cumpleaños. Hizo todo eso para cuidarnos y darnos una vida con la que tan sólo había soñado mientras crecía en las calles plagadas de pandillas de Long Beach, California, y luego luchaba por sobrevivir como madre adolescente. Diablos, yo pasé de llamar a un garaje mi casa cuando era niña y de dormir con mi mamá en un colchón en el suelo, a tener mi propia recámara y un clóset de dos pisos hecho a medida en una extensa mansión de casi mil metros cuadrados que descansa en una hectárea y media en Encino. No sólo compró esta casa, sino que la convirtió en nuestro hogar, nuestro pequeño oasis donde refugiarnos del bullicio exterior. En el poco tiempo que pasamos allí, llenamos cada cuarto y sala de recuerdos: comidas familiares, discusiones, risas y lágrimas. Lo que se te ocurra, lo hicimos. Por eso tardé tres años en decidir que había llegado el momento de seguir adelante. Y por eso esta conversación y la idea de cerrar este capítulo de nuestras vidas fue tan insoportablemente difícil de digerir para todos nosotros.

—No me mires así, Jenicka. No estoy llorando —le dije mientras me secaba el contorno de los ojos con las puntas de mis dedos—. Dios mío, ¿por qué estoy llorando? Me imaginé que tú serías el que lloraría, Johnny. No sé por qué estoy llorando. Pienso mucho en ti, Johnny, porque sé lo duro que ha sido todo esto para ti.

Johnny tenía unos nueve años cuando nos mudamos a esta casa; muchos de sus recuerdos más entrañables con nuestra mamá habían tenido lugar entre esas paredes durante los últimos tres años antes de que ella falleciera. Me dolía pensar en lo difícil que sería esta transición para él.

—Vamos a encontrar algo para nosotros, y Mikey, eres más que bienvenido.

—Ya veremos —dijo Mikey.

—Sí —añadió Jenicka—, ya veremos.

—Jenicka, no —le respondí, dándole fin a esa idea—. Muy bien, entonces la reunión ha terminado.

—Ni modo, esto es una mierda —dijo Johnny mientras se levantaba lentamente del sofá.

—Lo sé, lo siento —le dije—, pero un día me lo vas a agradecer… eso espero.

En los días siguientes, hablé con los agentes inmobiliarios y fijé los horarios para que empezaran a mostrar la casa. Fue entonces cuando Johnny se dio cuenta de que esto no era solo una charla, no era solo un plan, esto era de verdad. Y no le gustó nada. Cuando la primera ronda de posibles compradores vino a la casa, él acompañó a los agentes, añadiendo sus propios comentarios. Le dijo a una pareja que estaba haciendo un recorrido con su perro en brazos de la señora:

—Teníamos tres perros, dos de ellos se escaparon y uno se perdió, y entonces fue que oímos los chillidos de coyote.

—Ay, Dios mío —respondió la mujer, aferrándose a su perro.

Cuando esta misma pareja estaba viendo la suite principal, Johnny soltó:

—En el piso de arriba, hace unos años, tuvimos un *poltergeist*.

Lo miraron, algo sorprendidos. Se estaba comportando de manera grosera y un poco antipática; quería asustarlos para poder aferrarse a la casa aunque fuera un ratito más.

Cuando Jenicka se acercó a una de las recámaras que yo estaba limpiando frenéticamente antes de que los posibles compradores entraran a verla y me dijo lo que estaba pasando, llamé a Johnny.

—¿Lo haces a propósito? —le pregunté.

—Quizás un poco —dijo con una risita nerviosa.

—Johnny, esto no es gracioso.

A pesar de sus esfuerzos, en un mes recibimos una oferta firme y un depósito.

Mientras tanto, Jenicka seguía empeñada en la idea de irse a vivir sola. No sabía muy bien cómo hablarme de ello porque sabía que no sería fácil, pero una tarde, por fin, se armó de valor. Entró en la oficina de la planta baja —un lugar en el que había tenido tantas conversaciones con nuestra mamá, incluida la vez que quise llevar a mi novio Ángel a la boda de Jacqie y ella me dijo que no—, donde yo estaba reunida con mi mánager y mi asistente.

—Hola, hermana, ¿podemos hablar? —dijo, mientras salía del cuarto mi equipo de trabajo. Sacó una silla y se sentó frente a mí del otro lado del enorme escritorio de madera que le sumaba al momento un aire de formalidad.

Recordé todas las veces que me había sentado allí con mi mamá: planificando su vestuario, coordinando sus horarios, resolviendo qué hacer con los niños, compartiendo grandes risas así como teniendo algunos enfrentamientos duros, como la vez que la escuché diciéndole a Jacqie que no debía invitar a mi novio a su boda y yo irrumpí exigiendo que Ángel estuviera allí a mi lado. Fue la última gran discusión que tuvimos en esa oficina antes de que me echara de casa en marzo de 2012.

—Pues, ¿de qué quieres hablar, Jenicka? —le pregunté, sospechando ya hacia dónde se dirigía esta conversación.

Respiró hondo y dijo:

—Me voy a mudar. No me voy a ir contigo y…

—Espérate un tantito. ¿Tú me estás pidiendo permiso para mudarte o estás diciendo que te vas a mudar? —le pregunté, interrumpiéndola.

Ella entrelazó sus manos y respondió con un tono suave, pero decidido:

—Estoy diciendo que me voy a mudar.

—Es una decisión que ya has tomado —le respondí, tratando de ocultar el dolor que sentía en la boca del estómago.

—Sí, pensé…

—Espérate —la interrumpí de nuevo—. Entonces, porque ya tienes dieciocho años, sientes que necesitas mudarte.

—Sí —respondió ella.

—¿Por qué?

—Quiero salir a explorar y demostrar que soy capaz de cuidar de mí misma —dijo en voz baja.

—Pero no tienes que cuidar de ti misma. Yo puedo ayudar a cuidarte —le dije a mi hermanita, con la esperanza de hacerla cambiar de opinión.

—Lo sé, pero quiero cuidar de mí misma —me respondió, con su voz dulce.

Cuidar de sí misma… Sentí que no tenía ni idea de en qué se estaba metiendo.

—No sé bien a dónde iré. He pensado en San Diego…

—¿Que qué? —Un momento. No solo estaba considerando mudarse de casa, ¿estaba pensando en mudarse a otra ciudad? No mames.

—Hermana, escúchame —me dijo con calma al leer la expresión de alarma en mi cara—, no quiero que tengas que cuidar de mí.

—Siento que no estás pensándolo bien, Jenicka. Tienes que pensarlo.

—Lo he pensado —me contestó—, y creo que me las puedo arreglar.

—¿No hay forma de que cambies de opinión? —le pregunté, frunciendo la cara y delatando el dolor que sentía por dentro.

—Me vas a hacer llorar —me dijo con una sonrisa nerviosa.

—Sé que eres una niña buena. Eres responsable… pero si vives sola, podrías meterte en muchos problemas.

—Sí, pero soy inteligente, hermana. No voy a quedarme embarazada.

—Jacqie llegó a casa con un *piercing* en la lengua, todo tipo de tatuajes y un bebé en el útero. Creo que a mamá no le gustaría esta idea. Ya sabes cómo era —le dije, aún tratando de hacerle ver que esto todavía no era necesario.

Aún recordaba bien el día que Jacqie se fue de la casa a solo un par de horas de cumplir sus dieciocho años, aunque había ocurrido nueve años antes, en el otoño de 2007. Por aquel entonces yo estaba saliendo con Karla, a quien menciono en *Perdón*, lo que hizo que Jacqie se sintiera muy celosa y sobreprotectora, emociones que probablemente se acrecentaron aún más porque tuvo que mantenerlo en secreto para mí; mi mamá no estaba al tanto de mi relación en aquel momento, aunque podía intuir que algo pasaba. Después de haber estado tan unidas durante años, esto causó mucha tensión entre Jacqie y yo, y estalló en una gran pelea aquella noche de noviembre, una explosión que llevó a Jacqie a recoger sus cosas e irse de casa. Estaba pasando por una gran racha de rebeldía y anhelaba su independencia, y ahora que estaba al filo de cumplir dieciocho años, no había nada que la detuviera.

Mientras se dirigía a la puerta con sus maletas, me molestó tanto lo malcriada y extremista que estaba siendo que la agarré del pelo y la tiré hacia dentro.

—¿A dónde vas? —le grité—. ¡No me faltes el respeto así!

Pero ella se escabulló, continuó caminando decidida hacia su coche, y siguió guardando sus cosas en la cajuela. Luego, mientras se arreglaba la coleta, se volvió hacia mí y me dijo:

—La gente como yo triunfa en la vida. La gente como tú es recordada.

De veras pensó que iba a irse y hacer lo suyo. Ahora nos reímos del dramatismo de esa frase, pero en aquel momento me dolió.

Sin embargo, poco después de que se fuera, nos reconciliamos y seguí viéndola a escondidas porque mi mamá no toleraba la situación. Nadie le faltaba el respeto de esa manera y salía ileso. Así que yo le enviaba dinero a Jacqie y la vigilaba todo lo que podía. Era difícil porque, como figura materna, sabía que la forma en que había manejado su partida estaba mal, pero también quería ser una buena hermana y cuidarla.

Lo que Jacqie no se imaginaba cuando se fue de casa era que su nueva vida consistiría en vivir con una amiga, trabajar en Denny's y volver a casa un año después, toda tatuada, con *piercings* y embarazada.

—¿Cómo se lo digo a mamá? —me preguntó poco después de reconciliarse con ella.

—Nomás díselo. Está tan contenta de que hayas vuelto a casa que seguro que no se enfadará.

Jacqie tenía un lugar especial en el corazón de nuestra mamá porque era rebelde, y mamá podía verse a sí misma en ella. Siempre decía: "Jacqie es como yo".

Ese día la empujé hacia la recámara de nuestra mamá y la acompañé al entrar.

—¿Qué está pasando? —preguntó mamá, despertando de una siesta corta.

—Ándale pues —le dije a Jacqie—, dile a mamá lo que tienes que decirle.

Mamá se sentó en su cama.

Jacqie se largó a llorar.

—Mamá, estoy embarazada —le soltó de golpe.

—Ay Dios mío, okey —dijo mamá, y luego tomó a Jacqie en sus brazos y le dio un apretón—. Está bien, no te preocupes —le dijo con una voz suave y reconfortante llena de amor y paciencia.

—Vamos a estar bien —le dije a Jacqie.

—Ya estoy lista para ser abuela —le dijo mamá.

Mi mamá sabía lo que era ser madre adolescente, y yo sabía lo que era ser la hija de una madre adolescente, así que nos apoyamos mucho durante todo el proceso. Al final del día, estábamos felices de que Jacqie estuviera de vuelta en casa con nosotros.

Pero no fue fácil, y como cualquier padre, quería evitar que Jenicka recorriera los mismos caminos difíciles que tuvieron que vivir algunas mujeres de nuestra familia.

De vuelta en la oficina, miré a Jenicka con incredulidad y me senté de nuevo en mi silla, tratando de procesar en silencio esta conversación. Quería apoyar su decisión, pero sentía que me había dado una patada en el corazón. En aquel entonces, yo sentía que había dejado de lado mi vida por Jenicka. Y, en realidad, fue así. Suspendí todo para criarlos a ella y a Johnny. Con tantos cambios por venir, no estaba lista para dejarla ir. No quería que nuestro trío se separara. Ella y Johnny eran mis bastiones.

—Ahora quiero que seas mi hermana, no mi mamá —me dijo Jenicka de todo corazón. Pensaba que me había vuelto un poco controladora en mi papel de madre—. Quiero hacer lo mío y ver qué voy a hacer con mi vida sin mi mamá —añadió con ese tono maduro que me hace pensar que es muy sabia para su edad.

Eso hizo que mi corazón se detuviera. La entendí. Era una de las razones por las que estábamos vendiendo la casa: todos necesitábamos resolver nuestras vidas y seguir adelante.

—Esto me rompe el corazón en mil millones de pedazos —le dije mientras respiraba hondo para controlar mis emociones. Pero respeté su decisión.

—Estaré cerca —me dijo, tratando de consolarme.

—Nomás ten en cuenta que me duele mucho, pero si quieres volver a casa a vivir conmigo, la puerta siempre estará abierta.

Jenicka se levantó, rodeó el enorme escritorio y, cuando me despegué de la silla para enfrentarme a esta nueva realidad, caí en sus brazos.

—Está bien —me dijo, después de darme un largo y fuerte abrazo—. Estará todo bien, te lo prometo.

Jenicka era una niña buena, madura e inteligente. Se había abierto y había sido honesta, y lo había hecho todo bien al plantearme su plan. Aunque la decisión me partió en dos, la entendí.

Ella quería seguir su camino y yo no iba a impedírselo. Así que dejé de lado mi dolor y decidí confiar en que estaría bien.

Una vez que aceptamos la oferta por la casa, solo nos quedaban dos semanas para mudarnos. La verdad es que pensé que todo tardaría un poco más, pero los compradores, Nick y Vanessa Lachey, se ofrecieron a darnos por encima del precio de venta con la condición de que pudieran mudarse lo antes posible. Se cerró el trato y el reloj empezó a correr. Fue entonces cuando me di cuenta, *Mierda, nos tenemos que ir*.

Nos estaba empezando a caer el veinte de la realidad. Teníamos dos semanas no sólo para empacar todas nuestras cosas, sino también para enfrentarnos por fin a algo que habíamos estado evitando durante los dos años anteriores: las cajas en el garaje, las que tenían todas las cosas de nuestra mamá.

Una tarde, Jacqie vino a casa y los cinco nos acercamos con recelo al garaje. Nos quedamos en silencio mientras la puerta se deslizaba y dejaba a la vista una pila tras otra de contenedores de plástico transparente.

Respiramos hondo de forma colectiva y les dije:

—Muy bien, muchachos, manos a la obra.

—¿Qué vamos a hacer con todo esto? —preguntó Mikey, algo abrumado.

—Bueno, tenemos que revisarlo y elegir lo que vamos a almacenar, lo que va a estar en el Museo de los Grammy y lo que ustedes se van a llevar —le contesté mientras me acercaba a una de las cajas y le quitaba la tapa.

Aunque teníamos el corazón estrujado y estábamos algo atemorizados, hicimos todo lo posible por mantener el ánimo alegre mientras empezábamos a desempacar las cajas llenas de recuerdos. De repente, saqué un sombrero de ala ancha de color fucsia brillante y grité:

—Dios mío, ¿ven? Lo heredé de mamá. Sus cosas también aún tienen etiquetas.

—Sesenta y ocho dólares —dijo Jacqie, leyendo el precio en voz alta y moviendo la cabeza.

—Gracias, mamá —dije, mirando al cielo—. Me estaba sintiendo muy mal conmigo misma.

—¿Les parece que se pondría esto? —preguntó Jacqie, tomando el sombrero de mis manos y poniéndoselo juguetonamente en la cabeza—. Ay Dios mío, este es mi nuevo sombrero para la iglesia los domingos. Alabado sea el Señor.

—¿Sabes qué? —le dije—. ¿Por qué no le damos algunos de los sombreros de mamá a nuestra abuelita?

—Verdad que a abuelita sí que le gustan los sombreros —dijo Jacqie, quitándose el sombrero y colocándolo de nuevo en la caja.

Empezamos a mover algunos contenedores a una esquina, mientras abríamos otros, tratando de ordenar rápidamente sus cosas porque, por muy alegres que intentáramos estar, era increíblemente difícil. O sea, su recámara había permanecido como la había dejado ella hasta hacía unas semanas, cuando la ordenamos un poco para mostrar la casa, e incluso entonces, dejamos su última muda de ropa intacta. Pero seguimos adelante un rato más.

—Ah, esto es bien bonito —dije, sacando uno de los glamurosos vestidos de lentejuelas negras de mi mamá y acercándolo a mi cuerpo para hacerme una idea de cómo me quedaría.

—Creo que lo llevó en una alfombra roja —dijo Jenicka.

Cada pieza me traía un recuerdo. Me dolía ver las cosas de mi mamá, recordar aquellos momentos y luego aceptar la realidad de que ya no estaba con nosotros.

Agarré un vestido rojo con escote *halter* de otra caja, y Jenicka dijo:

—Ese vestido se lo puso para la boda de tía Rosie y luego me lo puse yo para una gala. Ese lo quiero yo.

El aire se estaba volviendo más pesado, junto con nuestros corazones.

Le di el vestido rojo a Jenicka y saqué un sencillo mono rojo con cremallera frontal y lo sostuve contra mi cuerpo para ver si me quedaría bien, pensando que tal vez podría ponérmelo algún día. Fue entonces cuando miré a Jenicka y noté el cambio en su expresión.

—¿Vas a llorar? —le pregunté.

—No lo sé —susurró, mirando hacia abajo.

—Está bien —dijo Jacqie—. Ella nunca llora. Necesita soltarlo.

Mientras tanto, Johnny y Mikey habían estado más bien callados, haciendo sólo pequeños comentarios aquí y allá. Supongo que estaban tratando de sobrellevar este momento lo mejor posible.

Había hecho todo lo posible por mantener la calma, pero en cuanto vi que las lágrimas nublaban los ojos de Jenicka, y aún sostenía aquel overol rojo en mis manos, me quebré. Esa prenda formaba parte de la ropa de entrecasa de mamá. Se lo ponía para ir al cine con nosotros, para hacer las compras y para estar en casa. Los vestidos de mariachi que llevaba en el escenario me hacen echarla de menos, pero no tanto como su ropa de todos los días y sus tenis. Esa era mi mamá, Dolores Janney Rivera, su esencia en todo su esplendor.

—No puedo hacerlo —les dije, dejando caer el overol en la caja y caminando hacia el fondo del garaje, mientras se me llenaban los ojos de lágrimas—. No quiero hacer esto —sollocé.

Mikey se acercó en silencio y me dio un abrazo, y yo apoyé mi cabeza en su hombro.

—Es tan pinche injusto. Odio todo esto, lo odio, lo odio —murmuré—. Lo siento. Se supone que debo ser fuerte para ustedes, pero es tan pinche difícil.

Mientras las lágrimas seguían rodando por mi cara, Jenicka empezó a llorar y luego Johnny la siguió con sus propios lagrimones. Jacqie se acercó a mí y compartimos un largo y emotivo abrazo.

—¿Dónde está? ¿Dónde está? —susurré—. Quiero olerla y me pone de mal humor no poder hacerlo.

—Ya nada huele como ella —agregó Jenicka.

—Ha pasado mucho tiempo —dijo Jacqie, tratando de mantenerse fuerte mientras nos desmoronábamos a su alrededor.

—Sólo quiero saber dónde está. ¿Qué está haciendo? —dije mientras intentaba recomponerme un poco.

—Está relajándose —dijo Jacqie.

—Está durmiendo —dijo Jenicka.

—Está descansando por todos los años que no pudo descansar —añadí—. Pues entonces, ¿qué hacemos con esto? —les pregunté, palmeando la maleta negra, abordando lo que ninguno de nosotros quería enfrentar. Ese equipaje llevaba todo lo que se había rescatado del accidente de avión.

—Tiene que desaparecer. Tiene muy mala energía —dijo Jenicka.

—Mucho de lo que hay ahí dentro no lo quiero ver nunca más. Nomás quisiera enterrarlo —dije—. Pero está ese vestido, el de color rosa y amarillo que llevaba esa noche.

—[La maleta] está perfectamente bien —dijo Jacqie—, lo cual es muy injusto. Odio esa maleta. Todo lo que hay en ella no tiene ni un raspón. Me pregunto por qué no pudo salir sin raspones o viva ella.

No tuvimos la fuerza emocional ni el valor para abrir la maleta esa tarde, así que la dejamos de lado y decidimos dar por terminada la jornada y pedirle ayuda al resto de nuestra familia. La necesitábamos. No podíamos llevar esto adelante solos. Cuando nos comenzamos a preparar para salir del garaje, Mikey dijo:

—Basta. Basta con toda la tristeza, con el llanto. —Puso su brazo sobre mis hombros.

—Lo sé, lo sé. Lo siento. Fui yo quien inició la fuente de lágrimas.

—Está bien —dijo Jacqie, calmando las aguas—. Tiene que pasar.

Yo estaba haciendo todo lo posible por creer en el destino, en que las cosas suceden por algo, pero en el garaje aquel día había cinco niños que habían perdido a sus padres. ¿Por qué tuvimos que perder a nuestra mamá tan pronto? Es difícil comprenderlo, darle sentido a todo. Lo que sí estaba claro, sin embargo, era que con la venta de la casa, todos sentimos que ella se nos estaba escabullendo. Pero nos dimos cuenta de que dependía de nosotros reclamarla en nuestros corazones; ella siempre seguiría viva con nosotros.

Esos siguientes días fueron agridulces. Esperaba con ansias este nuevo capítulo y lo que el futuro nos depararía a todos, pero no quería ni pensar en tener que cerrarle la puerta a esta etapa.

Los cinco decidimos hacer una última carne asada familiar en el patio trasero con mis tíos Juan y Pete, mi tía Rosie, mis abuelos y los cónyuges e hijos de todos. Fue una hermosa despedida de la casa que nos había mantenido unidos durante todo este tiempo. Tuvimos un grupo de mariachis que tocó algo de música al atardecer mientras disfrutábamos de la hermosa vista de la ciudad por última vez.

—Por mucho que vaya a echar de menos esta casa —le dije esa noche a mi familia—, estoy lista. Me duele, pero creo que es la mejor decisión que podríamos haber tomado. Y vamos a crear nuevos recuerdos.

Johnny y mi tío Juan, que estaban sentados uno al lado del otro en el otro extremo de la mesa del patio, comenzaron a llorar. Mikey se acercó a Johnny y lo abrazó, y entonces también se dejó llevar por la emoción.

—Lo que nos entristece son los recuerdos, pero sinceramente, la casa no es la misma sin ella —dijo Jacqie, mientras se paraba al lado de Juan, que seguía sentado en la mesa con lágrimas en los ojos—. No es un hogar.

—Nomás son recuerdos —añadió Jenicka, que estaba sentada a mi lado—. Ahora mismo, no puedo evitar pensar en ese día que estuvo aquí, sentada en la falda de Esteban, sonriendo. Siempre se reía en todas las fiestas, feliz de estar en casa. —Las lágrimas inundaron sus ojos al recordar nuestras reuniones familiares con mi mamá en este patio.

—Cuando era pequeño, jamás pensé que estaríamos en esta situación en la que estamos —dijo Johnny, entre sollozos—. Todavía estoy tratando de afrontarlo. Me está destrozando.

—Nomás estás dejando ir una casa material —le dijo Mikey a Johnny—. Ella siempre está contigo.

Aunque habían pasado más de tres años, todos seguíamos compartiendo el dolor que nos había dejado su fallecimiento y eso nos había mantenido unidos.

—Ustedes son impresionantes —nos dijo Juan—. Es increíble lo fuertes que son siendo unos niños.

Esa misma noche, cada uno de nosotros escribió una nota para mi mamá, la pegó en un globo y los soltamos al cielo, con la esperanza de que nuestros mensajes de amor y agradecimiento le llegaran allí arriba.

Ese hogar había sido nuestro refugio, y era difícil aceptar que no podríamos volver a él. El último día, cuando nos encontrábamos los cinco en el salón vacío echando un último vistazo a nuestro alrededor, les dije a mis hermanos:

—Vamos. Tenemos que ser niños fuertes, *Children of the corn.* —Esta frase, que se traduce como "Los niños del maíz", era algo que nuestra mamá solía decirnos cuando nos portábamos mal porque pensaba que nos comportábamos como esos niños malvados de la película. A partir de entonces, se transformó en una broma recurrente.

—Esos somos nosotros —dijo Jenicka cuando salimos de la casa por la gran puerta principal por última vez.

Por muy duro que fuera para los cinco, dejar la casa no significaba dejarla a ella. Llevamos su risa, su amor, sus lecciones, todo dentro de nosotros, y no importa dónde vayamos, nos aseguraremos de que su presencia y su legado sigan vivos. Por fin habíamos conseguido levantarnos de entre los escombros de su fallecimiento. Ahora era el momento de sacudirnos y seguir adelante.

Que tu fe en el futuro sea mucho mayor que las falsas ilusiones del pasado.

3

EL NACIMIENTO DE LA BOSS BEE: PERSISTIR, PERSEVERAR, PREVALECER

Cuando mi mamá me pidió que me mudara de nuestra casa en marzo de 2012, también me despidió de mi papel como su asistente y me revocó el acceso a sus tarjetas de crédito. Pensó que necesitaba una llamada de atención, y tenía razón. Me había acostumbrado a mi situación. Cuando empecé a trabajar para ella, después de la secundaria, me pagaba 1.600 dólares al mes. Pero con el tiempo, a medida que mis responsabilidades crecían —pasé de compradora personal, a asistente y cuidadora de los niños y de la casa, también pagaba las cuentas y me aseguraba de que todo funcionara bien— decidí renegociar mi salario. "Okey", me dijo, "por todo lo que haces, ¿qué tal si te doy mil dólares a la semana?". Acepté con gusto. Eso significaba que ganaría 4.000 dólares al mes. Mi coche estaba pagado y no pagaba el alquiler, ni los servicios públicos, ni la factura del teléfono, porque eso corría por cuenta del negocio, así que ese sueldo era básicamente dinero en mi bolsillo. Y empecé a gastarlo sin pensar. Una vez le compré a mi mamá un par de zapatos de edición limitada de Jimmy Choo de 2.600 dólares y me regalé un par, que aún tengo en el armario.

Lo mismo ocurría con la ropa. Le compraba conjuntos y utilizaba la tarjeta de crédito de la empresa para cargar algunas prendas bonitas para mí también, ropa que no necesitaba porque vivía con ropa de deporte y apenas salía.

Mamá estaba al tanto de lo que ocurría porque yo usaba sus tarjetas de crédito, pero al principio hizo la vista gorda porque sabía que yo trabajaba duro para ella día tras día. Pero yo me aproveché de esta situación. La verdad es que había perdido el contacto con el valor del dinero. Ahora que me encargo de mi propia hipoteca, mis cuentas, mis compras y mis gastos diarios con mi dinero ganado con esfuerzo, lo entiendo. Aun así, me sigo dando gustos, pero aprendí la lección al estilo Jenni, es decir, a los golpes.

En ese mes de marzo, pasé de hacer compras compulsivas y vivir una vida lujosa en una mansión de 1.000 metros cuadrados, con mi propia recámara, un enorme clóset y acceso constante a mis hermanos, a estar colgada de la brocha. De repente, me quedé sin casa y sin trabajo. Lo primero que pensé fue: *¡Mierda, debería haber ido a la escuela!* Había vivido para mi mamá y mis niños; ellos eran mi vida, mi trabajo, mi propósito. Sin ellos y sin un título en el que apoyarme, ¿qué iba a hacer ahora?

Mis abuelos se habían preocupado mucho para que sus hijos recibieran una educación sólida, pero a mí nunca me la impusieron. De niña, era introvertida y, aunque mi mamá no lo sabía entonces, estaba lidiando en silencio con el abuso de mi padre, por lo que mi mente estaba claramente revuelta, lo que se reflejaba en mi trabajo escolar. Durante un tiempo, me retrasé en la lectura e incluso necesité una tutoría especial. Luego, cuando llegué a la adolescencia, empecé a encargarme de más quehaceres del hogar. Mientras mi mamá trabajaba, por ser la mayor, me encargaba de la casa y de los niños. Eso significaba limpiar, asegurarme de que mis hermanos hicieran sus deberes y se alimentaran, etc. Cuando terminaba con todo eso, lo último que quería hacer era sentarme a hacer mis propios deberes, así que los dejaba a medias, haciendo lo justo y necesario para arreglármelas. Eso significaba mantener un promedio de C, con algunas A y B entremezcladas, porque aunque la educación no era lo primero en mi lista de prioridades, sabía que si llegaba a casa con una D o una F sería recibiría con una paliza.

Lo curioso es que cuando expresaba algún interés en una carrera, mi mamá, la mejor estudiante de la escuela y una nerda a toda madre, decía que yo no necesitaba ir a la universidad. Siempre me decía: "Yo era el patito feo de la escuela y no tuve más remedio que meter mi nariz en los libros para salir adelante". Luego añadía: "Dios no te dio el cerebro, mija, pero te dio la belleza, así que tienes que aprovecharla".

Eso me dolió. Afectó mi autoestima y me empujó a proponerme como misión ser inteligente, leer y alimentar constantemente mi cerebro. Una vez, cuando escribí mal una palabra y mi mamá me llamó la atención diciendo que era "estúpida", empecé a leer el diccionario para aprender una nueva palabra por día, y aún lo hago, solo que ahora es a través de una aplicación, porque no quiero que me vuelvan a considerar estúpida. No soy estúpida. Odio esa palabra.

A pesar de este revés, seguía teniendo aspiraciones universitarias. Durante un tiempo pensé en ser psicóloga. Quería ayudar a otras personas a superar el trauma de la misma manera que mis terapeutas me habían ayudado después de que mi padre abusara de mí. Pero cuando se lo comenté a mi mamá, me dijo: "Pero eso es mucha escuela, mija". Y aunque expresé un verdadero interés, me hizo sentir como si aquello fuera demasiado para mí. No obstante, seguí sacando el tema. Pero ella insistió: "No necesitas ir a la escuela para aprender a ganar dinero".

Luego, tras graduarme de la secundaria y cumplir los dieciocho años, se me ocurrió un plan. Le dije que estaba pensando en alistarme en las Fuerzas Aéreas. Pensé que eso me daría tiempo para pensar en qué quería especializarme y que también me pagaría la universidad, lo cual yo veía como una gran ventaja. Pero el momento no era el adecuado. Mi mamá se estaba divorciando, necesitaba mi ayuda con los niños, su carrera como cantante estaba empezando a despegar y me necesitaba a su lado. "No puedo hacerlo sin ti", me dijo. "Te daré un trabajo. Te pagaré en efectivo". Y así fue como empecé mis jornadas laborales de catorce a veinte horas como asistente personal de mi mamá, consejera, estilista de vestuario, compradora, contable, animadora y niñera. Me había inscrito oficialmente en la Universidad de Jenni Rivera y, para ser sincera, me gustaba. Me sentía necesitada por mi mamá y por mis hermanos. Me sentía útil, y satisfacía la única constante que siempre supe que quería: ayudar a la gente. Dediqué la mayoría de la década de mis veinte a ayudar a mi mamá y a mi familia.

En ese entonces no pensaba en el futuro, sino que vivía el ahora. Por eso me encontraba tan perdida en la primavera de 2012, cuando mi mamá me dio una patada y me empujó fuera del nido a los veintiséis años. Me había vuelto tan codependiente de ella que no sabía cómo usar mis alas para volar por mi cuenta. Pensaba que ya era demasiado grande para ir a la universidad y estudiar una carrera a los veintitantos años, y asumí que había perdido el tren. Así que recurrí a lo que mejor sabía hacer: dirigir un negocio. Y poco a poco descubrí que en realidad sí tenía una educación bajo la manga; solo que no era de una universidad tradicional de cuatro años. Era la escuela de la vida de Jenni Rivera.

Aprendí mucho trabajando hombro a hombro con mi mamá. Abrí todas sus empresas, cerré contratos y realmente ayudé a construir su imperio. Pero después de trabajar incansablemente durante años, compartiendo todas mis ideas, participando en las grandes y pequeñas decisiones y tareas, cuando por fin me independicé, me di cuenta de que nada de eso era realmente mío. Y me cayó como un rayo. Había creado tanto. Empecé su línea de perfumes, los *jeans*, el tequila, el maquillaje, el cuidado de la piel, pero no tenía nada propio.

Sin embargo, lo que sí era mío eran los impagables conocimientos que había adquirido a lo largo de esos años. Y cuando mi mamá me echó a la calle, me dio la oportunidad de ponerlo todo a prueba, y ahora no podría estar más agradecida por ello. En cierto modo, fue la última y más importante lección que me enseñó mi mamá: no dependas de nadie, ni siquiera de tu mamá. Me despojó de todo cuando me echó. Y fue entonces cuando me di cuenta de que tenía que resolver mi vida y empezar a hacer cosas por mí misma. En ese instante, juré no volver a depender de nadie.

Aunque al principio sentía que me ahogaba, mi mamá ya me había dado las herramientas para sobrevivir, y era el momento de ponerlas en práctica. Así llegó el nacimiento de mi primer negocio: Blow Me Dry. Los llamados *dry bars*, las peluquerías que se especializan en el peinado y secado de pelo, estaban de moda en ese momento, y yo iba a ellos todo el tiempo. Así que pensé que sería la aventura empresarial perfecta para mí: un servicio que me encantaba (¡sí, me peinaba y me maquillaba en mi salón todo el tiempo!) y un negocio que podía llamar mío.

Quería mostrarle a mi mamá lo que podía hacer. Quería que estuviera orgullosa de mí. Así que agarré el dinero que había ahorrado de *Chiquis & Raq-C*, mi *reality show*, me puse en contacto con un agente inmobiliario y firmé un contrato de alquiler de cinco años para un local sobre Ventura Boulevard, en Encino. Luego contraté a un arquitecto y planifiqué el salón de belleza.

Mi objetivo era embellecer el espacio y rentabilizarlo con servicios regulares, como el lavado y el secado, el maquillaje y complementos como mascarillas y acondicionadores reparadores. Quería que las mujeres entraran al elegante espacio de color blanco y turquesa y se embellecieran por fuera al peinarse y maquillarse, pero también quería que salieran con algo en su mente que les inspirara confianza por dentro. Por eso coloqué citas cuidadosamente elegidas por todo el salón, pensamientos que me ayudaron a superar algunos momentos difíciles, desde la Oración de la Serenidad a algo tan simple como "La confianza es sexy". En el baño, tenía una que decía: "Haz un acto de bondad todos los días".

Esta era mi primera aventura empresarial sin mi mamá, y quería mantenerla lo más separada posible de ella. Eso es lo que me llevó a abrirlo en Encino, cerca de nuestra casa, en lugar de en un barrio latino. Cuando le conté de mi decisión, no estaba contenta; no la entendía.

—No mames, mija. ¿Por qué no? Usa el nombre de tu mamá. Esto es por lo que me parto el trasero cada día. He hecho esto para establecer una base para todos ustedes. Así que no entiendo por qué no lo haces en Long Beach o en algún lugar como ese, donde la gente me conoce e irá a tu salón. Lo promocionaré.

—Mamá, no. Eso es exactamente lo que no quiero hacer. Quiero demostrarte que puedo hacerlo yo sola. Ir a un lugar donde nadie me conozca, prestar buenos servicios y tener éxito por mi cuenta. —No quería que mis logros fueran gracias al éxito de mi mamá.

—No lo entiendo. —Estaba muy molesta—. ¿Qué chingados te pasa?

Aunque ella no lo comprendiera, yo estaba decidida a hacer esto a mi manera. Sí, había elegido una comunidad más anglosajona, y seguro que podría haber tenido más éxito si lo abría en algún lugar como Long Beach y cobraba por ser la hija de Jenni Rivera, pero eso era exactamente de lo que quería escapar. Tampoco quería darles a los medios de comunicación ni a mi mamá ninguna oportunidad para echármelo en cara más tarde y decir: "Ah, tiene éxito gracias a mí" o "Porque van los fans de Jenni". No. Esto tenía que ser todo mío y para mí. Tenía que demostrarle a ella y a mí misma que podía hacerlo sola.

Cuando llegó el día de la inauguración, en el verano de 2012, yo era un manojo de nervios. Todas las principales cadenas de televisión en español habían enviado periodistas para cubrir la fiesta de inauguración, y yo había invitado a mi mamá, pero, sinceramente, no estaba segura de que fuera a venir. Al comenzar la velada, me acerqué sola a los medios de comunicación en una pequeña zona de alfombra roja frente al salón. Llevaba el pelo recogido en un elegante moño para resaltar mis largos pendientes de oro y una simple chamarrita blanca sobre un vestido corto ajustado color mostaza. Me sentía nerviosa, pero también súper feliz porque esto lo había logrado yo. Empecé a charlar con los periodistas y, al mirar a mi izquierda, el corazón me dio un vuelco. Allí estaba mi mamá, con una clásica camisa azul abotonada y gafas de sol. Casi que salté de la alegría, interrumpiendo la entrevista para llamarla. Nos dimos un fuerte abrazo y, mientras la periodista la entrevistaba, se me llenaron los ojos de lágrimas al darme cuenta de que, pasara lo que pasara, mi mamá siempre me respaldaría. Su apoyo y aprobación me llenaron de una alegría y una fuerza inexplicables.

—Somos mujeres de negocios —le dijo a la periodista—, y estamos aquí para apoyarnos mutuamente e intentar tener éxito en todas nuestras empresas.

Más tarde, mientras le mostraba a mi mamá el salón —¡no la había dejado ver nada hasta esa noche!— me empapé de sus palabras de sabiduría, frases que aún rigen mi vida.

—Tienes que aceptar el hecho de que es difícil —me dijo aquella noche sobre la gestión de mi propio negocio—. Las cosas no te van a caer del cielo. Las cosas son difíciles. Tienes que luchar, pelear y llorar por ellas. Y luego tienes que levantarte y sacudirte y seguir adelante, mamacita. Lo que has hecho hoy, abriendo este lugar y parándote firme delante de todo el mundo, diciendo: "Esto lo hice yo", porque lo has hecho por tu cuenta... pues, estoy muy orgullosa de ti.

Nunca olvidaré el abrazo que me dio al terminar de decirme eso, y la mirada de alegría y orgullo en sus ojos. Es un momento que se quedará conmigo para siempre.

Me entusiasmaba este viaje porque sentía que me ayudaría a crecer y me permitiría desplegar mis alas y ver de qué era capaz. Significaba mucho para mí.

Sin embargo, una vez más, no era mi momento. No porque no lo calculara bien, sino porque Dios tenía otros planes. Unos meses después de su apertura, perdí la relación con mi mamá a causa de nuestra disputa por su descabellada sospecha de que me había acostado con su marido (cosa que no hice), y un par de meses después, se fue para siempre. Para entonces, mi mente ya no estaba en mi negocio. Hacía lo que podía para mantenerme a flote y no ahogarme en el dolor y la desolación de esa pérdida. Luego me mudé a casa de mi mamá para cuidar de mis hermanos pequeños, y ellos volvieron a ser mi vida. Me dediqué a ellos, por lo que no pude darle al salón la atención que requería. Estaba enfocada en ser su mamá, y eso se había transformado en mi salvavidas, lo que me permitía sobrevivir a nivel emocional, pero no tenía la capacidad para también seguir adelante con mi salón.

Al principio, me las arreglé para salir al ras la mayoría de los meses. Pero, en el transcurso de esos más de cuatro años, tuve que contratar a un gerente porque no podía estar allí todos los días como había planeado originalmente, y eso significó poner más dinero en el negocio sólo para ayudar a mantener el barco a flote.

Se me estaban acumulando demasiadas responsabilidades y

algo tenía que ceder. El negocio estaba perdiendo mucho dinero, pero yo estaba empeñada en no fracasar, así que aguanté más de lo que debía, negándome a cerrarlo hasta que no lo pude mantener a flote más. Por fin entendí el significado del dicho: "Si tiene tienda que la atienda, si no que la venda". Si no estás ahí en tu tienda, dándolo todo, especialmente durante esos primeros años, es muy difícil que despegue. Me estaba dejando seca, y había llegado el momento de cortar la hemorragia.

La vida había dado un giro inesperado, y tuve que aceptarlo y darme cuenta de que este negocio ya no encajaba en mi camino. Por mucho que me doliera dejar ir a mis maravillosos empleados —personas que se sentían como familia para mí— y aceptar este fracaso y golpe financiero, cuando por fin cerré Blow Me Dry, me liberé. Sentí que podía volver a respirar. También me enseñó mi primera gran lección como emprendedora independiente: para tener éxito, hay que saber fracasar. Esto no se debe confundir con rendirse. El fracaso es una lección en sí mismo. Significa que algo no ha funcionado. Pero no significa que debamos rendirnos.

Esas semanas siguientes me dolieron mucho. Blow Me Dry fue mi primer negocio. Tenía planes para convertirlo en una marca y vender mercancía. Las posibilidades eran infinitas, y ahora ya no estaba más. Lloré mucho durante las semanas siguientes, sobre todo cuando pasaba por allí y veía el cartel que seguía colgado sobre el local ahora vacío, pero también estaba agradecida por la oportunidad que me había dado. Con ese salón, di mis primeros pasos en el lanzamiento y la gestión de mi propio negocio. Me demostró lo que podía hacer, y eso me llenó de confianza y fuerza. También me enseñó que, en los negocios y en la vida, hay que saber cuándo liberarse.

Al cerrar esta puerta, de repente abrí una nueva, en la que tuve tiempo y espacio para buscar otras vías de ingresos y oportunidades. Esto me permitió centrarme en las otras cosas que ya había empezado a planear y hacerlas aún más exitosas. Por fin me estaba convirtiendo en una verdadera Boss Bee (Built On Self-Success, Babe Embracing Evolution, es decir, una mujer hecha y derecha con grandes éxitos personales y una mente evolucionada).

El término Boss Bee viene de la frase de mi viejo amigo Gerald, "Boss Bitch". Solía decirla todo el tiempo para animarnos cuando ganábamos en la vida. Más tarde le di mi propio giro y la convertí en Boss Bee. Mi objetivo era inspirar y empoderar a las mujeres con este nombre. Empecé a utilizar el emoji de la abeja y, a partir de ahí, mis fans lo adoptaron. Nunca me ha gustado llamar fans a las personas que les gusta lo que hago y me siguen, así que se convirtieron en mis Boss Bees. Quería darle a esta comunidad una misión, un propósito. Por eso creé Boss Bee Nation: "Para cambiar el mundo, un corazón a la vez". Quería que mis Boss Bees tuvieran que ver con la positividad, con la difusión del bien, con el empoderamiento de los demás. No es un club de fans ni una organización oficial sin ánimo de lucro, es simplemente una misión. No he pasado por ese largo y arduo proceso de crear una fundación oficial, como hice con la Love Foundation de mi mamá. Simplemente la he financiado yo misma invirtiendo en productos de Boss Bee y vendiéndolos para hacer el bien. Deposito las ganancias en una cuenta aparte y las utilizo para becas que ayuden a la educación de una Boss Bee, para adoptar una familia en Navidad y llenar su casa de regalos, para ayudar a una mamá soltera y más. Y si una historia me toca el corazón, en general dono entre 1.000 y 2.000 dólares a esa causa en nombre de Boss Bee Nation para animarnos a todos a hacer y difundir el bien en el mundo. Cuando mis Boss Bees invierten en una gorra o una playera, me están ayudando a ayudar a otras personas, y eso me encanta.

Realmente me convertí en una verdadera Boss Bee cuando

falleció mi mamá. No me tocaba ninguna herencia, así que tuve que "arreglármelas" y aprender a valerme por mí misma, cuidar de mis niños y asumir mi propio poder como emprendedora. Y acepté esta evolución como ninguna otra.

Una vez que *I Love Jenni* emitió su último episodio, las cadenas empezaron a acercarse a mis hermanos y a mí para hacer un nuevo *reality* familiar. En ese momento, en 2016, ya tenía tres *realities* y siete años de experiencia en este medio, y estaba muy agradecida porque sinceramente me ayudó a salir de mi caparazón. Todo comenzó en 2009, cuando andaba dando vueltas la idea de *Chiquis & Raq-C*. La verdad es que, al principio, luché para que no se hiciera. Hasta entonces, había estado entre bastidores ayudando a mi mamá a lanzar y desarrollar su carrera y sus negocios, y era feliz en ese papel, pero ella pensaba que podía hacer más. "Por favor, mija, podrías ayudar a la gente, podrías ser una inspiración". ¿Ayudar a la gente? ¿Ser una inspiración? Esas palabras terminaron de convencerme. Dejé a un lado mis miedos y me lancé de lleno al proyecto.

Raq-C era locutora de radio, así que ya estaba acostumbrada a estar bajo el ojo público, y lo hacía muy bien, pero yo aún tenía mucho camino por delante. En primer lugar, no tenía ni idea de cómo comportarme delante de la cámara. No dejaba de pensar: *¿Qué estoy haciendo aquí?* Aún no había encontrado mi voz, y seguía siendo muy tímida e introvertida. Pero Raq-C me empujó a hacer más, a salir de mi zona de confort. "Mamacita, tienes que hablar", me decía fuera de cámara. Y tenía razón. Todavía no sabía cómo adueñarme de mi presencia cuando era el centro de atención. Tampoco sabía de qué debía y no debía hablar. No quería cometer ningún error. Así que me propuse observar y aprender.

Aunque Raq-C y yo nos peleamos, siempre le estaré agradecida. El mero hecho de observarla en acción, sin remordimientos y sin pelos en la lengua, fue una inspiración. Pero también era generosa con la atención. A menudo me decía:

—Anda, Chiquis, ve a hacer la entrevista tú.

—Está bien, pero ¿qué digo? —le preguntaba.

La idea de tener que enfrentarme a los medios yo sola me ponía muy nerviosa. Pero ella me instruyó pacientemente en algunos temas de conversación y me enseñó algunos trucos.

El programa se estrenó en 2010 en Bravo. A la gente le encantó ver cómo estas dos latinas vivían su vida en Los Ángeles. Fue la primera vez que nuestra comunidad latina se vio reflejada en el *boom* de los *reality shows. Chiquis & Raq-C* tuvo tanto éxito que nos abrió las puertas a nuestro primer *reality show* familiar. Aunque me encantó hacer este primer *reality*, dudé en hacer otro. Había visto los problemas que este tipo de programa puede causar en las familias. Jessica Simpson y Nick Lachey se divorciaron después de su programa; los Osborn también empezaron a tener problemas. "Mamá, tengo mis dudas al respecto", le dije, pero ella estaba decidida a hacerlo, así que seguimos adelante. Raq-C y yo tuvimos el primer *reality show* latino en 2010, y *I Love Jenni* fue el primer *reality show* familiar latino en 2011, y duró un total de tres temporadas. También hice mi propio programa en 2012, llamado *Chiquis 'n Control*, que comenzó siguiendo mi vida después de que mi mamá me pidiera que me fuera de casa y se convirtió en una oportunidad para mostrar quién soy de veras como individuo a una audiencia que se había enturbiado con los interminables chismes sobre mi familia.

Con el paso de los años en *I Love Jenni* y *Chiquis 'n Control,* dejé de pensar demasiado en cada cosita que hacía o dejaba de hacer en los programas y por fin no solo pude soltarme ante las cámaras, sino que también empecé a tener mis propios fans, quienes con el tiempo se convirtieron en mi amado Boss Bee Nation, mencionado anteriormente. Encontré mi voz, empecé a sentirme cómoda hablando mi verdad, y eso me llevó a convertirme en la chingona sin remordimientos, franca e invencible que soy hoy.

Cuando nos propusieron hacer *The Riveras*, antes de decir que sí o que no, necesitaba consultarlo con mis hermanos. Así que convoqué una reunión familiar y los cinco nos sentamos a explorar esta nueva oportunidad. Les dije: "Miren, esta sería una buena manera de ganar y ahorrar algo de dinero, y empezar nuestros propios negocios". Pero también estaba tantito preocupada. Es muy difícil trazar un límite con los *reality* y saber qué debe mantenerse en privado y qué debe compartirse públicamente. "Tenemos que asegurarnos de que esto no afecte nuestras relaciones. Tenemos que permanecer juntos, eso es lo más importante". Esto era esencial para mí, y también sabía que era importante para nuestra mamá porque siempre nos decía: "Quiero que sean diferentes a mis hermanos y a mí". Mis hermanos eran lo único que me quedaba, y no iba a dejar que nada se interpusiera en nuestras relaciones.

Una vez que acordamos no dejar que esto estorbara nuestras relaciones, también estuvimos de acuerdo en que el nuevo espectáculo sería una fuente lógica de ingresos. Era algo que todos sabíamos hacer y, a nivel económico, necesitábamos el dinero, así que dijimos que sí.

The Riveras empezó a rodarse en febrero de 2016 y se estrenó en octubre de 2016. Nos permitió demostrar a todo el mundo que, a pesar de todo lo que habíamos pasado, estábamos bien. Y nos dio la oportunidad de pasar más tiempo juntos. Pero las cosas empezaron a cambiar durante las dos últimas temporadas. Jacqie estaba molesta porque tenía que conducir mucho hasta nuestra casa en Encino para el rodaje, además de tener otras responsabilidades, como criar a sus tres hijos; el programa empezaba a pesarle. Entretanto, a Jenicka y Mikey no les gustaba hacer el programa, así que era muy difícil conseguir que participaran en las escenas. Yo era productora ejecutiva e intentaba seguir al mando en casa mientras coordinaba los horarios y las citas con todos ellos, pero me estaba frustrando mucho con mis hermanos. El *show* estaba empezando a pasarnos factura, pero firmamos para una tercera temporada, pensando que podríamos hacerlo funcionar. Y fue entonces cuando todo se fue a la chingada.

Algunos de los productores empezaron a inventarse cosas para causar más drama entre nosotros, y en el proceso estábamos perdiendo nuestra autenticidad, lo que no encajaba en absoluto con mi filosofía de trabajo. Siempre intento representar lo que realmente ocurre en mi vida, y eso es lo que quería para *The Riveras*, pero nuestras historias no parecían contener el nivel de dramatismo que la cadena exigía. Cuando comenzamos a rodar el programa, los productores protegieron nuestra imagen, pero al final cedieron ante la presión de la cadena.

Luego, como productora ejecutiva, también empecé a chocar con el resto del equipo de producción. Me di cuenta de que iban a nuestras espaldas para crear problemas entre mis hermanos y yo, y fue entonces cuando cruzaron la línea en mi opinión. Fue duro porque llevaba trabajando con esta empresa desde el principio de mi carrera en *realities*. La cadena habría seguido filmando más temporadas porque nuestros índices de audiencia eran buenos, pero después de hablar con mis hermanos y de darnos cuenta de que estaba teniendo un efecto negativo en nuestras relaciones y nos estresaba, lo cancelamos.

No estaba dispuesta a perder a mi familia por un programa y sus índices de audiencia, por muy buen dinero que nos diera —y de veras que me brindó gran seguridad financiera durante mucho tiempo—. Pero no podía vender mi alma al diablo. El amor por el dinero nunca será más importante que mi familia. Lo bonito de esta decisión es que al cerrar esta puerta, se abrió una nueva para todos nosotros. Fue entonces cuando empezamos a trabajar por nuestra cuenta. Mikey encontró un trabajo y empezó a ganar su propio dinero. Jacqie empezó a centrarse más en su música e invirtió en su línea de playeras, además de ayudar también con los negocios de nuestra mamá, la boutique y la Love Foundation. Jenicka comenzó a explorar posibles caminos profesionales como modelo de tallas grandes. También se metió en los videos de instrucción de maquillaje y comenzó a centrarse en el desarrollo de sus redes sociales. Y Johnny tenía dinero en su cuenta al que podría acceder unos meses después, cuando cumpliera los dieciocho años.

Poner fin a este *reality* nos dio a todos el tiempo y la energía para buscar otras vías de ingresos que también nos hicieran felices. Fue un descanso súper bienvenido después de años de exponer nuestras vidas al público a través de un medio regido por normas en el que el drama es el objetivo y tienes que mantener tu verdadero yo bajo control. Estoy muy agradecida por mi carrera en *realities*, realmente me ayudó, pero ahora había llegado el momento de que cada uno de nosotros se centrara en sí mismo. Para mí, eso significaba seguir desarrollando otro emprendimiento relativamente nuevo que había lanzado en 2016, un negocio paralelo y un sueño que ahora estaba lista para llevar al siguiente nivel.

Todos y cada uno de los pasos que se describen aquí, desde ayudar a mi mamá, hasta la apertura de mi salón, pasando por los años de *realities*, hasta manejar el duelo y la crianza de adolescentes, me ayudaron encaminarme para encontrarme a mí misma y manifestar un sueño nuevo.

Llevo cuidando mi piel desde los dieciséis años. El interés se despertó por las revistas que me encantaba hojear, como *Seventeen*. Me tragaba todos los consejos y trucos para tener una piel limpia y bonita. También fue entonces cuando empecé a preocuparme por mi aspecto en general. Y luego había un muchacho (¿acaso no se trata siempre de un muchacho?), Junior, mi primer novio. Quería estar guapa para él. Empecé a notar cómo se fijaba en las chicas de la televisión. Un día, estábamos sentados en el sofá de mi salón y soltó: "Ah, qué guapa. Tiene una piel hermosa". Esa puede haber sido una de las primeras veces que sentí cómo ese tipo de celos me hervía la sangre. "¿Que qué?", le dije. Intentó dar marcha atrás: "No es que yo pueda estar con ella. Sólo digo que tiene una piel hermosa". Mis inseguridades se manifestaron a lo grande y pensé: *Espera, ¡yo también quiero tener una piel hermosa!* Y así comenzó mi viaje de cuidado de la piel, aunque nunca imaginé adónde me llevaría.

Conocí a Judi Castro unos cinco años después de aquel incidente. A los veinte años ya había pasado de los cuidados en casa a los tratamientos estéticos, como los faciales y el Botox, con Judi, una esteticista profesional. Sí, empecé a ponerme Botox a una edad muy temprana por razones preventivas. Me encantaron sus tratamientos y lo maravillosa que se veía y sentía mi piel después de visitar su *spa*, así que seguí yendo y rápidamente me convertí en una clienta fiel.

Varios años después, en 2014, mientras estaba tumbada en la cama de un *spa* viendo a la hija de Judi trabajar duro en mi cara, le dije: "Oye, realmente quiero mi propia línea de cuidado de la piel, y sé que tu mamá tiene la suya, pero me encantaría hablar con ella al respecto". ¡Las Boss Bees tienen que pedir lo que quieren! Me dijo que hablaría con su mamá y que luego concertaríamos una reunión para seguir charlando. Conocía bien a Judi, llevaba años en el sector, me encantaba su trabajo y su experiencia sería inestimable.

Mientras tanto, por mucho que quisiera hacerlo realidad, seguía debatiendo si asociarme con alguien era el camino correcto. Había ayudado a mi mamá a desarrollar su propio negocio de belleza; en realidad fue idea mía, ya que a mamá le gustaba más el maquillaje. Me senté con la socia de mi mamá, que al igual que Judi tenía su propio *spa* de estética al que mi mamá acudía para hacerse sus tratamientos faciales. Y así fue como empezó todo para ellas también.

Estaba muy emocionada y me involucré de lleno en esta nueva empresa, encargándome de todas las tareas cotidianas que suponían el desarrollo y el lanzamiento de la línea de cuidado de la piel de mi mamá. Fui a la oficina del fabricante con la socia de mi mamá para ver cómo progresaban, probar los productos y asegurarme de que la calidad estaba a la altura de los estándares de mi mamá. La línea era increíble. Estaba muy orgullosa de lo que habíamos logrado. Sin embargo, a medida que avanzábamos, nos dimos cuenta de que algo no andaba bien. Empecé a indagar en las órdenes de compra y no cuadraban. Después de encontrar varias discrepancias, me dirigí al banco y pedí ver la información de nuestra cuenta. No había dinero. Estábamos en cero. Nos habían estafado, nos habían timado, ¡todo había desaparecido!

Esta mujer había estado inventando las órdenes de compra. Las imprimía ella misma, decía que ya había pagado su mitad y nos pedía que pagáramos el resto. Estamos hablando de órdenes de compra de 40.000 a 50.000 dólares. Y nosotras confiábamos en ella, así que le enviábamos nuestra mitad, sin que nos diéramos cuenta de lo que estaba sucediendo. Al fin y al cabo, era una sociedad al 50%, o eso creíamos. Resulta que, en realidad, habíamos financiado toda la empresa nosotras, mientras ella recibía el 50%.

Tal vez la socia de mi mamá se aprovechó de que yo sólo tenía veintidós años y era muy ingenua. Nunca lo sabré porque una vez que nos dimos cuenta de lo que tramaba, desapareció y se llevó la mitad de todo. Para colmo de males, descubrimos que el logotipo —que tengo tatuado en mi cuerpo— ni siquiera estaba registrado a nombre de mi mamá; ¡estaba registrado a nombre de ella! Nos caímos de culo con eso último, pero te aseguro que no volveré a cometer ese error nunca más. Ahora lo registro todo yo misma y me aseguro de que haya un contrato (que compruebo tres veces antes de firmar). Las lecciones difíciles son las que se quedan con nosotros para siempre.

Así que puedes entender por qué mi emoción estaba ligeramente matizada por el miedo a asociarme con alguien de nuevo. Pero rápidamente me di cuenta de que esta era una historia bien diferente; era mi camino, y no podría haber pedido una mejor socia. Judi es absolutamente increíble. Cuando me senté con ella, reconocí que ella ya tenía una línea, aunque era más clínica de lo que yo imaginaba. Yo quería crear productos económicos con ingredientes de calidad. A ella le encantó la idea. Nos reunimos de nuevo, elaboramos un plan de negocio, pusimos los puntos sobre las íes y comenzamos nuestro viaje como socias al 50% de lo que pronto se convertiría en Be Flawless.

Tardamos dos años en desarrollar nuestro sistema de cuidado de la piel de seis pasos. Yo estaba encantada con lo que habíamos creado, pero no fue fácil presentárselo a nuestra comunidad. Ahora todos están interesados en el cuidado de la piel, pero hace cinco años no estaba en la mira de todo el mundo. Sabíamos que el objetivo era atraer a los clientes, así que Judi y yo decidimos darle una pequeña vuelta de tuerca a nuestro plan para captar su atención. Así nació la línea de cosméticos. Pensé que si era conocida por mis jugosos labios, por qué no sacar una línea de lápices y brillos de labios que atrajera al público a nuestra marca y ayudara a impulsar la línea de cuidado de la piel. Lanzamos Be Flawless Diamond Skincare and Cosmetics en marzo de 2016. El maquillaje funcionó tan bien que ampliamos la línea hasta lo que es ahora, que incluye desde sombras de ojos hasta maquillaje facial.

Tengo que arreglarme para el trabajo, ponerme capas de maquillaje, y me encanta sentirme como una diva, pero también disfruto quitándomelo todo al final del día y dejando que mi cara respire y descanse. Por eso, cuando me tomo mis descansos en las redes sociales o estoy entre proyectos en casa, me encanta llevar la cara lavada, sin maquillaje, sin nada. Me siento muy orgullosa de mi piel. Quiero que mi rostro brille e irradie mi belleza interior, y para que eso ocurra, necesito cuidarlo. Por eso el cuidado de la piel sigue siendo mi pasión. Además, si quieres que tu maquillaje se vea bien, amiga, tienes que cuidar lo que hay debajo.

Durante los dos últimos años, Judi y yo hemos trabajado duro para reformular y renovar nuestra línea de cuidado de la piel, que relanzamos en marzo de 2021 como Be Flawless Skin. Quería actualizar el logotipo, perfilar el nombre con nuestra línea de cosméticos y seguir adquiriendo ingredientes activos de calidad a un precio razonable. También quería centrarme en calmar problemas de la piel como la rosácea (algo que yo tengo) y la hiperpigmentación, que es un gran problema en la comunidad latina, porque todos nos merecemos una piel sana y hermosa. Estoy decidida a no promocionar ni vender nunca algo si no lo uso y no creo en él primero. Esto se aplica a otras marcas y a la mía también. Necesito amarla para poder promocionarla.

Es curioso, algunos detractores (incluso algunos miembros de mi familia) creen que Be Flawless sólo me paga para promocionar la línea, y que le debo dinero a Judi y a su marido, Luis, pero eso no podría estar más lejos de la realidad. Nuestra asociación al 50% significa hacerlo todo a partes iguales, desde la inversión hasta la toma y el acuerdo de las decisiones más grandes y más pequeñas. Somos unas chingonas a toda madre cuando se trata de la custodia compartida de nuestra empresa bebé. Existe un hermoso respeto mutuo que valoro mucho. Nos sentamos, compartimos ideas, nos inspiramos mutuamente y conseguimos lo que nos proponemos. Llevamos tanto tiempo trabajando juntas que nuestra relación se ha desarrollado más allá de una simple asociación empresarial; nos tratamos como familia. Judi es como una mamá, una hermana y una amiga, todo en una. Estaré eternamente agradecida a ella y a Luis por creer en mí y pararse a mi lado sin importar qué colinas y valles tuve que atravesar a lo largo de los años.

Blow Me Dry fue como mi campo de entrenamiento de negocios, así que sabía que lo podía hacer. Mi mamá, sin darse cuenta, me había preparado para esto, y le había tomado el gusto a través del manejo de sus negocios y mi primera aventura con el salón de belleza, pero con Be Flawless me he convertido en una verdadera mujer de negocios. Me di cuenta de que soy una empresaria innata. El desarrollo y el lanzamiento de nuevos proyectos me apasionan.

Hay personas que pueden trabajar para alguien y otras que no. No me importa recibir instrucciones, pero me nace ser líder. Me gusta ser mi propia jefa y tener mis propios horarios, porque eso es lo que he hecho toda mi vida, como hermana mayor, como mano derecha de mi mamá ayudando a construir su carrera, y eso es lo que me hace prosperar y brillar. Sin embargo, a decir verdad, tomar las riendas y construir tu propio imperio requiere concentración y trabajo incansable. Hay que seguir una agenda y ser disciplinada para alcanzar esas metas.

Lo que me ayuda son las listas. Llevo haciendo listas desde que tengo uso de razón. Hoy en día, las titulo "Cosas que lograr", porque me fascina esa sensación de logro que tengo al tachar algo de mi lista. Cuanto más tacho, mejor me siento. Estoy tan apegada a estas listas que si pierdo una o la borro accidentalmente de mi aplicación de notas, me vuelvo loca.

Aparte de mis queridas listas, crear y cumplir un horario es también absolutamente esencial para el éxito. Claro que puedes dormir hasta las once de la mañana si quieres, pero ¿eso te ayudará o te perjudicará al final? Yo, en lo personal, necesito levantarme temprano y empezar a atacar mis prioridades y ponerme en acción. Empiezo mi día rezando, meditando, llenándome de gratitud, repitiendo algunas afirmaciones clave, haciendo ejercicio y cuidando de mi perro, y eso es todo antes de que empiece la parte del negocio en sí.

Ese tiempo esencial de la mañana me prepara para arrasar el resto del día. Y mi tablero de visualización me ayuda a establecer y manifestar mis objetivos. Las palabras de afirmación que escribo en mi tablero también me obligan a rendir cuentas conmigo misma, como por ejemplo: *Quiero ser constante. Quiero tener más fuerza de voluntad. Quiero ser puntual. Quiero ser valiente.* Muchas veces, apunto estas frases en notas Post-it y las pego por la casa para alimentarme de mensajes positivos a lo largo del día. Me ayudan a contrarrestar los bajones, las dificultades, la negatividad imprevista y cualquier otra mala energía con la que me pueda encontrar. Hay tanta toxicidad y contaminación en el mundo que es súper importante alimentarse de palabras de afirmación, de vida. He estado haciendo esto durante años. Tanto que, mientras me cepillo los dientes por la mañana, escribo algunas de mis afirmaciones en el espejo del baño: *Soy hermosa. Tengo confianza en mí misma. Lo lograré.* Una vez que digo estas frases en voz alta, respiro hondo y exhalo, enviando esa energía al universo. Realmente creo en el poder de las palabras.

Ya sea haciendo ejercicio con regularidad y comiendo lo que es bueno para mi cuerpo, o asociándome con colaboradores de ideas afines para crear un negocio increíble, mi horario, mis rutinas y mis afirmaciones alineadas a nivel espiritual me permiten sentir que estoy avanzando de forma constante hacia mis sueños. En esos primeros años después de la muerte de mi mamá, había logrado manejar mis negocios, sabía lo que estaba haciendo y me encantaba. Así que por fin había llegado el momento de centrarme en lo que de veras hace que mi corazón se eleve: la música.

¡Levántate, sal y haz algo!
Porque si no lo haces tú, lo hará otro.

4

MI TURNO: LLEGÓ LA HORA DE SUBIR AL ESCENARIO

La música siempre ha formado parte de mi ser, incluso antes de que mi mamá decidiera aventurarse por ese camino. Los primeros años de mi vida los pasé en el mercado de Paramount con mi familia, aprendiendo sobre los bípers y los teléfonos móviles de primera generación con música regional mexicana de fondo. Esa fue la banda sonora de mi infancia; corría por mis venas. Me gustaban tanto los corridos que la primera canción que aprendí a los cuatro años fue "La puerta negra" de Los Tigres del Norte. Mi abuelo me sentaba en su regazo y yo le cantaba. A veces agarraba una de esas cámaras de video portátiles de la época, las que tenían casetes diminutos, y me grababa, y yo disfrutaba de cada minuto.

Cuando mi abuelo alquilaba El Farallón, un espacio que utilizaba para celebrar concursos mientras buscaba nuevos talentos, me quedaba fascinada por las actuaciones de cada año. Prestaba atención a la elección de las canciones de los concursantes, los veía moverse y escuchaba sus voces, hasta que un día, cuando tenía diez años, le dije: "Quiero intentarlo". Elegí cantar "La Chacalosa", uno de los corridos de mi mamá, y quedé en segundo lugar. Estaba encantada. (¡Abuelo, todavía te debo un disco de corridos!). Esa fue la primera vez que canté delante de mi mamá. Ella me observó, pero no me dijo nada.

El canto era algo que siempre me había atraído, pero como me crie al lado de mi mamá y observé en silencio lo mucho que sufría y luchaba por hacerse un nombre en esa industria, empecé a dudar sobre la posibilidad de intentarlo yo misma. Eso no me impidió soñar con hacer algo en el mundo del espectáculo. Incluso pensé en convertirme en la chica del tiempo porque me encantaba ver el pronóstico soleado de Jillian en el canal 11 de Los Ángeles. Estaba guapísima y lucía unos trajes impresionantes con su característica actitud optimista.

Luego, cuando tenía veinticuatro años, canté delante de mi mamá por segunda vez. Acabábamos de terminar un día de trabajo y habíamos llevado al equipo a comer a La Sirenita Mariscos en Van Nuys, una parrilla mexicana y restaurante de mariscos, que tenía un pequeño escenario en la parte de atrás para bandas de mariachis y karaoke. Jacqie subió y cantó una canción, y yo la seguí con "No llega el olvido", una de las canciones de mi mamá que me encantaba, y una de las pocas que conocía lo suficiente como para cantar en ese momento. Todos estábamos relajados y pasando un buen rato, pero cuando me paré frente a todos para cantar, me puse súper nerviosa. No sabía qué iba a pensar mi mamá, qué iba a decir. Ella me observó atentamente, y lo único que le oí decir mientras avanzaba en la canción fue "esa es mi hija".

Ella sabía que yo llevaba tiempo queriendo dedicarme al canto. Al principio, lo dejé de lado y puse todo mi empeño en ayudarla a desarrollar su carrera, pensando que mi momento llegaría con el correr del tiempo; era un sueño que no había podido dejar de lado a lo largo de los años. Pero cada vez que hablábamos de esto, ella expresaba su profunda preocupación. “Piénsalo, mija. Es una carrera muy dura para una mujer. Las largas noches; no sé si podrás soportarlo. No sé si es lo que quiero para ti. Ya ves lo duro que ha sido para mí, cómo he tenido que probarme a mí misma, y lo mala que puede ser la gente”, me decía a menudo.

La entendía. Diablos, lo viví todo de primera mano. La vi pasar por muchos contratiempos y llegar poco a poco a la cima. Necesitó tres álbumes para empezar a hacerse un nombre y ser considerada un éxito. Su primera nominación a los Grammy llegó con su quinto álbum. Su noveno álbum, *Mi vida loca*, fue el primero en alcanzar el número uno en la lista de álbumes regionales mexicanos de Billboard. Esto ocurrió en un lapso de siete años, y ni siquiera estoy contando todos los años anteriores en los que estuvo luchando por ser escuchada. Pero nada pudo disuadirme. Cuando tienes una pasión que te hala del corazón, tienes que ir por ella.

—Mamá, lo he pensado y quiero intentarlo.

—De acuerdo, si eso es lo que quieres, entonces ándale pues. Solo espera hasta que pueda manejar tu carrera.

Así que me quedé al margen y seguí esperando. Pero Dios tenía otros planes.

Mientras salía lentamente de la niebla de angustia y emociones interiorizadas por su repentina muerte, me di cuenta de que había llegado el momento de usar por fin mi voz. Así fue que me senté y compuse mi primera canción, “Paloma Blanca”, en respuesta a “Paloma Negra”, la canción que mi mamá me dedicó y cantó en el escenario durante su última actuación en México.

Pero, como muchos de ustedes bien saben a estas alturas,

cuando mi canción se lanzó en 2014, fue ninguneada. Los resentidos salieron a dar pelea:

"Está usando la fama de su mamá para salir adelante".

"¿Desde cuándo quiere cantar?".

"De seguro que no ha heredado el talento de su mamá".

Esquivé sus comentarios a diestro y siniestro. Mentiría si dijera que la reacción del público no me hirió. Cada frase que aparecía me quemaba el corazón. Aún me sentía tan vulnerable, tan en carne viva por haber perdido a mi mamá. Sin embargo, debo admitir que algunos de los críticos profesionales tenían razón. Esa canción no estaba lista para ser lanzada. Cuando la grabé estaba demasiado sensible; las lágrimas rodaban por mi cara mientras hacía cada toma a solas en la cabina. Ese momento catártico fue también mi primera vez en un estudio. Ahora sé que debería haber ido a mi ritmo, dándome el espacio necesario para perfeccionarla, con otras personas allí para guiarme, tomándome el tiempo necesario para dominarla de la forma correcta, porque yo estaba demasiado verde.

Pero antes de que pudiera llegar a ninguna de estas conclusiones, Ángel, para darme una sorpresa, la lanzó sin decirme nada. Tenía la mejor de las intenciones, esperando darme algo por lo que sonreír, algo que anhelar, pero en lugar de eso, me explotó en la cara.

Salir de esa oscuridad fue como escalar el monte Everest. Estuve a punto de rendirme en algunas ocasiones, pensando que mi mamá al final había tenido la razón, que esta industria no era para mí. Pero entonces ese impulso interior que me empuja a ser invencible, a trabajar más duro, a hacerlo mejor, a comprometerme a demostrar que soy capaz de esto y de mucho más, se apoderó de mí. No reaccioné ni me defendí como solía hacer mi mamá con quienes la odiaban. Lo hice a mi manera. Los ignoré; no dejé que sus comentarios me consumieran o me hicieran trizas. Pensé: *Lo puedo hacer. Y esto es algo que quiero hacer*. Y dejé que mis pensamientos fueran mi inspiración. Ninguna palabra, por muy devastadora que fuera, iba a interponerse en mi camino.

Luego me enfoqué en mi mamá, en la cantidad de puertas cerradas y críticas que le vi soportar antes de convertirse en una leyenda. Y me senté a escribir una segunda canción, "Esa no soy yo", con mi entrenador vocal y gran amigo, Julio Reyes, que lancé unos meses después. Y con ella di el salto oficial a la escena musical en 2014, con mi debut en un escenario internacional como cantante en los Premios Juventud.

Cada vez que estoy a punto de subir al escenario, siento a mi mamá. Cuando la duda invade mi mente, cuando empiezo a sentir esos nervios previos a la actuación y cuando estoy rezando para no olvidarme la letra de una canción, casi que puedo sentirla dándome ese último empujoncito que dice: "No te apachurres. Puedes hacerlo". Y con eso tomo vuelo a través de las canciones, sintiendo esa ráfaga de emoción que me recorre de pies a cabeza de la que me he enamorado, alimentándome del mar de gente que me acompaña cantando. Y así ocurrió también en esa primera actuación. Ella estaba ahí conmigo, en espíritu, y permaneció en mi mente mientras cantaba mi canción en su micrófono de diamantes, que mi familia aceptó que usara para mi debut.

La gente cree que sólo llevo siete años en la industria musical, pero se olvida de que ha sido parte de toda mi vida. Mi formación empezó pronto, en casa y en el trabajo con mi mamá, donde comencé desde cero, haciendo todo, desde programar y vender fechas hasta redactar contratos y tratar con su equipo de gestión. Luego, una vez que ella se murió, y yo estaba paralizada por el dolor, Ángel intervino para ayudarme a llenar los vacíos. Es mucho más fácil hacer cosas para otras personas, pero cuando se le da la vuelta a la tortilla y tienes que hacerlo para y por ti, a veces no sabes ni por dónde empezar. Cuando decidí seguir mi carrera de cantante, Ángel estuvo ahí para sacudirme y recordarme que ya sabía cómo hacerlo. Yo ya tenía claro lo que respectaba al negocio, y él me enseñó más sobre la industria, dándome un empujón y prestando apoyo cuando más lo necesitaba. Me instó a abrir mi propio sello discográfico, mi propia editorial y a asegurarme de que fuera la propietaria de los másters de todas mis canciones presentes y futuras. Poner en práctica todo lo que aprendí gracias a mi mamá y a Ángel me dio una ventaja sobre otros nuevos artistas al comienzo de sus carreras. Sabía lo que tenía que hacer para evitar que me chingaran, y Ángel me ayudó a mantener a raya a los tiburones de la industria.

Armada con este conocimiento, volví al estudio para terminar de grabar mi primer álbum, *Ahora*. Todavía estaba tratando de encontrarme a mí misma musicalmente, buscando mi sonido, dónde me sentía más cómoda, con qué género me conectaba mejor. Como productora de este álbum, tuve vía libre para hacer lo que quisiera, y sentía que estaba dando pasos en la dirección correcta. Al final, me gusta llamarlo mi álbum experimental porque incluí de todo, desde temas de banda y norteños hasta incluso una canción pop en inglés. Tenía muchas ganas de llevarlo a cabo, así que lo di todo en tiempo, energía y dinero. Volví a grabar "Paloma Blanca" porque quería hacerla bien para el disco. "La malquerida" fue otro punto fuerte porque es la canción que me regaló Gloria Trevi. Ella la había escrito para una novela, pero cuando no se utilizó para ese proyecto, me sentó un día y me dijo: "Me gusta esta canción para ti". Y me la regaló, sin más. En ese momento, se convirtió en la madrina de mi carrera como cantante, y me ha apoyado desde entonces.

"Paper Bullets" es otra canción de mi primer álbum que significa mucho para mí porque la escribí pensando en mi mamá. Más tarde evolucionó y se dirigió sobre todo a la gente que ha hablado mal de mí, excepto este verso, que salió directamente de mi corazón para mi mamá:

The rumors and lies were like a hurricane
(Los rumores y las mentiras fueron como un huracán)
I'm still cleaning up all the mess it made
(Aún estoy limpiando todo el desmadre que causó)
All I wanted was to make you proud
(Lo único que quería era enorgullecerte)
But I'm left to wear this broken crown
(Pero solo me queda llevar esta corona rota).

Ahora fue mi primogénito en la música. Estaba muy orgullosa de lo que había conseguido, pero resultó ser un proyecto muy caro. Hay una canción, "CPR", que me costó 5.000 dólares hacer. Cuando terminé la grabación, la producción, la mezcla y la masterización, había gastado casi 60.000 dólares en todo el álbum. ¿En qué estaba pensando? Era demasiado, ahora lo sé, pero sentí que tenía que darlo todo y más para borrar los contratiempos que había sufrido con el lanzamiento de mi primer sencillo y demostrar que era digna de que me tomaran en serio. Vivir a la sombra de mi mamá no era una opción. Quería expresarme libremente para que la gente me viera como Chiquis de pies a cabeza.

Sin embargo, nada parecía ser suficiente para un público que no veía la hora de chingarse en mis logros. La reacción que recibí después de mi debut en el verano de 2015 me tomó por sorpresa. Aunque los fans más acérrimos de mi mamá la adoraban, a algunos de ellos yo no les caía bien —eso sigue siendo cierto hoy en día—, y tanto ellos como los medios empezaron de inmediato a establecer comparaciones entre mi mamá y yo. Era lo mismo de siempre: No cantaba como ella, no actuaba como ella, no estaba a su nivel. De lo que no se daban cuenta era de que estaban comparando a una novata, que acababa de empezar su carrera, que apenas estaba explorando su potencial y aún no estaba segura de qué sonido o género quería seguir, con alguien que ya se había convertido en una leyenda. Se olvidaron rápidamente de cómo empezó mi mamá, de todos los años de trabajo duro que le costó no sólo hacerse un nombre, sino perfeccionar su arte. No fue de la noche a la mañana. Trabajó incansablemente para mejorar su canto y poseer su título como la "reina de la banda". Claro que yo aún no estaba donde quería estar a nivel vocal, pero todos tenemos que empezar por algún sitio.

Mi mamá había roto el techo de cristal cuando se trataba de mujeres en la música regional mexicana y nadie había podido superarlo hasta el lanzamiento de *Ahora*, que vendió 7.000 copias en su primera semana y fue certificado disco de oro por la Recording Industry Association of America. Me convertí en la primera artista femenina en alcanzar la lista de éxitos de música regional mexicana y Top Latin Album de Billboard desde que mi mamá se estrenó en el número uno con su póstumo *1 Vida - 3 Historias* en diciembre de 2014. Eso fue un gran logro para mí.

Así que te puedes imaginar lo difícil que fue para mí disfrutar de este momento mientras intentaba entender por qué tanta gente quería verme fracasar a pesar de todo. Ni siquiera me dieron una oportunidad. La frustración y la exasperación que brotaban en mi interior me hacían querer decir: "A la chingada. Me voy. Se acabó. Me rindo". Pero lo reconsideré. Había decidido darle una oportunidad al canto porque quería dedicarme a algo que me hiciera feliz. Y la pasión y la alegría que había sentido mientras estaba en el estudio haciendo música eran más profundas y fuertes que cualquier reacción negativa que se me lanzara. Tenía que seguir explorando esto, y nadie me lo iba a impedir.

Nunca me propuse sustituir a mi mamá. Desde el principio, mi viaje musical ha consistido en encontrarme a mí misma y expresarme como Chiquis. Ser la hija de Jenni Rivera me ha ayudado y perjudicado en mi carrera. El nivel de presión y responsabilidad que se me impone es a veces insoportable, pero supero los comentarios negativos canalizándola a ella. Recuerdo cómo empezó todo. Mi mamá no fue una gran cantante desde el principio. Fui testigo de su incansable esfuerzo por mejorar y de su crecimiento a lo largo de su trayectoria. Estos pensamientos me dieron fuerza. Sabía que no podía dejar que las críticas me disuadieran de un sueño que llevaba en mi corazón desde los cuatro años. Tenía que *arregl*ármel*as*. Tenía que trabajar duro como ella. Tenía que mejorar. Tenía que crecer. Así que empecé a tomar clases de canto y vocalización. Me levantaba antes del amanecer para ir a mis rodajes de videos después de pasar toda la noche en el estudio grabando toma tras toma de cada canción hasta que sentía que estaba bien. Lo que hiciera falta. Me había dado la fiebre de la música y estaba enganchada. Sabía que la llevaba dentro. Nomás necesitaba más tiempo para encontrar mi camino.

Ahora, en retrospectiva, me enorgullece ver lo lejos que he llegado. He dejado de castigarme por aquel primer sencillo. Fue una fase de aprendizaje, me dio el empujón que necesitaba para crecer como cantante. También estoy en paz con las comparaciones con mi mamá porque me doy cuenta de que, haga lo que haga, son inevitables.

Al final, lo bueno siempre supera a lo malo. Después de sacar mi primer disco, la gente empezó a acercarse a mí y a querer trabajar conmigo. Empezaron a creer en mí como cantante hecha y derecha. Luego llegaron mis primeros conciertos, que incluían una sección de pop y otra de banda. Me encantaba la variedad, pero cada vez que empezaba a cantar mis canciones de banda, me encendía. Me emocionaba como ningún otro género, y la electricidad y la conexión que sentía con el público y cómo reaccionaba a esas canciones era algo fuera de este mundo. Fue entonces cuando supe que la música de banda era mi vocación. No había vuelta atrás, no podía rendirme, porque eso era lo que realmente me hacía feliz. Así que me lancé y empecé a gestar mi segundo bebé musical, *Entre botellas*, mi primer disco totalmente de banda, que salió en 2018.

Lo que me ha hecho seguir adelante desde el principio, por muy duro que haya sido, es la pasión que siento por la música, el sueño que he tenido durante tanto tiempo, el deseo de hacerlo realidad. No me gusta vivir con esa molesta sensación de "podría haber sido", "debería haber hecho". No importa lo que la gente piense o diga, si siento que algo está bien en mi corazón, no me echaré atrás. Voy a perseguirlo. Me aferré al subidón que sentía después de cada actuación, a la alegría que podía percibir del público, a la satisfacción que me producía expresarme a través de la música, y seguí adelante. Quería mejorar mi técnica vocal, mis actuaciones. Hasta el día de hoy, siempre me propongo superarme a mí misma para que mi próximo concierto, canción o álbum sea mejor que el anterior. Soy mi propia competencia en todos los aspectos de mi vida. Me niego a compararme con nadie, incluso cuando la gente insiste en compararme con mi mamá. La acepto como guía e inspiración, pero sigo mi propio ritmo, mi propio estilo. Cuando todo estaba en mi contra, no estaba dispuesta a renunciar a mi sueño y a lo que había visualizado para mi futuro. Se puso en marcha mi audacia y seguí adelante. Estaba decidida a llevar esto a cabo.

No nací preparada...
Tuve que superar todos
los obstáculos en mi camino
para SABER que estaba preparada.

5

DESAMOR Y CHOCOLATE

Cuando la casa de Encino estaba en fideicomiso, unas semanas antes de que cerráramos y tuviéramos que hacer las maletas y mudarnos, me di cuenta de que aún tenía que resolver dónde viviríamos Johnny y yo. Ángel llevaba un tiempo hablándome de irnos a vivir juntos, pero cuando la tragedia golpeó a nuestra familia, él entendió perfectamente mi deseo de estar cerca de mis hermanos y nuestra necesidad de tener una sensación de estabilidad. Me había apoyado muchísimo y había sido muy paciente, y ahora que por fin veía una oportunidad clara, decidió dar el salto y pedírmelo una vez más. Era una de esas noches en las que él llegaba a la casa después del trabajo y yo había terminado con mis deberes de mamá por el día, esas preciadas horas en las que se daban la mayoría de nuestras conversaciones importantes.

—Bueno, creo que ha llegado el momento. ¿Por qué no se mudan tú y Johnny conmigo? Andaba esperando el momento justo para preguntártelo.

—Pero creo que deberíamos casarnos antes de irnos a vivir juntos —le dije. Él sabía que yo dudaba, dado nuestro historial de rupturas.

—Ya que estamos comprometidos, ¿por qué no intentamos vivir juntos? —me respondió.

—Pues, bueno, siempre que a Johnny le parezca bien. Si le cae bien el plan, lo haremos.

Mientras intentaba conciliar el sueño esa noche, mi mente iba a toda máquina. *¿Era esto lo correcto? ¿Estábamos preparados? ¿Debería insistir en casarme primero? ¿Sería lo mejor para Johnny?* Fue entonces cuando supe que tenía que consultar esta idea con mi abuelita Rosa antes de hablar con mi niño. Necesitaba su amor y sus palabras de sabiduría, y quería su aprobación.

Al día siguiente, me dirigí a su casa en Lakewood y entré en mi refugio, su cocina. Estaba ocupada haciendo paletas de chocolate y me puse a ayudarla. Mientras pasábamos el rato y vertíamos el chocolate en los moldes, le dije con cautela:

—Bueno, abuelita... Es que Ángel me pidió que me fuera a vivir con él.

—¡Eh! ¡¿Que qué?! —exclamó con un graznido.

Ándale, aquí vamos. Pero seguí defendiendo mi caso, explicando que una vez que supo que vendíamos la casa de mi mamá nos había invitado a mí y a los niños a mudarnos con él.

—Pues ya ahorita no me asusta nada —dijo, refiriéndose a que hoy en día nadie se casa antes de irse a vivir con otra persona.

—Pero me da miedo —confesé.

—Ah, tú mientras gózale y que sea lo que Dios quiera. Pídele al Señor que te bendiga con esta decisión que vas a tomar —me contestó, tomándoselo todo mucho mejor de lo que me había imaginado. Me sugirió que lo intentara, que me asegurara de que nos lleváramos bien y que luego nos casáramos.

Sus palabras me reconfortaron. Siempre iba a casa de mi abuela cuando necesitaba amor, consejos o simplemente un tantito de su deliciosa comida casera. Su amor significa todo para mí, y su sello de aprobación era justo lo que necesitaba escuchar ese día.

Ahora estaba lista para hablar con Johnny. En ese momento él solo tenía quince años, así que dondequiera que fuera, tenía que ir conmigo. Aparte de ser su tutora legal, siempre ha sido mi niño, y era importante para mí pedirle su opinión antes de finalizar esta decisión y respetársela. Así que lo llevé a tomar un helado para endulzarlo un poco. Johnny tomó su taza de helado sabor a chicle y se sentó en una de las mesas mientras yo agarraba mi *sundae* de menta con chocolate y galletas y crema batida del mostrador, y me senté con él.

—¿Cómo te sentirías si nos mudáramos con Ángel? —le pregunté, para tantear el terreno.

—¿Estás preparada para dar ese paso? —me preguntó, y cuando me oyó dudar, insistió—: ¿Qué pasa si vuelven a romper? ¿Has pensado en eso?

Ángel y yo habíamos roto varias veces en los cuatro años y medio que llevábamos juntos, y Johnny me presionaba para ver si estaba segura de que esta vez sí funcionaría. Él necesitaba estabilidad, y yo también, y sinceramente pensé que mudarnos con Ángel, alguien a quien él admiraba, alguien que había demostrado ser un proveedor, que había estado ahí para nosotros, nos aportaría precisamente eso.

—Lo he pensado, pero quiero ser lo más positiva posible.

—Sabes que lo quiero —añadió—, pero ¿crees que estaremos bien allí?

—A veces. No te voy a mentir, siempre tengo un plan B en mente —le respondí con toda honestidad, porque ese es el tipo de comunicación que me he propuesto tener con mis hermanos menores desde el primer día. Vi a mi mamá sufrir el final de sus matrimonios, así que aprendí desde pequeña que siempre es necesario tener un plan alternativo porque, por muy de cuento de hadas que parezcan las cosas, nunca se sabe cómo pueden acabar—. Si no quieres que nos vayamos a vivir con él, encontraré una casa para nosotros. —Necesitaba asegurarme de que Johnny estaba de acuerdo y cómodo; si no, no seguiría adelante con esto.

—Estoy bien —me dijo.

—Bueno pues, eso fue mucho más fácil de lo que pensaba. Estaba súper nerviosa. Intentaba endulzarte con helado y asegurarme de que estábamos bien.

—Te quiero, hermana —me dijo.

—Te quiero —le respondí.

Me alivió tener el visto bueno de mi abuela y de Johnny, pero creo que inconscientemente esperaba ver mis dudas reflejadas en sus respuestas.

Mi relación con Ángel había estado repleta de hermosos altos y atroces bajos. Cuando empezamos a salir, sabía que él tenía cinco hijos, pero que no estaba casado ni tenía novia. No me daban miedo los niños, pero quería saber un poco más sobre ellos. Fue entonces cuando me enteré de que el más pequeño sólo tenía cinco meses.

—¡Dios mío, es un bebé! —exclamé.

—En realidad, no, está embarazada de cinco meses.

—¿¡Que qué!? ¿Y no estás con la mamá?

—No, rompimos, pero nos enrollamos después en Las Vegas y tuvimos sexo y fue entonces cuando se quedó embarazada. No vamos a estar juntos, pero decidimos tener al bebé.

Mi mente y mi comportamiento eran aún los de una niña en aquel entonces. Lo admiraba, y me sentía ligeramente intimidada por su madurez —tenía dieciséis años más que yo— y realmente era muy ingenua.

Él siempre decía que yo era una niña de mamá, y mi afán por demostrarle que estaba equivocado me ayudó a evolucionar hasta convertirme en una mujer que podía manejarse por sí sola en la vida.

Ángel estuvo a mi lado cuando pasé por un infierno con mi mamá, estuvo a mi lado cuando ella falleció y me dio el empujón que necesitaba para nadar a través del océano del dolor hacia mi pasión por la música. Además, en cierto sentido, llenó el vacío que habían dejado mis padres: su energía y su papel de protector y proveedor me recordaban a mi mamá, y también era un especie de figura paterna. Lo amaba, pero creo que, teniendo en cuenta todo lo que estaba atravesando, lo que realmente me atraía era esa protección, seguridad y sensación de paz que me hacía sentir. Su energía me resultaba familiar y reconfortante, y me aferré a ella y no quise dejarla ir. Me había negado a ver lo que no estaba funcionando, hasta mi primera gran llamada de atención el 11 de febrero de 2015.

Ese día, estábamos en su oficina escuchando la nueva música de Ariel Camacho, uno de los artistas que representaba. También estaba Gerardo Ortiz, otro artista. Mientras pasábamos de una melodía a otra, me di cuenta de que Ángel había dejado su teléfono sobre la mesa. Estaba hablando con los muchachos, así que lo agarré con naturalidad y marqué su clave (que me había dado). Nunca había mirado su teléfono, y no sé qué me impulsó a hacerlo ese día, pero mientras revisaba sus mensajes, me detuve de repente en un nombre que reconocí. Se trataba de una modelo que pasaba mucho tiempo en su oficina y se tomaba fotos con su mercancía, una muchacha con quien me llevaba muy bien. Pulsé para ver el hilo de mensajes y se me cayó el corazón al suelo. Había fotos de su culo y mensajes de él que decían: "Qué rico".

¡Hijo de la chingada!

Mi pulso empezó a acelerarse. Me levanté, me acerqué a él y lo agarré por el cuello delante de sus clientes. "¡Pinche culero!" le grité mientras, envuelta en mi furia, lo apretaba con más fuerza. Se limitó a mirarme fijamente en un sopor etílico. Entonces lo solté, me volví hacia mis dos asistentes, que habían estado en la sala todo este tiempo, y les dije: "Vámonos". Me llevé su teléfono.

Me siguió a casa, tuvimos una gran pelea y rompimos esa noche. Quedé absolutamente desolada y me sentí súper humillada. Me resultaba muy difícil confiar en un hombre después de sufrir los abusos de mi padre, que empezaron a mis ocho años, cuando mis padres se separaron, y continuaron hasta los doce. Así que sentir esa sensación de traición con Ángel fue como un puñetazo en las tripas. Se acabó. Esta vez no había vuelta atrás... o eso creía.

Dos semanas después, ocurrió una tragedia. Ariel Camacho, el artista que había estado mostrando su nueva música en el sello de Ángel el día que rompimos, murió el 25 de febrero de 2015 en un accidente de coche. La noticia me entristeció y conmocionó tanto que, tras días sin hablar, me puse en contacto con Ángel. Una charla llevó a otra, que al final dio paso a su sincera disculpa. Había despedido a todas las modelos, había hecho otras modificaciones en la oficina y me prometió que las cosas seguirían cambiando para mejor. Y decidí creerle.

Nos volvimos a juntar. Sin embargo, algo se había roto dentro de mí ese día, algo que pude parchear pero no curar del todo, y nunca volví a ser la misma con él. Llevábamos comprometidos desde diciembre de 2013, pero ese anillo me pesaba ahora en el dedo. Así que en cuanto hicimos las paces, se lo devolví. Le dije que estaba manchado, sucio, que me había hecho daño y que no lo quería más. Lo aceptó sin rechistar, diciendo que me entendía, y prometió compensarme. Así que, sí, elegí quedarme con él, pero tenía mis dudas.

La confianza nunca ha sido fácil para mí. He visto demasiadas cosas de niña. Además de la relación abusiva que sufrí con mi padre, también fui testigo de cómo se desmoronaban las relaciones problemáticas de mi mamá. Experimenté su dolor, sus lágrimas y su angustia de primera mano. Y eso me hizo sentir que tenía que estar siempre alerta, dos pasos por delante de cualquier muchacho con el que saliera, porque no quería dar a nadie el poder de hacerme daño. Sin embargo, Ángel y yo continuamos avanzando.

Ese año, 2015, fue un gran año para mí: Inicié mi carrera musical, estaba en medio de la concepción de mi línea de cuidado de la piel y cosméticos, y cumplía treinta años. Me encanta organizar fiestas para mi familia, mis amigos e incluso mis mascotas, así que ya sabes que quería festejar mi cumpleaños número treinta a lo grande. Estaba pensando en alquilar un salón precioso, decorarlo a mi gusto e invitar a todos mis seres queridos. Cuando compartí esta idea con Ángel, me dijo: "No te preocupes, yo te lo construiré". Fue un gesto tan maravilloso, sobre todo después del conflicto que habíamos vivido apenas unos meses antes, así que le dije que sí.

Básicamente me construyó un club nocturno en dos semanas. Creo que lo hizo en su mayor parte para mí, pero también creo que pensó que le serviría como un lugar seguro para él. Sabía que mi familia estaría allí, y su relación con ellos había sido difícil desde el principio, dado el enfrentamiento público que había tenido con mi mamá en 2012, cuando ella y yo ya no nos hablábamos, así que asumo que se sentiría más poderoso y a gusto en su propio espacio. Sea cual sea la razón, lo logró.

La noche de la fiesta, me puse un hermoso vestido blanco ligerito con un favorecedor escote en V que me hacía sentir como una reina. Ángel me recogió, y cuando íbamos en el coche de camino a la fiesta, empezó a meterse conmigo. El tema: mi escote. Como tipo controlador y machista que era, no le gustaba que expusiera mis pechos. Los celos habían empezado a filtrarse en nuestra relación desde aquel día de febrero. Tal vez pensó que, como me había traicionado, era sólo cuestión de tiempo que yo le hiciera lo mismo. No era el caso en absoluto, pero ya él estaba cegado. Todo se volvió un posible detonante, incluido el vestido de mi fiesta de cumpleaños.

Era el primer cumpleaños importante sin mi mamá, y sólo quería sentirme guapa y sexy en mi día especial. En retrospectiva, me doy cuenta de que este fue el principio de nuestro fin.

Cuando llegamos, él estaba de mal humor, lo que marcó el tono del resto de la noche, pero aun así intenté apartar las punzadas de tristeza e ir con la corriente. Al entrar en el local, me sorprendió la decoración que había elegido: era casi como una boda. Había sillas de rey y de reina, donde debíamos sentarnos los dos, y yo iba de blanco. Era un poco raro, pero, de nuevo, no dije nada.

Mi familia estaba presente para mí, pero andaban con las defensas bien altas dada la mala sangre entre mi mamá y Ángel antes de que ella falleciera, así que había mucha tensión en el ambiente. En un momento dado, mientras transcurría la noche, Ángel, que había bebido demasiado, dijo algunas palabras duras y me haló a la fuerza hacia él. Mi tío Juan vio toda la escena y se volvió loco. Estuvo a punto de abalanzarse sobre él, y la cosa siguió subiendo de tono hasta que Ángel inició una pelea de pasteles para aliviar la tensión que estaba a punto de estallar. Fue uno de los peores cumpleaños de la historia, pero sobrevivimos.

Todo esto ocurría al principio de mi carrera musical. Acababa de lanzar mi primer álbum unas semanas antes, y estaba concentrada en darlo todo para que fuera un éxito. Así que, tras el fiasco de mi cumpleaños, me fui de gira para promocionar *Ahora*. Fue entonces cuando las cosas empeoraron en nuestra relación. Ángel no lograba dejar de temer que yo lo acabara engañando por lo que él me había hecho. En realidad era su conciencia culpable la que le armaba un desmadre en la mente. Seguía proyectando en mí algo que había hecho, sin dar un paso atrás y darse cuenta de dónde provenía. Cuando se quiebra la confianza, es muy difícil recuperarla, y más aún cuando las secuelas están llenas de celos y acusaciones.

Sin embargo, seguí tratando de arreglar lo nuestro.

Lo invité a que me acompañara en la promoción de mi música por Estados Unidos y México, pero le daba miedo volar, lo que significaba pasar aún más tiempo separados. Fue entonces cuando sus inseguridades se agudizaron aún más. Tenía que llamarlo cada noche al volver a mi recámara para demostrarle que no me había ido de fiesta sin él. Era muy confuso, porque él me apoyaba mucho en mi carrera y sabía cuánto tiempo llevaba queriendo hacer esto, pero sus celos empezaron a apoderarse de él y lo impulsaban a detenerme.

A medida que pasaron los meses y conseguí más actuaciones, Ángel empezó a insistir en que me quedara en casa y considerara la posibilidad de trabajar en su oficina, lo que le permitiría estar en primera fila para saber dónde estaba y qué hacía en todo momento. Era como si de repente quisiera un ama de casa. Él era mayor que yo, ya tenía un negocio andando y exitoso, y sin duda era un machista de la vieja escuela; quién sabe, tal vez eso era exactamente lo que quería desde el principio. Pero yo tenía otros planes, y él lo sabía.

No es que no supiera ser una esposa —ese era el papel que había asumido durante años con mi mamá—, sino que por fin había llegado el momento de hacer algo por mí misma. Y no iba a tirarlo todo por la borda por un hombre. Estaba muy ilusionada con el plan de desarrollar mi carrera como artista y mi vida como empresaria. Mi primer libro y mi primer álbum salieron a la venta en 2015 y, en marzo de 2016, lancé Be Flawless: estaba en racha, prosperando y amando el hecho de trabajar y ganar mi propio dinero.

El apoyo de él era una cosa, pero estaba decidida a no darle el poder de quitármelo todo como había hecho mi mamá en 2012. Cuando ella me echó de la casa, juré no volver a depender de nadie, y pretendía mantener esa promesa conmigo misma. Si vives, aprendes. A pesar de lo insoportable que había sido ese año para mí, mi mamá me enseñó el valor de ser una mujer independiente, y nadie iba a apartarme de eso ahora.

Tal vez, cuando empecé a percibir este cambio en la relación y su necesidad de un ama de casa que chocaba tan claramente con mis objetivos como empresaria y cantante, la debería haber terminado, pero no lo hice. Durante una de nuestras innumerables discusiones sobre este tema, por fin le dije:

—Nomás dame tres años. Quiero hacer esto y quiero entregarme al máximo.

—No, quiero una esposa y una familia; además, no puedo viajar contigo. ¿Por qué quieres seguir con esto? —Quizás pensó que un álbum era todo lo que necesitaba para sacarme las ganas de cantar.

—Porque no estoy donde quiero estar —le expliqué—. Realmente quiero llegar más lejos. Quiero un Grammy.

Se limitó a mirarme fijamente en silencio.

—Mira, tú ya estás bien establecido, y sí, facilito puedo sentarme aquí y vivir de ti, pero eso no es lo que quiero hacer. Estoy contigo porque te amo y quiero estar contigo, no porque necesite estar contigo.

Sentí que él había comprendido mi punto de vista, así que pasé por alto las señales de alarma que se acumulaban y a las que debería haber prestado atención —su carácter controlador, sus celos, su necesidad de un ama de casa y su corazón infiel— y decidí jugármela, ignorando lo que mi instinto intentaba decirme con gran desespero. Las señales estaban ahí, había visto lo que ocurría entre mi mamá y mi padre: él también quería un ama de casa y ella también tenía planes más ambiciosos. Sin embargo, acallé mis dudas y vacilaciones y, con la aprobación de mi abuelita y el apoyo de Johnny, dije que sí a mudarme con él. Resultó que Mikey también viviría con nosotros temporalmente hasta que encontrara un lugar propio, lo que me puso feliz, porque tener a mis hermanos conmigo era casi como tener un pedazo de mi mamá: me hacían sentir segura.

Ángel y yo fuimos a buscar casa en Woodland Hills y Encino, y cuando le dije que me gustaba mucho Toluca Lake, buscamos un lugar en ese barrio y encontramos el lugar perfecto. Era una casa enorme de 7.000 pies cuadrados con seis habitaciones, lo cual era perfecto porque cabríamos cómodamente nosotros, Johnny, Mikey, los hijos de Ángel cuando se quedaran a dormir y mi futuro cuarto de glamour. Como estaba en el centro de Los Ángeles, también era fácil para Ángel llegar al trabajo, a la casa de su mamá y visitar a sus hijos. Mejor aún, los propietarios estaban de acuerdo con un contrato de alquiler de un año, lo que nos daba ese tiempo para poner a prueba la convivencia antes de tomar cualquier otra decisión importante.

Estaba con ganas de empezar este nuevo capítulo con mi novio, pero también estaba nerviosa. Nunca había vivido con un chico; tenía que adaptarme a la idea de que ya no sería "mi" casa sino "nuestra" casa. Y aunque me daba un poco de miedo el compromiso, me lancé al agua. En junio de 2016, nos mudamos a nuestra nueva casa. Elegí un clóset en nuestra recámara, empecé a desempacar mi ropa y me dispuse a armar un hogar para nosotros. Pero no era el tipo de hogar que había imaginado. Teníamos una relación extraña. Él salía de casa a las nueve de la mañana y volvía a las diez de la noche, y a veces tenía que trabajar los fines de semana, o eso decía. Esto significaba que durante el día era casi como si estuviera soltera. No era la compañía con la que había soñado, pero estaba decidida a hacer que funcionara. Al fin y al cabo, en una relación hay que ceder, pero a veces me preguntaba: *¿No estaré cediendo demasiado?*

Estaba bastante segura de que me iba a pedir la mano de nuevo en mi cumpleaños de ese año. Lo escuché hablar de un diamante y lo compartí con mis amigos. Me puso nerviosa, pero también feliz. Después de cinco años, me había acostumbrado a estar con él, a nuestra relación, a nuestros altibajos. No quería tener que empezar de nuevo con otra persona. Pensé que con eso ya bastaría.

Luego llegó una nueva ola de drama.

Ángel empezó a comportarse de forma extraña conmigo, a buscar más peleas que de costumbre, a intentar ejercer más su control machista sobre mi vida y mi carrera, pero no lo estaba logrando. Fui criada por una mujer fuerte, liberal e independiente, por lo que no iba a seguirlo a él ciegamente. Si tengo preguntas, las haré. Si hay un problema, lo plantearé. Y si tengo un sueño, lo perseguiré.

Unas semanas antes de mi cumpleaños, cuando ya nos habíamos mudado a la casa de Toluca Lake y yo había comenzado a acomodarla, decorarla, amueblarla, esperando transformarla en un hogar, tuve que viajar a Miami para grabar un tributo a Selena de dos canciones para los Premios Juventud de ese año. Estaba súper emocionada. Que me llamaran para participar en un tributo a alguien a quien había admirado tanto de niña era una bendición increíble, y estaba decidida a trabajar duro para dar mi mejor actuación hasta el momento. Mientras tanto, J Balvin se encontraba en Miami al mismo tiempo. Llegó la hora del drama.

En febrero de 2016, una foto de J Balvin y yo se hizo viral y suscitó rumores de que andábamos juntos —permíteme que lo deje bien clarito ahora mismo: falso—. El fotógrafo captó un momento espontáneo en el que J Balvin y yo nos cruzábamos en una entrega de premios. Él tiene su mano en el corazón y nomás me estaba saludando mientras yo me doy la vuelta para devolverle el saludo con una sonrisa. Estábamos a medio metro de distancia. Eso fue todo. Los medios hicieron una montaña de un grano de arena y empezaron a especular que quizás estábamos saliendo. En realidad, no sabían mucho de mi relación con Ángel porque la mantuve en secreto para proteger nuestra intimidad. Aprovecharon el rumor al máximo, y Ángel, con su vena celosa a flor de piel, empezó a preguntarse si sería cierto. Por eso, cuando se enteró de que J Balvin estaba en Miami ese mes de junio mientras yo estaba allí, se volvió loco.

En un momento dado hasta su tía me envió un mensaje de texto: "Tienes que ponerte en contacto con Ángel". Pensé que era porque ella sabía que estábamos discutiendo sin parar durante esas semanas. Pero no, me dijo que estaba convencido de que lo había engañado con J Balvin. Ay Dios mío, ¿qué tenía que hacer para que confiara en mí? Esto era una locura. Jamás lo engañé, mi mente ni siquiera lo había considerado. Siempre le fui fiel, pero ninguna cantidad de textos o llamadas telefónicas podía convencerlo de lo contrario.

La noche de la grabación del video de homenaje a Selena, mientras me ponía el *jumpsuit* negro de mariachi y deslizaba los brazos dentro del bolero a juego con detalles dorados, dejé escapar un profundo suspiro. Estaba a punto de subir al escenario y cantar los clásicos de Selena, "Si una vez" y "Bidi Bidi Bom Bom", pero en lugar de sentirme abrumada por la emoción, me invadió la tristeza. Aunque sabía que eran las propias inseguridades de Ángel las que entraban en juego, su falta de confianza me estaba desgastando. La racha de celos se había convertido en un elemento permanente en nuestra relación, y no podía soportarlo más. Estaba cansada de que me acusaran de cosas que no había hecho. Estaba llegando a mi límite y, en el fondo, lo sabía, pero en ese momento el *show* tenía que continuar. Me ajusté la peluca negra, me puse una capa extra de lápiz de labios rojo y, como tantas otras veces, dejé de lado la pesadez y me centré en subir al escenario y, por un breve momento, encarnar a una de mis ídolos.

Después de ese espectáculo, hice una parada en Las Vegas para otro evento, y luego regresé a nuestro nuevo hogar en Toluca Lake.

—No puedo seguir así. Me tiene cansada —le dije a Ángel esa noche en nuestra recámara.

Él estaba convencido de que había ido a cenar con J Balvin. Se creía todo lo que publicaban los medios, y nada de eso era real. Era una absoluta locura.

—Ninguno de los dos merece vivir así —continué—. No puedo soportar que pienses que estoy haciendo cosas que no hago. Estoy trabajando y lo único que haces es estresarme.

No terminamos las cosas esa noche, pero era sólo cuestión de tiempo antes de que se fuera todo a la chingada para siempre.

Por si esto fuera poco, mi padre, que estaba en la cárcel cumpliendo una condena de treinta años por abusar sexualmente de mi tía Rosie y de mí, de pronto había reaparecido tras diez años de silencio. Una prima de ese lado de la familia le envió un mensaje de texto a Jacqie: "Sólo quería darte un mensaje de tu papá. Te quiere. Desea saber cómo estás. Y está muy contento de que hayas tenido tu tercer bebé". También le hizo saber que quería verla. Hacía veinte años que Jacqie no veía a nuestro padre. No estaba segura de qué esperar, pero comenzó a contemplar la idea de ir a visitarlo. Antes de tomar una decisión, decidió acercarse a Rosie y a mí por separado para asegurarse de que estuviéramos de acuerdo.

—Una vez prometimos que si alguna vez teníamos la oportunidad de ir a ver a papá, lo haríamos juntas —me dijo un día, justo después de inaugurar un refugio para mujeres en nombre de nuestra mamá—. Pero lleva mucho tiempo intentando ponerse en contacto conmigo, y yo lo he ignorado porque en las cartas nos menciona a mí y a Mikey. Y he preguntado por ti y él no lo ha hecho pero…

—Si voy, me pregunto si eso perjudicaría su caso —la interrumpí, tratando de darle un giro pragmático a esta conversación tan dolorosa.

—Siento muchas emociones encontradas —me explicó Jacqie—. No quiero verlo a menos que pida perdón. Necesito que diga que lo siente porque necesito que reconozca que sus decisiones lo estropearon todo.

—Quiero que sepas que si deseas ir a verlo y él quiere tener una relación contigo, voy a estar bien con eso —le dije con lágrimas en los ojos—. No creo que debas vivir con ese "que hubiera pasado si", en especial si él te anda buscando.

—Solo necesito cerrar este capítulo —me respondió ella—. Sea que termine teniendo una relación con él o simplemente me saque las ganas de conocerlo, estoy bien con o sin él. Y si me pide perdón, entonces sí quiero esa relación. Pero si no lo hace, no la quiero.

No voy a mentir, fue muy duro para mí. El mero hecho de hablar de él me trajo tantos recuerdos… cosas que ninguna niña debería saber. Mi padre abusó de mí durante cuatro años, y cuando finalmente salió a la luz, me llamó mentirosa. Nunca lo admitió ni se disculpó por haberme hecho eso. Lo único que hizo fue decir que mi mamá me lo había metido en la cabeza, que ella era el monstruo de la historia. Ojalá fuera cierto. Ojalá no recordara lo que me hizo, pero lo recuerdo.

—¿De veras te parece okey? —me preguntó.

—Sí, me parece bien, hermana, por supuesto —le dije.

Intenté separar mi experiencia y mis sentimientos de lo que necesitaba mi hermana. No quería que viviera con ningún tipo de remordimientos. Si ella creía que tenía que seguir adelante, yo la apoyaría en su decisión, aunque tuviera mis dudas. No quería que mi padre se hiciera una idea equivocada. La visita de Jacqie no significaba que todo estuviera olvidado. Nada podía cambiar o avanzar realmente sin una disculpa sincera y la admisión de lo que había hecho.

Una vez que tuvo mi visto bueno, así como el de Rosie, Jacqie rellenó los formularios y se dirigió a la prisión con su marido. Era el día anterior a mi cumpleaños. A menudo nos preguntábamos si nuestro padre se acordaba de nuestros cumpleaños. Cuando volvía a casa después de verlo, me llamó y me dijo que sí se acordaba, todos los años. Me quedé en silencio. Las lágrimas corrían por mis mejillas. Tantas emociones encontradas. Mientras lloraba, Jacqie me dijo que sí había expresado que lo sentía, pero que había sido una disculpa general, centrada en su ausencia de nuestras vidas y no en lo que nos había hecho a Rosie y a mí. Mi hermana consideró que era un primer paso en la dirección correcta. Yo no estaba tan convencida, pero la dejé seguir su propio camino.

Y así llegué a mis treinta y un años, el 26 de junio de 2016.

Las semanas anteriores habían sido muy intensas. Con mi relación a punto de desmoronarse y la reaparición de mi padre, mi corazón pesaba una tonelada. También seguía arrastrando la pena y el dolor de los últimos cuatro años. Pero me levanté de la cama, me vestí y me dirigí a la iglesia para el bautizo de mi sobrino, Jordan.

En realidad, tenía que reunirme con Ángel ese día en Malibú. Supuse que me iba a proponer matrimonio, pero no me atreví a reunirme con él. No podía estar allí; no podía pasar por eso. Le había pedido a Dios que me diera señales: *¿Qué hago? ¿Cuál es el siguiente paso en mi relación con Ángel?* Estaba tan conflictuada, con el corazón roto y confundida que, mientras el pastor hablaba, mis ojos se llenaron de lágrimas. Mi familia se dio cuenta de que estaba sufriendo, así que me tomó del brazo y me llevó delante del pastor. Cuando empezó a rezar por mí, me puso la mano en la frente y empecé a llorar sin consuelo. Entonces sentí que algo dentro de mí decía: "Libérate", y de pronto caí en los brazos de la congregación, y terminé en el suelo. Cuando miré hacia el techo de la iglesia, empecé a llorar aún más fuerte. Mi abuela se arrodilló rápidamente a mi lado y me abrazó. Cuando me levanté con cuidado, me sentí más ligera, más en paz, pero también sentí un torrente de nuevas emociones.

Lo único que quería en ese momento era a mi mamá. No estaba segura de estar tomando la decisión correcta, y sabía que si ella hubiera estado allí, habría sabido qué decir. Quizás ni siquiera habría estado en esa situación porque ella probablemente me habría agarrado hacía tiempo y me habría sacado de esa relación cuando empezó a ir realmente cuesta abajo un año antes. Ya me lo había advertido en 2012, cuando empecé a salir con Ángel:

—No lo entiendo, puedes estar con el muchacho que quieras. Yo te enseñé a ser una joven trabajadora que sabe lo que quiere; no entiendo por qué eliges quedarte con este hombre que tiene cinco hijos con dos mamás diferentes a cuestas.

—¿Sabes qué, mamá? Tú también tienes cinco hijos —le contesté.

—Bueno pues, si eso es lo que quieres, te doy tres meses. Se te pasará.

Ahora entiendo su punto de vista. Ella notó cosas que yo no pude ver en ese momento. Si ella hubiera estado viva, sinceramente no creo que me hubiera permitido llegar tan lejos en esta relación. En cuanto me hubiera visto alterada por una de nuestras muchas rupturas, estoy segura de que me habría dicho: "Te mereces algo mejor. No te preocupes, te encontraré un novio". Estaba obsesionada con engancharme con un médico o un boxeador. "Nunca estés con un tipo que esté en la misma industria que tú", me dijo más de una vez, "porque te vas a arrepentir". Ojalá hubiera prestado más atención a esta perla de sabiduría. Me habría venido como anillo al dedo en el futuro.

Todavía echo de menos sus consejos y saber que, pasara lo que pasara, al final me protegería y salvaría de cualquier cosa. Pero ahora dependía de mí.

Llevaba mucho tiempo luchando por mi relación, y estaba llena de dudas porque amaba a Ángel. También sentía que si abandonaba la relación y me alejaba, significaba que estaba fracasando. Sin embargo, estaba agotada de tanto intentarlo, de llevar el peso de nuestros problemas sobre mis hombros. Ángel era un proveedor por naturaleza, me apoyaba de muchas maneras, y aprendí y crecí mucho con él, pero no sabía cuidar mi corazón. Quería ser valorada por la mujer que era, no quería que alguien cuestionara cada uno de mis movimientos, eso no era justo. Había llegado el momento de tomar una decisión sabia y cuidarme.

Durante los días siguientes, hablamos, discutimos y acepté que ya no estábamos en el mismo camino. Él estaba empeñado en tener una esposa y más hijos y mi corazón estaba puesto en mi carrera. Entonces llegó el golpe final.

Era el 1.º de julio, la noche anterior al que hubiese sido el cumpleaños cuarenta y siete de mi mamá. Jenicka había venido a nuestra casa con su perro para visitarnos a Johnny y a mí, y mientras nos acomodábamos y empezábamos a charlar, Ángel dijo de pasada: "Ay, aquí está todo tu circo".

¿Qué? ¡Cómo se atreve a llamar a mis niños un circo!

Se suponía que esta era mi casa tanto como la suya, y mi familia debería ser siempre bienvenida sin importar dónde viva yo. El comentario me llevó al límite. Ya era suficiente. Miré a los niños y les dije: "Nos vamos". Reservé un cuarto de hotel, metí a Jenicka, a su perro y a Johnny en el coche y me largué. No podía aguantar más.

A la mañana siguiente, Johnny se preparó y se dirigió al sitio donde se presentaría La Noche de la Gran Señora, un concierto para celebrar el cumpleaños de nuestra mamá, porque estaba previsto que él cantara esa noche y estaba entusiasmado. Mi familia llevaba meses planeando este evento. Habíamos decidido que éste fuera más íntimo que los dos anteriores. Era un día muy emotivo para todos nosotros, así que siempre le poníamos todo el corazón.

Después de levantarme de la cama del hotel y vestirme lentamente, volví a la casa para recoger mi ropa para esa noche. Estacioné en la entrada y me dirigí a la puerta principal, pero me di cuenta de que Ángel me había dejado fuera. Llamé al timbre repetidamente y luego lo llamé por teléfono varias veces. Nada. Él sabía que tenía ese evento, sabía que era importante para mí y sabía que necesitaba recoger mi traje, que estaba dentro junto con todas nuestras cosas. Volví a mi coche llorando a moco tendido, sin saber qué hacer. Devastada, llamé a mi maquilladora y me dijo: "Podemos alistarte en mi casa". Mientras conducía hacia allá, ella se apresuró a ir a una tienda de ropa y me consiguió un traje y unos zapatos y me resolvió todo.

Cuando terminó de hacer su magia, volví a mi coche y me dirigí al evento, con la mente a mil por hora. ¿Cómo podía dejarme fuera sabiendo que tenía que cuidar de Mikey y Johnny? Le había confiado a mis hermanos, que lo eran todo para mí. Los había metido en este desmadre inestable y ahora, de pronto, no teníamos dónde ir. Sentí que los había defraudado, pero prometí compensarlos.

Cuando llegué al evento, respiré hondo varias veces e hice todo lo posible por dejar de lado todo aquello. Aunque mi corazón estaba destrozado, puse una cara feliz para los medios y para mi familia. Quería disfrutar de la noche. Quería estar allí para Johnny y su debut en el escenario. Y quería celebrar a mi mamá.

Una vez terminado el evento, Johnny y yo nos subimos a mi coche y volvimos al hotel. Pasamos las dos semanas siguientes durmiendo en esa caja con cama doble en Highland, mientras yo salía en busca de un lugar para alquilar. Por fin encontré una casa en Van Nuys. Estaba fuera de mi presupuesto y tenía que amueblarla desde cero, pero era el único lugar decente disponible, así que la acepté.

Con todas mis cosas secuestradas en lo de Ángel, nuevamente me encontraba sin nada a mi nombre. Pero esta vez tenía experiencia y sabía que saldría adelante. Haría que esto funcionara, pasara lo que pasara.

Justo en el momento en que Johnny y yo estábamos a punto de mudarnos a nuestra nueva casa, después de un fin de semana discutiendo por mensajes de texto con Ángel, por fin quedé en pasar a recoger nuestras cosas. Uno de sus asistentes me abrió la puerta, entré y enseguida me puse a empacar. Ángel había dicho que me llevara todo, muebles incluidos, porque no quería nada de eso. Así que elegí algunas piezas y regalé el resto. La verdad es que yo tampoco quería nada de eso. Ese lugar nunca se había sentido como un hogar.

Pasé el resto de ese mes en los cómodos sofás reclinables que había comprado, viendo películas, comiendo chocolate y cuidando mis sentimientos. Lloré tanto que pensé que la sal de mis lágrimas me agrietaría la piel. Había un enorme vacío en mi corazón. Me dormía por la noche con los dedos entrelazados porque Ángel y yo nos tomábamos de la mano cuando nos íbamos a dormir. Sabía que no era bueno para mí, pero lo echaba de menos.

A veces nos vemos obligados a tomar decisiones dolorosas. Nos ayudan a crecer y a ser más conscientes de nuestro entorno y de las cosas que deben cambiar en nosotros.

6

UNA GUÍA ESPIRITUAL

Descubrí a Dios cuando tenía diez años. Mi abuelita me llevaba a la iglesia y a mí me encantaba. Hablo de ir a la iglesia los miércoles, viernes y domingos, estaba metida de cabeza. Mi mamá era cristiana, al igual que mi familia, y así me criaron, y de los diez a los doce años, la Biblia se convirtió en mi guía. Pero de pronto me encontré con un imprevisto.

Cuando entré en esa etapa de preadolescente en la que empiezas a aguzar el oído y a prestar más atención a lo que ocurre a tu alrededor, descubrí que había una hilacha de amoríos entre los feligreses. El "*no cometerás adulterio*" de repente quedó en el olvido. Luego se reveló que uno de los pastores de nuestra iglesia, nuestra guía, tampoco era tan inocente. Se puso en duda su integridad cuando se difundió la noticia de que tocaba de forma inapropiada a las mujeres de nuestra congregación. Fue más o menos en la misma época en la que por fin había encontrado el valor para hablar sobre los abusos que había sufrido a manos de mi padre. La decepción fue profunda, por partida doble. Realmente amaba a mi pastor y ese entorno, pero ¿cómo podía seguir creyendo en una congregación que ni siquiera respetaba las leyes básicas del cristianismo? Lo que me había parecido un lugar seguro ahora era un lugar que ni siquiera quería visitar. Por eso di un paso atrás y empecé a distanciarme de esa iglesia, pero no de Dios.

Con el paso de los años, seguí rezándole a Dios; mi relación con Él nunca se interrumpió. Con Él en mi corazón, seguí adelante en mi búsqueda de un espacio religioso con el que me sintiera identificada. Pero no fue fácil. Nunca me sentí a gusto en el entorno estructurado de una iglesia. Los sermones estaban impregnados de demasiado miedo. De veras, pretendían infundir el miedo a Dios en la congregación y en los feligreses, y luego se encargaban de propagar ese miedo.

Recuerdo con claridad una vez en la iglesia de mi tío Pete, cuando, al caminar por el pasillo para tomar mi asiento, una señora me soltó: "Lo siento, pero no deberías llevar esas mallas en la iglesia". Mi mamá iba más adelante por lo que no llegó a escuchar este comentario, y yo tenía a mi lado a Johnny, que en ese momento tenía unos siete años. Preferí no darle importancia, pero ella insistió: "Porque son transparentes, y eso es demasiado tentador para los hombres". Me quedé tan sorprendida que no supe qué decir. Un momento, ¿así que tenía que evitar llevar pantalones ajustados o *leggings* para no atraer a los hombres, mientras que —al menos en mi primera iglesia— todo el mundo se chingaba a los demás?

¿Cómo es que lo que yo llevo puesto puede hacer pecar a los hombres? Eso no debería recaer sobre mí. No debería recaer sobre ninguna de nosotras. No, si me pongo un traje ceñido al cuerpo, no estoy pidiendo que me maltraten, y no estoy tentando a los hombres para que se desvíen de su moral rectora. Sólo estoy aceptando mi cuerpo y celebrándome a mí misma. No voy a cambiar lo que soy para que los hombres se sientan más cómodos. Deberían estar tan concentrados en Dios que no les quede tiempo para mirarme las nalgas. Ahora me he dado cuenta de esto, pero en aquel entonces no sabía cómo reaccionar, así que una vez que alcancé a mi mamá, le conté lo que había dicho la mujer. Ella enseguida se dirigió a la señora y la puso en su sitio. Y ese momento se me quedó grabado.

No quiero tenerle miedo a Dios. No creo que mi relación con Él deba basarse en el miedo. Debería basarse en el respeto. El respeto por un poder superior. Y debería ser una elección. Elijo ser una buena persona y hacer lo correcto, no porque tenga miedo de terminar en el infierno si no lo hago, sino porque es lo correcto. No quiero que me amenacen con un viaje al fuego ardiente de abajo para mantenerme a raya. Eso no me gusta. Lo presencié de primera mano y llegué a la conclusión de que yo no creo en ese tipo de religión.

La suma de todas estas experiencias me llevó por mi propio camino espiritual. Así fue que descubrí el budismo, la meditación, el poder de encender velas y quemar salvia. La primera vez que hice lo último, mi mamá me preguntó: "¿Ahora andas metida en la brujería?". Mientras exploraba estas diferentes creencias, recuerdo que ella estaba desconcertada. "¿Qué te pasa?", me decía. "¿Estás fumando mota?". Pero no me detuvo. Me permitió continuar con mi búsqueda y me hizo sentir lo suficientemente cómoda como para compartir con ella todo lo que estaba aprendiendo en ese momento. Como cuando la invité a sentarse en el rincón de mi recámara que había llamado "Serenidad", que era básicamente un rincón espiritual que había creado para las prácticas de consciencia, y ella me observó pausadamente mientras yo cerraba los ojos y le mostraba cómo me conectaba con mi ser interior.

—¿Cuán a menudo vas a hacer esto de rezar? —me preguntó.

—Tengo que hacerlo todas las mañanas. —Me propuse hacerlo a diario porque me ponía en un mejor estado de ánimo.

—¿Y vas a estar bien ahora? Porque me he dado cuenta de que eres una Chiquis diferente, y pienso, ¿Qué le pasa a mi bebé? —me dijo con lágrimas que inundaban sus grandes ojos marrones—. Cuando me despierto, lo primero que pienso es en ustedes. Si estuvieras en mi lugar, sabrías lo que es ser mamá de todos ustedes y lo mucho que me preocupan.

—No te preocupes. No quiero que te preocupes, lo siento —le dije, también emocionándome.

—Sí me preocupo, mamacita. No digo que tú me *hagas* preocupar, es sólo parte de este camino. Han nacido, y todos ustedes están aquí, y son míos. Es parte del camino de una madre —me explicó mientras las lágrimas escapaban de sus ojos—. No puedo evitar preocuparme a veces, y me pregunto qué pasa por tu mente, qué te anda confundiendo, en qué puedo ayudarte, qué me puedes confiar, qué no quieres contarle a tu mamá... tendrías que ser mamá un día para entender mi punto de vista. Ser tu mamá es mi carrera favorita. Necesito que sepas que estoy muy orgullosa de ti.

Su genuina expresión de preocupación y cuidado me hizo sentir muy querida en ese momento; era como si me estuviera viendo no como su cómplice, sino como su hija, y eso llenó mi alma de calidez.

Aunque mi mamá nunca lo entendió, aceptó que era diferente e incluso me hizo responsable: "Me voy a fijar si andas haciendo tu pequeña oración cada mañana". Respetó mi camino espiritual aunque no fuera por la vía eclesiástica tradicional, y le estaré siempre agradecida por permitirme ser yo.

Cuando era adolescente, mi mamá me reveló que mi nombre, Janney, que es también su segundo nombre, significa "precioso regalo de Dios". Quiero honrar continuamente mi nombre haciéndolo valer. Así que continué asistiendo a diferentes iglesias. Mi corazón permanecía abierto, y cuando un pastor predicaba algo con lo que me sentía identificada, lo recibía con alegría, como la vez que me dejé llevar y caí en brazos de los feligreses en el bautizo de mi sobrino. Pero ahora, mi atención se centraba en mi relación con Dios, no con la Iglesia.

Mi Dios no está ligado a una religión, sino que *es* el poder supremo. Esta toma de conciencia me ha permitido llevar los pasajes de la Biblia que amo, así como las enseñanzas de Buda, a donde quiera que vaya, y esto me hace sentir completa.

Entretanto, mi abuela sigue sin entender mis creencias. Odia que tenga una enorme fuente de Buda fuera de mi casa. Cree que es un demonio. He intentado explicarle que sólo es un símbolo de paz y zen, pero no lo entiende. Incluso el yoga le da escalofríos; cree que me enviará a otra dimensión, donde me encontraré con el diablo. "Abuela, no", le digo, pero ya he dejado de intentar razonar con ella sobre este punto. Es una mujer muy decidida, y la entiendo. Respeto sus creencias y sé que nunca las cambiaré, ni quiero que lo haga. Cada uno de nosotros tiene la libertad de elegir su fe.

Hoy en día, no me considero cristiana, pero tengo un pastor, en realidad dos pastores. Los llamo Mom y Dad porque los considero mis padres espirituales. Los conocí a través de mi hermana Jacqie en 2018, en la fiesta de cumpleaños de mi ahijada Jaylah. Jacqie es muy cristiana, y los había conocido a través de su red religiosa. Me puse a hablar con ellos ese día y me gustó lo que tenían para decir; también disfruté de su energía. Cada vez que me encontré con ellas después de eso, acabamos teniendo conversaciones increíbles e inspiradoras, y al final se convirtieron en mis mentores.

Siento que puedo ser completamente honesta y abierta con ellos; no tengo que ocultar ninguna parte de mí. Puedo decir palabrotas delante de ellos y ni se inmutan. No me juzgan y nunca me hacen sentir mal por lo que soy. No me dicen que no beba —incluso compartimos una copa de vino de vez en cuando—, no me hacen sentir que mi forma de bailar es demasiado provocativa, no me dicen que no disfrute del sexo. Dios no me va a querer menos porque me haya emborrachado con tequila una noche, y ellos tampoco me hacen sentir así. Es tan refrescante. Puedo ser yo.

Los pastores Mom y Dad están pendientes de mí y sé que puedo acudir a ellos siempre que necesite orientación. Sí, tienen una iglesia cristiana, pero mi pastor no les grita a sus feligreses ni les hace tragar la religión a la fuerza. Es una conversación, y eso lo aprecio. Nos permiten a mí y a otras personas que nos congregamos allí que simplemente seamos quienes somos… es un refugio. Puedo ir a esa iglesia con agujeros en los pantalones y nadie me dirá nada. También puedo no ir a la iglesia y nadie me hará sentir culpable por ello. No es nada tradicional, y por eso me siento segura con ellos. Eso no significa que no me lo señalen cuando me equivoco. Y lo agradezco porque quiero que me llamen la atención; quiero aprender de mis errores y corregirlos. Solo así podemos evolucionar y crecer.

Sin embargo, sigo permitiendo que las enseñanzas de las distintas religiones alimenten mi espiritualidad. A través de este proceso, he aprendido a estar abierta, a ser paciente y a perdonar. Perdono a los demás y me perdono a mí misma porque Dios nos perdona a todos. Además, todas y cada una de las lecciones que he encontrado en mi viaje espiritual me han llevado a crear mi propia religión: el amor.

Con el amor como guía, quiero llevar esperanza al mundo. Quiero ser una fuerza positiva en este planeta y en la vida de los que me rodean. Dios no nos da nada que no podamos manejar. No importa cuántos dramas, pérdidas o angustias esté atravesando, siempre trato de anclarme en un pensamiento: *Mis bendiciones son mucho más grandes que mis problemas, porque Dios es bueno.*

El amor es la fuerza motriz del universo.
El amor es lo que practico todos los días.
El amor es la luz que me guía.
Quiero ser amor.

7

ALMAS GEMELAS

Cuando mi relación con Ángel terminó, me dispuse a buscar el equilibrio. Las tensiones con mis hermanos eran enormes, ya que nos enfrentábamos a otra mudanza en menos de un mes. La casa de Van Nuys que alquilé para que viviéramos Johnny y yo era una propiedad de dos plantas y 230 metros cuadrados, con cuatro recámaras y tres baños, por encima de mi presupuesto inicial, pero estaba desesperada por encontrar un lugar donde pudiéramos caer parados. Estaba situada en una calle tranquila, con un acogedor patio delantero, un garaje y un amplio patio trasero. Mi recámara tenía un baño principal y dos vestidores. Pensaba hacer de otra cuarto un clóset y una sala de glamour. Eso dejaba la de Johnny y una extra para invitados. Con tan poco tiempo, estaba bastante satisfecha con el resultado.

Llegó el día de la mudanza y todos mis hermanos colaboraron llevando cajas de los camiones de la mudanza a la casa, excepto Mikey. Él seguía en casa de Ángel con su hija, Luna. Pensó que se mudaría a su nueva casa con Jenicka (sí, habían decidido vivir juntos), así que no puso sus cosas en mis camiones. Pero el tiempo corría y sin un nuevo departamento a la vista, yo necesitaba que se fuera de allí cuanto antes. Lo último que quería hacer en ese momento, rodeada de muebles desparramados y cajas selladas que necesitaban ser ubicadas y desempacadas, era regresar a ese lugar para recoger a mi hermano y arrastrar sus pertenencias y su trasero hasta nuestro nuevo espacio, pero tampoco quería que Ángel llegara a casa y encontrara a Mikey todavía allí, especialmente después de que dijo que mi familia era un circo. ¿Por qué Mikey no tenía sus cosas en orden? Yo andaba encabronada. Ahorita, no sólo tenía más que hacer, sino que corría el riesgo de encontrarme con Ángel.

Parada entre la cocina abierta y el salón, miré por la ventana y respiré larga y profundamente para calmarme. El estrés me estaba comiendo los nervios.

—Ya tienes bastante con tener que preocuparte por esta mudanza y por esta casa —me dijo Jenicka, que estaba a mi lado mirándome algo afligida—, y tener que preocuparte también por nosotros no es justo.

—Él tiene que dar un paso adelante y ser responsable —dijo Jacqie, sentada en el sofá del que era mi nuevo salón.

—Estoy cansada física y emocionalmente y tengo que desempacar; es mucho —les dije, apretando el respaldo del sofá, abrumada y algo derrotada.

Pero no tenía otra opción. Necesitaba acabar con todo esto para poder pasar al siguiente capítulo de mi vida. Me dirigí a mi coche y conduje hasta Toluca Lake para recoger a Mikey, y cuando llegué, por supuesto, me encontré con Ángel, que era exactamente lo que había estado queriendo evitar porque todavía me sentía súper herida y vulnerable.

Entré en la casa y me trató con frialdad, que es lo que solía hacer cuando nos peleábamos. Ángel nunca dio el primer paso para reconciliarse porque era demasiado orgulloso. En realidad era algo que habíamos discutido muchas veces. "Tienes que cambiar eso", le decía, "porque tu orgullo te va a matar". Pero un loro viejo no aprende a hablar. Verlo fue desgarrador. Yo aún estaba tratando de digerir todo lo que había pasado. Cuando cerré la puerta principal por última vez y seguí a Mikey hasta mi coche, pensé, *Esto va en serio.* Después de tantos años, nuestra relación realmente se había acabado.

Mientras conducíamos de vuelta a la que ahora era mi casa, estaba furiosa, haciendo todo lo posible por controlar la necesidad de gritar y largar todas las emociones reprimidas. Cuando llegamos, entré y me puse a trabajar, canalizando todo en desempacar lo más posible. Más tarde, esa misma noche, mientras Jacqie, su marido Mike, su hijo recién nacido Jordan, Jenicka, Mikey y yo estábamos sentados en los dos sofás de la sala relajándonos después de lo que había parecido un día interminable, la conversación giró en torno a Mikey. Todo comenzó de manera bastante tranquila.

Jenicka expresó que estaba frustrada porque ella era la que había asumido las responsabilidades de la búsqueda del departamento mientras Mikey se limitaba a sentarse y decir: "Lo que tenga que ser, será". Ella quería que él participara más. Yo seguía molesta por tener que sacarlo de la casa de mi ex en medio de mi propia megamudanza. Y Jacqie compartió que sentía que Mikey necesitaba asumir sus responsabilidades. Estábamos dando vueltas en círculos, caminando en puntas de pie, tratando de elegir con cuidado las palabras adecuadas para expresarle a Mikey que necesitábamos que estuviera más involucrado, sabiendo muy bien que hablar con él de cosas como esta en general terminaba en una guerra sin cuartel.

—Vas a cumplir veinticinco años. Mano, tienes una hija —le dije, metiéndome en una conversación que me hubiera gustado tener cualquier otro día.

—Es frustrante porque no quiero ser una carga para Jacqie y Mike. Necesitan su espacio, y lo entiendo —le dijo Jenicka. Ella estaba viviendo en el garaje de Jacqie y Mike en ese momento.

—¿Tú también estás frustrada conmigo? —le dijo Mikey a Jacqie cuando las cosas empezaron a intensificarse.

—¿Has hecho llamadas para buscar departamento? —le respondió ella—. El otro día decías que necesitabas encontrar un depa ya, pero ¿qué has hecho al respecto?

—¿Cómo que qué he hecho? —preguntó Mikey a la defensiva—. Si se van a frustrar tanto, puedo hacerlo yo solo —agregó, ahora claramente agitado.

—No tienes que alterarte tanto —le dije, tratando de calmarlo porque sabía que esto no iba a ninguna parte.

—Bueno, no es mi culpa —respondió Mikey.

—No estamos diciendo que sea tu culpa —le dije.

—Así parece, y nadie tiene razones para estar frustrado porque no sé lo que he hecho hoy.

Ay mi madre, no pude creer lo que acababa de decir. Eso fue el colmo para mí.

—Mikey, no es mi responsabilidad. Eres un hombre de veinticuatro años. No es mi responsabilidad estar mudando tu mierda.

—¡No tenías que mudar nada de mi mierda! —exclamó.

—Sabes qué, da igual —le dije, dándome por vencida, sabiendo que no estábamos llegando a ninguna parte—. Un día vas a valorar todo…

—¡Yo te valoro! —me dijo, un poco más fuerte.

—Mira, yo no te estoy gritando —le respondí con calma, tratando de bajar el tono de la conversación mientras él seguía gruñendo—. No me grites.

—¡No estoy gritando! —me contestó.

—Sí que lo estás haciendo. Es tan difícil conversar contigo

porque todo te ofende. Hablemos con la pinche verdad —le dije, dando una palmada para liberar mi propia pinche tensión y despertar a todo el mundo—. ¿Has sido responsable? Eres muy irresponsable, Mikey. Tengo mucho de qué ocuparme, pero sabes qué, déjame decirte cuántos departamentos he llamado para ustedes dos. Pero no te podemos decir nunca nada porque siempre te enojas.

—Eso no es lo que me tiene molesto —respondió, sujetando su frente con visible frustración.

—Siempre te encabronas —continué, totalmente fastidiada—. Ándale pues, sean sinceras —les dije a mis hermanas, cuando me di cuenta de que, de pronto, yo era la única que estaba participando en esta discusión con mi hermano. Ellas se limitaron a mirarme sin comprender. ¿Por qué estaba discutiendo sola? ¿Por qué no habían hablado ellas también? Llevaban todo el día quejándose de él. Ahorita ya estaba llegando a mi límite con todos mis hermanos. Yo era la que necesitaba apoyo ese día. No podía seguir cargando con todos ellos sobre mis hombros cuando me estaba ahogando en mi propia tormenta de mierda.

—No importa, a quién chingados le importa. Hasta aquí llegué. ¿Lo damos por terminado? —les pregunté a mis hermanas, que permanecieron sumidas en silencio.

—Sí, mano —dijo Mikey, levantándose del sofá y golpeando una bolsa en el suelo mientras se dirigía a las escaleras.

—¡No andes lanzando mierda en mi casa, hijo de la chingada! —le grité.

—Paren, muchachos, paren —dijo Jacqie, levantándose del sofá y por fin volviendo a intervenir.

—Lárgate de aquí —le dije a Mikey—. Eres un pinche idiota.

—No, Chiquis, no —me dijo Jacqie.

Había llegado a mi límite, con todos. Pensé que íbamos a sentarnos y tener una discusión familiar sobre lo que nos frustraba a todos cuando de pronto me encontré luchando la batalla de mis hermanas sola.

—¡Las dos tenían toda esta pinche mierda que decir, y no han dicho nada! —les grité a mis hermanas.

—¡Es que lo estabas diciendo por nosotras! —gritó Jenicka.

—¡Porque siempre me toca hacerlo! —le respondí a gritos, alcanzando el pico de mi frustración.

La pelea a gritos continuó hasta que Jenicka rompió a llorar.

—Está bien. Me encargaré de mi propia mierda —dijo Mikey, y subió las escaleras hacia su cuarto.

Mirando hacia atrás, entiendo todo. Teníamos las emociones a flor de piel. Acabábamos de dejar la casa de nuestra mamá para siempre. Estábamos tratando de encontrar nuestro camino sin su guía, y era una situación bien chingada, pero teníamos que encontrar una manera de salir adelante. Mikey aún tenía trabajo por hacer para no explotar cada vez que intentábamos expresarle algo que nos molestaba. Se ponía increíblemente a la defensiva y a veces era irrespetuoso, y eso me enardecía, lo cual provocaba un desastre. Por suerte, ahora está mucho mejor, pero esa pelea fue una auténtica bofetada en la cara para mí.

Desde que era adolescente, había hecho todo lo posible por ayudar a todo el mundo menos a mí misma. Y allí estaba de nuevo, intentando sanar mi corazón roto mientras corría de un lado a otro tratando de encontrar un nuevo hogar en un santiamén, trabajando incansablemente para mantenerme a mí y a mis hermanos, y aun persiguiéndolos como la hermana mayor sobreprotectora, y era demasiado. Mi mamá ya no estaba con nosotros y mis hermanos eran adultos. Era hora de que se las arreglaran solos. A pesar de lo doloroso que fue que mi mamá me dejara sin nada, en realidad soy más fuerte gracias a eso, y se lo agradezco. Había llegado el momento de que mis hermanos aprendieran la misma lección. Algo había cambiado dentro de mí. Tenía que trazar un límite, dar un paso atrás y dejar que ellos encontraran sus propias pinches alas en lugar de cargarlos sobre mis espaldas y desesperadamente intentar volar por todos nosotros. Ahora era yo la que estaba sufriendo; era yo la que necesitaba apoyo.

Unos días después de la gran pelea con Mikey, estaba afuera del garaje de Jacqie ayudándola a ella, a Jenicka y a Johnny a revisar la ropa que ofreceríamos en una venta de garaje que íbamos a hacer ese fin de semana, cuando Johnny sacó a relucir el hecho de que yo estaba trabajando sin parar ese verano y, al igual que mamá, nunca estaba cerca. Esta era mi oportunidad para expresar con honestidad lo que pasaba por mi mente.

—Durante mucho tiempo, me dediqué exclusivamente a ustedes. Y no es que no lo haya querido hacer. Supongo que nomás quiero sentirme apreciada por todos ustedes —les dije.

Sabía que los niños me echaban de menos, sobre todo Johnny, porque yo había estado trabajando en México y no había estado mucho en casa, pero era duro escuchar a Johnny quejarse por no tener tiempo conmigo cuando yo me estaba partiendo los ovarios intentando hacer una vida para nosotros. Ya tenía que vivir con la culpa de no estar cerca, tanto que me aseguraba de que siempre hubiera alguien para cubrir sus necesidades, lo que, al fin y al cabo, tampoco le estaba permitiendo crecer.

—Omi la ayuda mucho, Johnny —dijo Jenicka—. No la valoras a ella ni a mucha gente como ella. —Es cierto. Mi asistente Omi siempre hace todo y más por mí.

—Lo sé —dijo Johnny.

—Quizás tienes que tener mano dura y dejar que Johnny haga todo por sí mismo, para que aprenda a apreciarlo; solo así se aprende —me dijo Jacqie—. ¿Vas a ayudar a Chiquis a hacer lo que tiene que hacer? —le preguntó a Johnny.

—Apenas sacas la basura —añadió Jenicka.

A su edad, yo cuidaba de Jacqie y Mikey, me aseguraba de que hicieran los deberes y se alimentaran, planchaba su ropa del colegio y limpiaba la casa. Y te aseguro que no había lugar para las quejas con mi mamá. Yo no esperaba que Johnny lo hiciera todo, pero tenía que dejar de ocuparme de todo por él para que aprendiera a cuidar de sí mismo.

—La verdad es que he llegado a un punto en mi vida donde no quiero dar de más cuando no se aprecia. Esto tiene que ser justo, eso es todo. Así que si quieres que Omi se vaya a su casa —dije, volviéndome hacia Johnny—, entonces necesito que me ayudes en la casa. Eso significa que si tienes que agarrar una aspiradora, hazlo, porque ella va más allá y me ayuda con esas cosas. No voy a pagarle a alguien más para que venga a limpiar la casa y a cocinarte. Lo siento, tienes que saber cocinarte un huevo.

—¡Hermana, no sé cocinar! —se quejó.

—Entonces tienes que aprender. Yo aprendí cuando tenía diez años.

—¿Quién me va a enseñar? —me preguntó, visiblemente molesto.

—¡Túuu! —le respondí, desesperada—. ¿Crees que mamá me enseñó a cocinar un huevo? No. ¿Sabes lo que me decía mamá todo el tiempo? "Arréglatelas". Nunca lo olvidaré. Cuando le pregunté: "¿Cómo deposito un cheque?", su respuesta fue: "No lo sé. Arréglatelas", y me hacía señas para que me fuera, un gesto que tengo grabado en mi mente para siempre. ¿Y sabes qué? Me las arreglé. Lo siento, mi intención no es ser dura. Pero no me queda de otra, Johnny.

A Johnny aún le faltaban diez años para tener acceso a su parte de la herencia de nuestra mamá. Cualquier cosa podía pasar en esos diez años. Con lágrimas rodando por mi cara, continué:

—Papi, sé que te he mimado mucho, y eso me enoja con Ángel porque se supone que él me iba a ayudar contigo. No sé qué hacer. Siempre estaba encima de él para que sacara la basura, limpiara su recámara y cocinara por sí mismo, pero cuando no lo hacía, me encargaba yo.

—Tienes que entender, hermano —añadió Jacqie—, crees que es jodido ser el menor, pero también es jodido ser la mayor.

—¡Nadie me enseñó nada de esto! —gritó Johnny entre sollozos.

—Johnny, yo trato de enseñarte —le dije.

—Lo sé, hermana, pero mamá se fue y no me enseñó nada de esto.

—Lo entiendo. Yo te enseñaré. Haré todo lo posible para enseñarte —le dije.

—Tienes que querer aprender —añadió Jacqie con sabiduría.

—¡Sí quiero, hermana! Nomás es así como me criaron.

En ese momento, lo único que quería hacer era correr hacia él, abrazarlo y protegerlo, y decirle que todo iba a estar bien; pero eso era exactamente lo que ya no podía hacer. No es así la vida. Siempre pienso estar ahí para él, pero ¿y si un día no estoy? Ya era hora de que aprendiera a arreglárselas por su cuenta.

Estaba empezando a cuestionar todas mis acciones. Aunque mis hermanos y hermanas a veces me molestaban y herían mis sentimientos, siempre iba más allá cuando me necesitaban, sobre todo a nivel económico. Pero entonces pensé: *¿Los estoy mimando demasiado? ¿Les estoy haciendo más daño que bien?* Ellos sabían que siempre podían recurrir a mí, pero para mí era demasiado, sobre todo en un momento en el que yo misma necesitaba apoyarme en alguien.

De repente entendí de dónde venía el amor duro de mi mamá. Lo hacía para ayudarnos a seguir adelante con nuestras vidas, pero ahora estaba experimentando lo desgarrador que puede ser hacer lo correcto por tus hijos. Las lágrimas, la rebeldía, el dolor. Podía oír su voz clara como el agua: "Tendrías que ser mamá un día para entender mi punto de vista". Ahora te entiendo, mamá.

Jenicka tenía dieciocho años y estaba explorando su independencia, y ahora había llegado el momento de que Johnny diera un paso al frente y también se hiciera cargo de su casa. Yo no tenía la capacidad de ser tan dura como nuestra mamá, pero aun así se lo expuse todo, diciéndole que estaba dispuesta a guiarlo para que aprendiera a cuidar de sí mismo mientras yo estaba de viaje. Tenía que empezar a preparar a Johnny para las realidades de la vida. Y eso incluía una hermana-mamá trabajadora que no podía estar cerca las veinticuatro horas del día. Yo tenía que seguir viviendo, ampliando mi carrera y buscando ese equilibrio tan difícil de conseguir. Todavía estoy trabajando en eso; no es fácil, pero lo estoy consiguiendo.

Nunca estuvimos demasiado contentos ni Johnny ni yo en la casa de Van Nuys. Yo andaba trabajando tanto que tardé una eternidad en desempacar todas las cajas, así que no terminaba de sentirla como un hogar. Todo sucedía tan rápido que apenas tuve la oportunidad de digerir que no era la casa de mi mamá, que no era la casa de mi novio, que era mi propio espacio, y ese era un momento importante.

Mientras nos fuimos acostumbrando poco a poco a nuestra nueva rutina, pasé la mayoría del resto del verano en México como jueza en un programa de concursos de televisión. Mikey y yo nos reconciliamos poco después de nuestra pelea. Y, aunque todavía me dolía el corazón por mi ruptura, con cada día que pasaba empezaba a sentirme un poco mejor y más fuerte. Había una sensación de alivio al redescubrir mi antiguo yo. Me sentía más ligera.

Ahora mi ex estaba intentando volver conmigo. Era difícil porque todavía lo amaba. Habíamos estado juntos durante mucho tiempo. Había estado en las trincheras conmigo. Pero ya no estaba enamorada de él. Y estaba decidida a no volver. Así que me volqué en mi trabajo y en la creación de mi segundo álbum. Ahora que no tenía a nadie que intentara retenerme en casa o que me hiciera sentir culpable por viajar para ampliar mi carrera como cantante, era libre de hacer lo que quisiera, y quería más. Estaba lista para dar el siguiente paso y buscar un acuerdo de distribución para respaldar mi segundo proyecto.

Mientras planeaba esta próxima etapa, un muchacho nuevo apareció inesperadamente en el horizonte. La primera vez que recuerdo haberlo conocido fue el 2 de julio de 2016. Sí, el día después de romper con Ángel, la noche del homenaje al cumpleaños de mi mamá. Estaba sentada con toda mi familia en una pequeña sección VIP, al lado del escenario del club, sintiéndome incómoda con el *jumpsuit* que mi maquilladora me había conseguido en medio de mi desesperación al encontrarme desterrada de mi propia casa. No me sentía tan guapa y segura como de costumbre y mi corazón estaba hecho trizas. Una vez más, sonreí para cubrir el dolor, con la esperanza de terminar con este evento lo antes posible. Pero mi vida estaba a punto de dar un giro radical e inesperado, y lo sabía.

—Sabes que ese cantante quiere chingarte, ¿verdad? —me susurró Johnny al oído, devolviéndome a la realidad de un jalón. Nunca olvidaré eso.

—¡¿Que qué?! —exclamé.

Y lo repitió de manera súper casual:

—Sí, quiere chingar contigo.

—¡A poco! No mames —le dije, riéndome de la observación de mi hermano menor.

—Sí, claro que quiere —insistió.

Curiosa, me volví rápidamente hacia el escenario, inclinándome hacia delante para ver la actuación, y fue entonces cuando me di cuenta de que me estaba mirando. Sonreí, y cuando él me devolvió la sonrisa, pensé: *A poco, quizás sea cierto.*

Lorenzo Méndez era el cantante de La Original Banda El Limón, una banda que yo había escuchado durante años, una banda que le encantaba a mi mamá. En realidad había oído hablar de él de pasada a través de Omi, quien me dijo que era un muchacho bien guapo al que tenía que echarle un vistazo y seguir en Snapchat. "¡Es la versión masculina de ti!", había exclamado ella. "Los dos son muy graciosos".

Pues, es bastante guapo, pensé, mientras me recostaba en mi asiento. Hacía tiempo que nadie me miraba así porque llevaba casi cinco años de relación, así que me hizo sentir unas cuantas mariposas en el estómago. Pero tenía el corazón tan roto que no estaba dispuesta a dejar que mi mente contemplara esa posibilidad.

Cuando la banda terminó su actuación y los integrantes empezaron a bajar las escaleras, levanté la mirada y nuestros ojos se encontraron. Entonces, con su característica sonrisa amplia y encantadora, se acercó a mí y me dijo de pasada:

—Oye, ¿podemos hacernos una foto?

—Sí, claro —le respondí. Me levanté y me incliné sobre la barandilla de la escalera. Él me rodeó con su brazo y posamos, mejilla con mejilla, y sonreímos para la cámara. Luego me despedí y volví a sentarme, deleitándome con lo bien que olía.

Así fue como me crucé por primera vez con Lorenzo. Esa misma noche publicó la foto en Instagram y empezamos a seguirnos allí y en Snapchat, pero no volví a saber de él hasta agosto, un mes después de nuestro encuentro.

Todo comenzó con sus comentarios en mis *posts* y algunos mensajes privados. Me decía cosas como: "Estás muy guapa, babe", lo que me hacía sentir un poco incómoda. *No soy tu "babe"*, pensé. Siempre me ha parecido raro que alguien me llame *babe*. Tanto es así que incluso se lo comenté. Pero luego, al seguir charlando, un día me dijo: "Oye, no sé si rezas, pero si lo haces, prueba rezar por la noche, de rodillas, al lado de tu cama. Vas a sentir la diferencia". Eso realmente me llamó la atención. *Buenos pues, tiene una conexión espiritual.*

Luego intercambiamos números, y a los pocos días estábamos hablando por primera vez por teléfono —una charla que duró cuatro horas—. Mientras que Ángel era más reservado, este tipo era una ráfaga de aire fresco. Pasamos de hablar de nuestros raperos favoritos a darnos cuenta de que a los dos nos gustaba la misma comida y de que no podíamos escuchar una buena canción sin echarnos un baile. Me hizo reír a carcajadas. Luego compartimos lo cansados que nos sentíamos después de terminar una actuación. Me encantó que comprendiera la industria musical desde mi misma perspectiva, nada menos que como cantante de banda.

Hasta entonces, nunca pensé que saldría con alguien de mi sector —mi mamá ya me había advertido al respecto y mi abuelita siempre me decía: "Nunca estés con un músico"—, pero sentí que Lorenzo era diferente. Podría haber estado en cualquier otro sitio chingándose a unas chicas, pero en cambio estaba al teléfono conmigo. Por si fuera poco, se sinceró un poco sobre su primer matrimonio y confesó que no estaba seguro de querer volver a casarse o tener más hijos.

—Ah, yo tampoco sé si quiero casarme o tener hijos —le respondí, asombrada por todo lo que teníamos en común. Omi tenía razón, ¡realmente era mi versión masculina!

—Sí, con mi hija me alcanza. Nomás quiero estar con alguien, y a veces el matrimonio arruina las cosas.

Viniendo de mi relación con Ángel y su necesidad de un ama de casa, pensé: *Este tipo es perfecto para mí.*

A medida que las charlas y las llamadas telefónicas continuaron, aunque en general prefería a los hombres mayores, no pude evitarlo, y enseguida empecé a formar un vínculo con él.

Dos semanas después de nuestra primera conversación en agosto, voló a Los Ángeles desde Texas y me llevó a nuestra primera cita a un restaurante tailandés (uno de nuestros favoritos). Entró con una camisa de cuadros y un gorro al revés, y tenía un estilo que me atrajo al instante. Yo llevaba una camisa de franela y unos pantalones verdes ajustados, y él me echó un vistazo y dijo: "Caramba, qué guapa eres". Nos abrazamos y me di cuenta de que de nuevo olía muy bien: le encantaba su colonia. Cuando la mesera vino a tomar nuestra orden de bebidas, ambos elegimos agua.

—Ah, ¿no bebes refrescos? —le pregunté.

—No, intento no hacerlo —me respondió.

—Pues, yo también.

Desenvolvió un popote y lo puso en mi vaso de agua. Esos detalles me impresionaron mucho. Cuando volvimos a hablar de nuestra música, y le expresé que acababa de salir de una relación con alguien que no quería que siguiera cantando, me respondió con un: "Claro que sí, deberías seguir adelante", animándome a continuar persiguiendo mi sueño. La noche pasó volando, y nos reímos como niños pequeños todo el tiempo.

Decir que nos llevamos súper bien de entrada es quedarse corto. Era como si lo conociera desde hacía años, quizá nos cruzamos en alguna vida pasada. ¿Era mi alma gemela? Esa noche, después de la cena, nos dirigimos al complejo de apartamentos de mi amiga Ellen, y allí fue donde compartimos nuestro primer beso, y se sintió bien.

¿Cómo pudo alguien conquistarme de esa forma tan solo un chin después de mi ruptura? Sé que debería haberme dado un poco más de tiempo para recuperarme, pero no pude evitarlo. Lorenzo estaba ahí para mí, haciéndome reír, escuchándome como un amigo, ayudándome a sanar mi corazón roto y a seguir adelante. Además, era todo lo contrario a Ángel: era más joven, le gustaba viajar, le encantaba bailar, y esas cualidades me atraían como abeja al panal.

Entretanto, fue casi como si Ángel pudiera presentir que estaba hablando con alguien nuevo. Empezó a esforzarse más por conectarse conmigo, por reconquistarme, casi como si de pronto se hubiera dado cuenta de que, al final, no quería perderme. Me enviaba mensajes de texto: "Quiero verte. Te echo de menos". Me enviaba flores. Como buen hombre de pocas palabras, me llamaba y me ponía canciones que tenían algún significado para mí. Y eso me puso en una encrucijada difícil. Estaba empezando a conocer a Lorenzo y me sentía muy a gusto con él, pero no deseaba herir a Ángel, porque, a pesar de no estar enamorada de él, seguía sintiendo amor por él. Había estado a mi lado en algunos de los peores momentos de mi vida. Por eso al principio no le dije que había empezado a salir con alguien. ¿Por qué hacerle pasar por ese dolor cuando yo ni siquiera sabía a dónde iba a parar?

Entonces, el 16 de septiembre de 2016, apenas unas semanas después de que Lorenzo y yo empezáramos a vernos, decidimos hacer una escapada a Las Vegas y, una noche, Lorenzo sacó un Ring Pop (un especie de Chupa Chups en forma de anillo), y me pidió que fuera su novia. *Qué bonito,* pensé, e inmediatamente le dije que sí a este dulce gesto. Pero aún no estaba preparada para hacerlo oficial en los medios. Todavía estaba lidiando con mi ruptura y equilibrando el inicio de mi carrera como cantante y la evolución de mi relación con mis hermanos. Necesitaba un poco más de tiempo. Hacer apariciones públicas con un novio era algo nuevo para mí. Estaba acostumbrada a mantener mis relaciones en privado. Así es como Ángel y yo manejamos nuestros más de cuatro años juntos, y nos funcionó bien en ese sentido. Esperaba seguir con esa onda, pero Lorenzo era diferente. Parecía que a todos los lugares a los que íbamos juntos —fuera Vegas, un restaurante, un paseo en coche— nos seguían los paparazzi, y él parecía disfrutar de la atención. De hecho, se lo comenté varias veces.

—Qué curioso, yo solía salir a todas partes con mis amigos y nunca me encontraban los paparazzi.

—Tal vez sea porque no les interesa verte con amigos, pero sí les interesa verte con un muchacho —respondió, con naturalidad.

—Sí, puede ser, pero hicimos bastantes locuras y nunca nos agarraron —le insistí.

Él no me hacía caso y cambiaba de tema. Hubiera preferido mantener lo nuestro en privado un poco más, pero era casi como si Lorenzo hubiera querido asegurarse de que Ángel supiera que ahora estábamos juntos. Parecía que su ego estaba en juego, y necesitaba marcar su territorio, diciéndole a Ángel: "Esta es mi mujer ahora". Decidí ir con la corriente porque no quería que pensara que lo estaba escondiendo, pero nunca me pareció bien. Antes de que me diera cuenta, ya estábamos dándoles de qué hablar a los medios.

Cuando se dio a conocer la noticia de nuestra relación, Ángel se sintió muy dolido y molesto, e inmediatamente permitió que su mente celosa pensara que yo lo había estado engañando con Lorenzo mucho antes de que rompiéramos, lo cual no era cierto. Me envió un montón de mensajes de texto: "No puedo creer que estés haciendo esto". "Si no me respondiste, ahora sé que probablemente fue porque ya estabas con este tipo". No importaba lo que le dijera, no me creía. Ninguna explicación sería suficiente.

Había otro factor en juego: Ángel y Lorenzo no eran amigos en sí, pero se movían en círculos musicales similares. Tan es así que, según descubrí más tarde, incluso los tres habíamos compartido la misma mesa una vez. Lorenzo había acompañado esa noche a su amigo Abner Mares, el primer boxeador que Ángel había firmado en la división de boxeo de Del Records. Abner estaba tratando de conseguir que Lorenzo firmara con Del Records. La verdad es que no recuerdo esa noche, pero Lorenzo me dijo que sí la recordaba porque había notado cómo Ángel me alimentaba y cómo eso me irritaba.

Obviamente, Ángel también se acordaba de él, de ahí las repentinas sospechas de que algo había pasado mientras estábamos juntos. Pensó que yo sabía que se habían conocido antes y se tomó mi relación con él como un golpe bajo de mi parte. Uf, era una pinche mierda todo, y la falta de comunicación me estaba matando. Nunca quise herir a Ángel, pero a la vez estaba cansada de tener que darle explicaciones, una y otra vez, cuando no había hecho nada malo. Ojalá hubiera tenido la oportunidad de hablar con él de todo esto antes de que saliera en los medios, pero eso estuvo fuera de mi control.

Cuando se tranquilizaron las aguas, Ángel por fin se calmó y me dijo: "Bueno, pues, si esta es la persona con la que quieres estar, está bien. Pero sinceramente, creo que es un mentiroso, un drogadicto y un mujeriego". Supuse que su advertencia provenía de sus celos y descarté el comentario. Mi tío Juan había dicho algo parecido cuando se enteró de que estaba saliendo con Lorenzo. "Mira, he preguntado por ahí sobre este muchacho y me han dicho que es un cuate buena onda, con mucho talento, y lo es, pero dicen que le encanta la fiesta y que se mete coca". Eso me chocó, así que, pocos días después, le pregunté directamente a Lorenzo, mientras estaba en mi clóset doblando mi ropa de gimnasia. Pero él negó estas acusaciones. Juró por su padre que no era cierto. Y yo le creí. Esto fue en septiembre. Su padre murió repentinamente en octubre. Nunca olvidaré eso.

Con los comentarios de Ángel y de mi tío Juan aun fastidiándome, busqué en Google "¿Cómo actúa la gente cuando anda usando cocaína?" para poder reconocer las señales si lo que mencionaban era cierto. En efecto, durante ese primer viaje a Las Vegas, estaban todas ahí: le moqueaba la nariz, resoplaba y se la tocaba mucho, tenía los ojos rojos y súper abiertos, podía beber toda la noche y estar de fiesta hasta las seis de la mañana y nadie podía seguirle el ritmo (y estoy hablando de un hombre al que no le sentaba nada bien el alcohol), y andaba algo más egocéntrico e inquieto, con rachas de energía que salían de la nada.

¡Alerta roja, alerta roja, alerta roja! Sin embargo, de alguna manera, me las arreglé para no hacerles casos a estas señales. Era encantador y cariñoso y me hacía reír. Apoyaba mi carrera musical y celebraba que mostrara mis curvas en lugar de pedirme que las tapara. Creo que también elegí mirar hacia otro lado porque no podía enfrentarme a estar sola. Seguramente eso era lo que más necesitaba, pero no tenía los ovarios para enfrentarme a esa sensación de vacío. Preferí ponerme un parche en el corazón que enfrentarme a ese dolor.

En retrospectiva, a pesar de nuestros momentos malos y nuestras diferencias, Ángel me dio una estabilidad y un confort que no volvería a sentir en mucho tiempo. Los medios sabían que habíamos estado juntos todos esos años, pero lo respetaban lo suficiente como para dejarnos en paz y no convertir nuestra relación en un espectáculo. Le estaré eternamente agradecida por su apoyo y su amor en momentos tan críticos de mi vida. Esos años ayudaron a formar la mujer que soy hoy.

Ahora era el momento de un nuevo comienzo con un hombre

muy diferente, que también desempeñaría un papel importante en mi vida pero que acabaría destrozando mi corazón.

Que nuestra fe en el futuro sea mucho mayor que las falsas ilusiones del pasado.

8

MI CUERPO ES MI TEMPLO

Durante esos primeros meses con Lorenzo yo andaba como en las nubes. Cada vez que cruzábamos miradas, me causaba ese efecto de mariposas en la barriga. Y, aunque todavía estaba tratando de proteger mi corazón debido a mi reciente ruptura, él me estaba logrando conquistar con su atención exclusiva. Era tan refrescante estar con alguien que realmente escuchaba lo que tenía que decir, y que también entendía mi carrera, ya que estaba en la misma industria. Me gustaba que fuera seguro de sí mismo y aventurero. De la nada, me llevaba a Six Flags y, como planificadora nata, me encantaba cómo vivía en el momento. También me gustaban su estilo y sus jugadas de príncipe azul, que compartiéramos el mismo tipo de energía y que pudiéramos reírnos juntos.

La verdad es que no sabía a dónde iría a parar esto, y tampoco quería darle demasiadas vueltas. Nomás estaba disfrutando del viaje en esa dulce fase de luna de miel que todos experimentamos cuando empezamos a conocer a un nuevo amor. Además, en el fondo, no estaba preparada para lanzarme a otra relación tan pronto. Todavía arrastraba la tristeza y la toxicidad de mi noviazgo anterior; me pesaba el corazón. Los problemas de confianza estaban en primer plano y eso me hacía sentir un poco hastiada en cuanto al amor, pero también quería encontrar a la *persona indicada*. Mientras analizaba estos pensamientos con mi terapeuta, me di cuenta de que lo que realmente buscaba era el equilibrio. No quería estar en una relación controladora. Como mujer independiente, no necesitaba que me cuidaran a nivel económico, pero tampoco quería tener que cuidar a nadie. Quería un hombre trabajador que también deseara estar en una pareja de igual a igual, en la que pudiéramos caminar de la mano en la misma dirección, alentándonos mutuamente mientras nos proponíamos cumplir nuestros sueños. Y lo que de veras anhelaba era apoyo emocional y un hombre con fe. Sí, sí y sí: Lorenzo parecía dar la talla.

Lo único que podía ver con claridad eran los pros, lo bueno, lo positivo; no podía lidiar con más dolor, más drama. Estaba intentando sanar y, aunque debería haberme dado tiempo para recuperarme a solas, pensé: ¿qué mejor remedio para reparar un corazón roto que explorar una nueva relación con la persona que creía ser el hombre de mis sueños?. Mi miedo al compromiso no había desaparecido por arte de magia. Pero el corazón quiere lo que quiere, sin importar lo que mi instinto intentaba decirme, y mis anteojeras del amor estaban bien puestas.

Este hombre me colmaba de cumplidos, alimentaba mi mente y mi espíritu, y celebraba mi cuerpo: le encantaban mis curvas y a mí me encantaba cada gramo de atención. Cada vez que me veía, me decía: "Eres tan hermosa". Me agarraba la cara y me besaba apasionadamente. Con Lorenzo, me sentía muy sexy. Me agarraba el culo en público y me acariciaba el cuerpo; no teníamos ningún problema en ser cariñosos en público, y eso me encantaba. No se avergonzaba de mi escote ni de mi trasero. Le encantaba que me pusiera un vestido corto, y si me veía titubear, me decía: "A huevo, póntelo, ¿a quién le importa? Aunque los muchachos te miren, estás conmigo".

Creo que lo hacía sentirse más grande, mejor y más *cool*. Celebraba mi curvatura, y para alguien que creció con problemas de imagen corporal, esto significaba el mundo para mí.

Ese anhelo de parecerme a las chicas de las revistas no desapareció con la mayoría de edad. Pasé de intentar ser como esas modelos súper delgadas, que no tenían nada que ver con mi tipo de cuerpo, a respirar aliviada cuando Kim Kardashian apareció en escena. Ella lo tenía todo: el trasero grande, la cintura pequeña y las tetas grandes. Me encantaba su voluptuosidad y me veía reflejada en su tipo de cuerpo, excepto por los pechos, pero eso se podía arreglar fácilmente con un tantito de cirugía plástica. Me puse mi primer par de implantes de senos en 2011. Mi mamá me advirtió de antemano: "No lo hagas. Te vas a arrepentir". Pero yo tenía una visión y quería llevarla a cabo. Resultó que no tuve en cuenta mi baja estatura. Ese primer par de doble Ds eran enormes, demasiado grandes para mí. Me arrepentí. Al principio no quería admitirlo, pero mi mamá tenía razón. Por eso, al año siguiente, decidí operarme de nuevo para reducirlas a una D grande. Me mantuve en esa talla durante unos años, pero como mi peso subía y bajaba y volvía a subir con todas mis dietas yo-yo y el comer emocional, mis senos necesitaron una pequeña reducción y un levantamiento para darles un empujoncito para arriba. Pensé que con eso bastaría, pero cuando empecé a hacer más apariciones en televisión, me di cuenta de que mis pechos grandes no quedaban tan bien en cámara. Por eso, en 2016, en medio de mi reciente ruptura y mi incipiente romance, dije: "A la chingada con estos implantes". Quería recuperar mis bonitas y humildes tetas, así que me los quité, les hice un pequeño lifting a mis chicas originales y seguí mi camino.

Este *look*, con mis caderotas, mi cinturita y mis pechos más pequeños, me gustaba. ¿Eso hizo que dejara de pensar en la cirugía de senos por completo? No. Si he aprendido algo a lo largo de los años es que amar tu cuerpo es un camino de por sí. Prefiero reconocer mis pensamientos en lugar de barrerlos bajo la alfombra y fingir que todo está bien. Por eso me he esforzado en ser muy abierta sobre las luchas y las alegrías que conlleva aceptar lo que Dios nos ha dado, así como sobre las cirugías a las que me he sometido. He recibido un sinfín de críticas por mi fluctuación de peso a lo largo de los años, pero, como resultado, también me convertí en una especie de embajadora no oficial de las curvas. Empecé a recibir comentarios llenos de gratitud en las redes sociales por mi franqueza y honestidad, pero realmente me llegó a lo más hondo durante ese mismo año en que me quité los implantes, cuando me invitaron a hablar en la Ultimate Women's Expo.

Estaba allí para promocionar mi línea de productos labiales Be Flawless, así que no dudé en hablar con el público, aunque también me dio miedo. No tenía un gran discurso preparado; simplemente subí al escenario y me dejé llevar por mis instintos. Cuando las mujeres del público empezaron a hacer preguntas y a hablar, me di cuenta de que lo que estaba compartiendo de manera informal sobre mi historia las estaba inspirando a aceptarse y creer en sí mismas, y eso casi me hizo llorar. Por fin había dado un paso hacia lo que siento que es mi misión esencial: ayudar, inspirar y empoderar a los demás, y no podía estar más contenta.

A pesar de los muchos altibajos, a finales de 2016, poco a poco, todo parecía estar cayendo en su lugar. Estaba con un muchacho que me encantaba (o quizás hasta amaba), había participado en mi primer discurso público, Be Flawless estaba prosperando, yo estaba trabajando en mi segundo álbum, me estaba sanando por dentro y los cambios estaban llevando a nuevas puertas de posibilidades. Hasta que mi primer susto médico decidió llamar a mi puerta a principios del año nuevo.

Ocurrió una noche de enero de 2017. Un dolor punzante en el

estómago me despertó a las tres de la mañana. En general tengo una gran tolerancia al dolor y tiendo a aguantarlo hasta que se me pasa, pero esa noche fue absolutamente insoportable. La verdad es que pensé que me iba a morir. Estiré el brazo hacia la mesita de noche, agarré el teléfono y marqué rápidamente el número de Omi. "Tienes que llevarme a la sala de urgencias". Una vez en camino, le dije: "No quiero morir en el coche". Ella apretó el volante y empezó a saltarse los semáforos en rojo mientras se dirigía a toda velocidad al hospital más cercano. Doblada por el dolor, entré y me examinaron, y al rato me dijeron que mi extremo malestar se debía a un quiste en mi ovario izquierdo. Por lo que sentía, habría jurado que me iban a decir que había explotado dentro de mí. "Se ha girado sobre sí mismo, eso es lo que le ha provocado el dolor", me explicó el médico. Me recomendó que me lo extirpara, pero no era necesaria una intervención de urgencia, así que me enviaron a casa con algunos analgésicos y viví para contarlo.

Hasta ese entonces, no me había definido sobre la posibilidad de tener hijos. Pensaba: *Si estoy destinada a quedarme embarazada, ocurrirá*. La verdad es que, a falta de dar a luz, ya soy una mamá en muchos sentidos. Básicamente he criado a Johnny y Jenicka, y me preocupo por ellos más como una mamá que como una hermana. Apreté pausa en mi vida para ayudarla a mi mamá con ellos, y también con Jacqie y Mikey. Vi cómo ella se esforzaba como mamá soltera, y luego tomé a los niños bajo mi tutela una vez que ella falleció. Pero ese día en el hospital me sacudió de verdad. Pensé: *¿Tal vez debería considerar la posibilidad de congelar mis óvulos?* No sabía cuántos óvulos buenos me quedaban, pero pensé que si los congelaba, tendría esa opción disponible, si es que alguna vez consideraba tomar las riendas del asunto. Así que empecé a investigar para ver qué pasos dar y si era lo mejor para mí.

Mientras tanto, las cosas iban súper con Lorenzo. Habíamos

estado llevando adelante una relación a larga distancia ya que él vivía en Texas, por eso fue que, en la primavera de 2017, me expresó que estaba listo para que lo nuestro fuera más permanente. Por un segundo me asusté pensando que estaba a punto de proponerme matrimonio, pero luego respiré tranquila y aliviada cuando me aclaró que su idea era mudarse a su propio departamento en Los Ángeles para que pudiéramos estar más cerca. Saber que toda su vida estaba en Texas y que estaba dispuesto a desarraigarse para estar más cerca de mí me hizo sentir tan especial que de repente solté: "¿Y por qué no te mudas conmigo y con Johnny?". Como yo necesitaba más espacio, Johnny necesitaba una recámara más grande y Lorenzo necesitaba un lugar donde vivir, pensé, ¿por qué no? Nos reímos algo nerviosos y acordamos ir a buscar casa y ver adónde nos llevaba todo aquello.

Nos divertimos con la idea de jugar a las casitas, pero cuando llegó el momento de elegir un lugar, algo en mis entrañas me frenaba. Un año antes, me había mudado con Ángel sólo para romper y mudarme en menos de un mes a otra casa. ¿Qué garantizaría que Lorenzo y yo pudiéramos hacer que funcionara? Además, Jacqie estaba en proceso de separación de su marido, y Johnny acababa de graduarse de la secundaria a sus dieciséis años. Yo necesitaba brindarle algo de estabilidad y orientación. Era mucho. Ya lo había hecho pasar por una situación infernal con mi anterior intento de vivir con un novio, y eso acabó con nosotros compartiendo un cuarto de hotel durante unas semanas antes de mudarnos a un nuevo lugar. Tenía que ser más cuidadosa esta vez; quería protegerlo. Amaba a Lorenzo y veía un futuro con él, pero me di cuenta de que necesitaba un poco más de tiempo para resolver todo esto.

Un día, mientras estaba en mi recámara doblando la ropa, Lorenzo entró y me preguntó:

—¿Qué anda pasando?

—Nada, Lorenzo, ¿por qué? —le respondí.

—Háblame —me dijo.

—Nomás ando un poco frustrada.

—Siempre me haces esto. Me bloqueas y luego no puedo decirte nada. Tú eres la que siempre está en plan "hablemos, hablemos". Bueno, entonces, hablemos ahora, ándale.

Nos sentamos en la cama y le dije:

—Sé que te amo, pero no sé, no sé. Este es un gran paso para mí.

—Es duro vivir con una maleta de un lado para el otro por el trabajo. Y luego vengo aquí y me pasa lo mismo. Hago todo esto por nosotros —insistió.

—Con Johnny, tengo la enorme responsabilidad de cuidar su corazón. Ya le hice pasar por algo tan difícil con mi última relación.

Lorenzo seguía agarrándose la frente, aparentemente exasperado.

—Y eso no es culpa tuya —continué—. Pero son cosas que sucedieron en mi vida y juegan un papel en esta gran decisión.

Se limitó a mirarme con la impaciencia escrita en su cara.

—Ya he pasado por todo el proceso de mudanza con alguien —le dije—. No solo eso, ¡tú vendrías de un estado completamente diferente!

—Sí, ¿acaso no ves que lo estoy intentando?

—Sí, lo veo y lo aprecio, pero al final del día, me pesa…

—Entonces no me digas estas cosas —me interrumpió—. No me digas: "Vamos a buscar una casa", no me lleves a buscar casa, no me hagas ilusiones.

No me estaba entendiendo.

—No estoy queriendo ilusionarte —respondí, irritada—. Es algo que quiero hacer, pero en este momento me siento un poco insegura.

—Pero, ese es el problema —me respondió.

—Están pasando muchas cosas.

—Ese es el problema; parece que vas en la dirección correcta y luego pisas el freno.

Cerré los ojos y respiré hondo. No sentía que nos estuviéramos entendiendo en absoluto.

—La verdad es que no puedo seguir con esto —soltó de repente.

—¿No puedes seguir con qué?

—Es una locura. Subimos y bajamos… resuelve tus cosas, Janney, y llámame —me dijo, levantándose de la cama y juntando sus cosas.

—Así que ahora te vas nomás —le dije.

—Sí, es que… No puedo. Me voy.

—¿Te vas?—le dije con incredulidad.

—Sí, me voy —me dijo, echándose el morral al hombro.

—¿Y crees que eso va a mejorar las cosas? —le pregunté.

—No lo sé. Al menos puedes ordenar tus pensamientos. Estoy a tan solo una llamada.

No te explico la cantidad de asuntos sin resolver que esta situación me desenterró del corazón. Las personas más importantes de mi vida de alguna manera u otra me habían abandonado: mi papá, mi mamá. Perderla en medio de una crisis tan grande en nuestra relación casi me destruye. Y esas cicatrices me hicieron querer alejar a la gente antes de que pudieran estar lo suficientemente cerca como para hacerme daño. Por eso, a veces titubeaba tanto. Prefería evitar cualquier situación que pudiera resultar dolorosa: era mi mecanismo de defensa. Cuando Lorenzo y yo por fin nos volvimos a juntar para hablar de todo esto, bajé un poco la guardia y nos reconciliamos.

Ahora era el momento de revisitar ese maldito quiste antes de que acabara con más óvulos. Las preguntas inundaban mi mente: *¿Y si quedo estéril? ¿Y si no puedo tener hijos?* Hasta aquel entonces, procrear había sido una elección exclusivamente mía. No quería que nada me lo quitara, así que empecé a considerar seriamente la posibilidad de congelar mis óvulos para tener opciones. Como esta decisión podría involucrar a mi novio, decidí hablarlo con Lorenzo. A él no le entusiasmaba la idea: "¿Van a ser bebés de la ciencia?". Pensaba que a su mamá no le parecería bien. Pero al fin y al cabo, era algo que yo quería hacer por mí. Así que hice una cita con un médico especialista en fertilidad en el Southern California Reproductive Center. Cuando llegué, me atendió el Dr. Ghadir. Me hizo una ecografía y fue entonces cuando descubrí que mi quiste había pasado de ser del tamaño de una nuez al de una naranja de cinco centímetros. Mi corazón se desplomó. Me quedé mirando al médico mientras me explicaba que, dado el tamaño, la operación sería complicada. Si extirpaban demasiado del ovario, podría perder muchos óvulos, pero el quiste debía ser extirpado, así que no podía seguir posponiéndolo. Estaba asustada.

Llegó el día de la operación y Omi y mi amiga Ellen me llevaron a la clínica. No pude evitar pensar: *¿Y si no me despierto?* No es que nunca me hayan puesto anestesia general, pero mis experiencias anteriores habían sido todas cirugías estéticas para mis implantes de seno. Esta era diferente. Se trataba de mi salud, de mi fertilidad. *¿Qué pasa si pierdo mi ovario y la mitad de mis óvulos?* Tenía miedo y echaba mucho de menos a mi mamá.

Lorenzo estaba ocupado con su trabajo, así que no pensé que fuera a venir, pero mientras esperaba al médico, hizo una aparición sorpresa. Verlo me alegró el corazón. Estaba tan acostumbrada a las decepciones, que el hecho de que mi novio estuviera ahí para mí me sirvió de un enorme consuelo. La presencia de Lorenzo ayudó a aligerar el ambiente y me sacó una sonrisa más allá del miedo y la ansiedad que me atenazaban el pecho. Por fin pasé por el quirófano, y cuando me desperté del otro lado, mis amigas,

Lorenzo y Johnny estaban ahí, y yo me encontraba bien. El quiste había salido limpio y mi ovario seguía funcionando.

Pensé que ese sería el final, pero al año siguiente, justo antes de uno de mis espectáculos en México, ese dolor conocido volvió con todo. No hubo ni tiempo para volver a casa; tuve que pedir cita con un médico local y programamos una operación para extirpar otro quiste. Desde entonces no he tenido más problemas, pero dejé de lado la idea de congelar mis óvulos. Mi cuerpo necesitaba un descanso.

Ahora no estoy segura de querer pasar por el proceso de congelar mis óvulos. Creo que prefiero dejar que la naturaleza siga su curso, si es que alguna vez decido intentarlo. Para ser sincera, si no tengo hijos, sé que estaré bien. Tengo a mis hermanos y a mis maravillosos sobrinos, que me llenan el corazón de amor. También tengo la sensación de que hace poco que he conseguido levantar vuelo y centrarme en mi propia vida y mi carrera, y estoy disfrutando tanto de este camino que no estoy segura de querer volver a criar más niños. De cualquier manera, la puerta sigue abierta. Lo que será, será.

Honra tu silueta,
honra tu salud,
hónrate a ti misma.

9

ENTRE BOTELLAS

Cuando Lorenzo y yo empezamos a hablar, me dijo que no estaba seguro de querer volver a casarse y que no sabía si quería tener más hijos, y yo pensé: *Esto es perfecto.* Después de ver a mi mamá sufrir tres matrimonios fallidos, yo tampoco estaba muy dispuesta a decir que sí. Sin embargo, a medida que nuestra relación avanzaba y conseguía sobrevivir su primera gran pelea y ruptura, no evité la conversación cuando volvió a salir el tema de vivir juntos y la posibilidad de casarnos. Lo que me hizo abrirme a la idea no fue nada que él hiciera o dejara de hacer; se trataba más bien de mí. Por fin estaba preparada para dar este paso. Estaba lista para comprometerme y adaptar mi vida para permitir que otra persona entrara en ella. Sabía que tenía sus defectos, pero de todos modos elegí estar con él. Me daba una sensación de paz que me hacía sentir que estábamos unidos. Y lo amaba. No había sentido ese tipo de conexión tan fuerte con nadie antes, así que me decía a mí misma: *Sin importar lo que se nos presente, seremos capaces de resolverlo porque el amor está de nuestro lado.*

A principios de ese año, había recortado una foto de una casa amarilla al azar de una revista, la había pegado en mi tablero de visualización y había escrito: "Quiero mi casa. No quiero alquilar más". Así que una vez más, salimos en busca de una casa; nada me iba a detener. Mi lista de requisitos era muy específica: necesitaba un buen espacio para estacionar mis coches —tenía tres en ese momento—, quería un bonito patio trasero porque siempre me ha gustado organizar reuniones y fiestas, necesitaba al menos cuatro recámaras y Lorenzo quería una alberca. Yo era la que compraba la casa, pero como Lorenzo y yo habíamos decidido irnos a vivir juntos, también quería tener en cuenta sus necesidades. Y así comenzó la búsqueda. Fuimos a Glendale, Woodland Hills, Calabasas, Toluca Lake, Studio City, Sherman Oaks, Tarzana… pues bueno, este no era un caso fácil. Estuve en la búsqueda durante alrededor de cinco meses, hasta que por fin se manifestó la casa de mis sueños.

Mi agente inmobiliaria me había mencionado que había una casa que debía ver en Sylmar. Fuimos en coche una tarde, y después de abrir el portón de la calle y comenzar a subir el caminito hacia la entrada principal, vigilando mi paso en la pendiente, miré hacia arriba y me quedé sin aliento.

—La casa es amarilla —dije.

—Tu tablero de visualización —dijo Omi, que estaba con nosotros ese día.

—Sí —dije, pensando que era una señal.

—Eso es algo bueno —dijo Lorenzo—. Está bien bonito este lugar.

Cuando la agente inmobiliaria abrió las puertas dobles y entramos a la sala principal, me invadió una energía muy familiar. Quedé boquiabierta y sonreí. Me recordó a la casa de mi mamá en Encino. Sentí que estaba conociendo al amor de mi vida.

—Ah, me gusta… tiene techos altos —dije.

Luego fuimos a la cocina.

—Ay, aquí es donde los Rivera pasan el rato, aquí mismito —dijo Lorenzo.

Es cierto. La cocina lo es todo en nuestra familia.

—Me encanta —dije—. Me dan ganas de cocinar.

—Me recuerda a la cocina de tu mamá —dijo Omi.

—Es como una versión mini de la casa de mi mamá —respondí, emocionada.

La cocina y el comedor me hicieron pensar de inmediato en las celebraciones de Navidad y el Día de Acción de Gracias. Era la primera casa en la que me veía viviendo. Estaba encantada. Cuando subimos las escaleras, la agente inmobiliaria nos enseñó una pequeña recámara que necesitaba reformas, pero yo sabía que sería mi futuro cuarto de glamour.

—Cada recámara tiene un baño —dijo la agente—, así que no tendrán que compartir.

—Podríamos jugar a *hide and poop* —bromeó Lorenzo, haciendo un juego de palabras que implicaba jugar a las escondidas para ir al baño. Siempre aportaba un poco de humor a cualquier situación.

La recámara de Johnny era perfecta porque estaba en el otro lado de la casa, lo que le daba un poco de independencia.

Luego nos dirigimos a la recámara principal.

—Sí, el cuarto principal del rey —dijo Lorenzo.

—De la reina —lo corregí, y se rio.

—Aquí entran los dos —añadió la agente.

Tenía dos vestidores, un gran baño en suite con bañera, lo que me encantó porque me gusta el cuidado personal, y un balcón con vista al patio trasero.

—Mira la alberca, *babe*. Tiene un tobogán, una cascada, rocas —dijo Lorenzo.

—Me encanta ese sonido —dije, refiriéndome a la caída del agua—. Quiero despertarme con eso cada mañana. —Era como un mini oasis, con sus altísimas palmeras y todo. Me tenía fascinada este lugar.

Al lado de la alberca había una zona de juegos, y ya podía ver a mis sobrinos y a la hija de Lorenzo pasándoselo en grande ahí fuera. Claro que también noté algunas cosas que mejoraría o cambiaría en el interior, como el piso, pero no dejaba de pensar: *Dios mío, esto es perfecto.*

Entonces la agente nos llevó a lo que llamó la "parte trasera", otra zona en la parte posterior de la casa con un terreno doble, que tenía espacio de sobra para mis coches, y una cancha de baloncesto justo al lado con el logotipo de los Lakers pintado en el piso —como soy nativa de Los Ángeles, me encantan los Lakers—. Toda la propiedad estaba cercada por dos verjas, lo cual me hizo sentir que estaríamos seguros allí.

El precio estaba un tantito fuera de mi presupuesto, pero al terminar el recorrido, supe que tenía que encontrar la manera de hacerlo funcionara, porque esta casa era perfecta. Lo sentí en mi corazón; este era mi hogar.

Había una guerra de ofertas en curso con cuatro previas a la mía, pero no me importaba. "Quiero que esta sea mi casa", le dije a Lorenzo. Más tarde, ese mismo día, hablé con los propietarios, les ofrecí por encima de su precio de venta y fui subiendo hasta que me dijeron que sí.

Estaba súper emocionada; Lorenzo y yo por fin podríamos mudarnos juntos. Pude visualizarnos en ese lugar juntos y me hizo feliz. Esta sería la primera casa que compraría para mí, un verdadero hito en mi vida.

En los meses previos a la búsqueda de la casa de mis sueños, Lorenzo y yo habíamos empezado a hablar de manera natural no sólo de irnos a vivir juntos, sino también del matrimonio. Al principio, la conversación surgía más de él.

—Quiero todo contigo —me dijo—. Quiero estar contigo el resto de mi vida. Quiero hacerte mi esposa.

Pero cuando empezamos a buscar casa juntos, todo parecía más real, como si la posibilidad de dar el siguiente gran paso estuviera ahora a nuestro alcance.

—Bueno pues, si vamos a vivir juntos, y nos amamos, ¿por qué no casarnos, si me hablas en serio? —le dije, después de salir de una de esas casas que ya sabía que no era la elegida.

—Okey, entonces, ¿cómo querrías que te pida la mano? —me preguntó.

—Me encantaría que estuviera toda mi familia, mis hermanos, mi abuela, mi abuelo.

Todo era una conversación casual entre nosotros, y la forma en que se estaba desarrollando se sentía natural, buena. Habíamos acordado vivir juntos, y también habíamos acordado que el siguiente paso sería el matrimonio. Ahora estaba en sus manos. Pero entonces, el verano llegó y se fue y el otoño de 2017 estaba sobre nosotros, y nada. Pasé de titubear al hablar sobre estas posibilidades a preguntarme: *¿Por qué diablos aún no me ha pedido la mano?* Me estaba causando algo de ansiedad, así que hablé con mi amiga Ellen sobre el tema.

Ellen había sido testigo de nuestra relación desde el primer día y lo compartía todo con ella, así que un día, mientras estábamos en mi casa, le mencioné lo que me tenía preocupada.

—Dice que quiere casarse conmigo, pero aún no me ha pedido la mano, lo cual es muy raro. Pues no sé… tú me lo diría si supieras algo, ¿verdad?

—Sí, pero me gustaría que tú también te puedas llevar la sorpresa —me respondió.

Cuando volví a expresar mi preocupación solo unos días después, al final me dijo:

—Tiene tu anillo desde diciembre de 2016.

—Espera, ¿cómo sabes eso? —le pregunté, totalmente sorprendida.

—Porque una vez me lo enseñó y me lo dijo —respondió ella.

Parece que llevaba el anillo en su morral esperando el momento adecuado para hacerme la pregunta.

—A poco, ¿por qué no me lo dijiste? —le pregunté.

—¡Bueno, porque no quería arruinártelo! —me respondió, y con razón—. Pero ahora que estamos hablando de esto, tengo que ser sincera contigo. Sé que eres una mujer maravillosa, pero me inquieta un poco saber que tiene el anillo desde hace tanto tiempo y que lo compró tan pronto después de conocerte. Ustedes se hicieron pareja en septiembre y para diciembre, él ya tenía el anillo. No puedo evitar pensar, ¿sus intenciones serán puras?

—No, es un buen tipo —le dije, disipando su preocupación.

—No lo sé. Siento que es falso —me dijo ella, con sinceridad.

—Espera, ¿entonces estás diciendo que no me ama o no le gusto? —le pregunté, un poco ofendida.

—No, eres increíble, ¿por qué no querría estar contigo? Es solo que, al principio, no estaba seguro de si quería casarse de nuevo y tener más hijos, ahora sí… no sé. Es un poco sospechoso para mí.

La verdad es que me sentí aliviada de que no lo hubiera hecho en diciembre, porque me habría asustado sobremanera. Acababa de terminar mi relación con Ángel seis meses antes, así que eso era definitivamente lo último que tenía en mente. Sin embargo, para el otoño de 2017, me sentía preparada para dar el siguiente paso. Lo que no sabía era que él ya había puesto el plan en marcha.

Unas semanas antes del gran día, durante un rodaje de *The Riveras*, Lorenzo llevó a Mikey, Jenicka y Jacqie a almorzar. Una vez que se sentaron, comenzó a actuar de forma un poco extraña, probablemente por los nervios, hasta que por fin largó lo que tenía en mente.

—Pues, ya saben, Janney y yo hemos estado buscando casas, y hemos encontrado un lugar que nos gusta. Por eso me quise reunir con ustedes —les dijo, mirando nerviosamente a la mesa—. El caso es que quiero pedirle que se case conmigo…

—Épale —dijo Mikey.

Jacqie se quedó sin aliento y se llevó las manos a la cara.

Jenicka se rio de Jacqie.

—Jacqie va a llorar —dijo Mikey.

—¿De verdad? —preguntó Jacqie con una enorme sonrisa dibujada en su cara.

—Hablo en serio —dijo Lorenzo.

—¿De verdad quieres hacerlo? Puedes huir, mano —bromeó Mikey.

—¿Tanto te gusta? —preguntó Jacqie.

—Sí, la amo —dijo Lorenzo en voz baja.

—¿Tanto te gustamos? —preguntó Mikey—. Porque sabes que también te vas a casar con nosotros, ¿verdad? —Tenía razón—. Ya no tendrás privacidad en tu vida.

—Sí, ya sabes, la primera vez que se acuesten después de casados, vamos a estar ahí —le dijo Jacqie, burlándose de él.

Lorenzo se rio nerviosamente.

—Así de unidos somos —añadió Jacqie.

Les dijo que también había hablado con mi tío Juan y mi tía Rosie.

—Espera, ¿por qué no me preguntaste a mí primero? —preguntó Mikey.

—Lo está haciendo ahooora —dijo Jenicka, hablando por primera vez en la mesa.

—Soy el guarda de mi hermana —dijo Mikey de forma protectora.

—No se trata de ti, se trata de ellos —dijo Jacqie. Luego añadió—: ¿Vas a cuidar de ella para siempre?

—Voy a cuidar de ella —respondió Lorenzo.

—Ha estado enamorado de ella desde siempre —dijo Jenicka.

—Incluso en su peor día. ¿No vas a cambiar? —continuó Jacqie.

—Siento que es la persona indicada —dijo Lorenzo.

—Okey, espera —dijo Jenicka—. ¿*Sientes* que es la persona indicada, o *sabes* que lo es?

—Sé que es ella —respondió.

Mis hermanos lo hicieron sudar un poco. Luego se quedaron ahí sentados y lo ayudaron a planear parte de la logística del día del compromiso. El escenario estaba listo.

Era una soleada tarde de octubre. Estaba en el coche de Jacqie y nos dirigíamos a Temecula Valley Wine Country. Me dijeron que nos reuniríamos con unos amigos en una bodega y que esa sería nuestra locación para pasar el día. Así que no le di mucha importancia. Supuse que era otro día de trabajo filmando *The Riveras.* Lorenzo me había dicho antes que tenía que ir al programa de radio de Piolín para promocionar algo de música. Me dio un poco de pena porque me hubiera encantado que nos acompañara, pero ni modo.

Mientras tanto, en la bodega, todos mis amigos cercanos y mi familia se habían reunido con Lorenzo y su familia dentro de una de las salas del lugar para esperar mi llegada.

—Ey, muchachos, estamos jodidos —dijo Jenicka de repente—. Chiquis vio la foto que publicó el abuelo y le dio "me gusta".

Nuestro abuelo había publicado una foto de él y Mike con el título: "Una sorpresa para Chiquis". Cuando la vi, supe que andaban en algo.

Tía Rosie acudió rápidamente al rescate y nos llamó para intentar cubrir sus huellas.

—Baby, así que ustedes no sabían que les íbamos a dar una sorpresa. Estábamos queriendo hacer las paces con la familia. Nos reunimos todos, y esta vez quisimos invitar al tío Lupe. Y hablamos con él un poco, pero no nos fue tan bien. Así que se fue, pero ustedes deberían venir igual —nos explicó Rosie. Insistió en que debíamos aprovechar la ocasión de todos modos.

No me creí del todo la historia —siempre he tenido un sexto sentido que se despierta cuando algo anda raro—, pero les seguí la corriente.

Después de estar tanto tiempo en el coche, sentí alivio al llegar por fin. Un vino era justo lo que necesitaba para relajarme. Atravesamos la entrada principal de la bodega y llegamos a una sala de degustación al aire libre, donde algunos miembros de mi familia nos esperaban "como si nada". Los saludé, me senté en una de las mesas y pregunté:

—¿Qué pasó?

—Creo que probablemente fue demasiado para él —dijo Rosie.

Rosie intentó dar explicaciones, pero yo seguía sospechando que no me estaban diciendo toda la verdad. Sabía que algo andaba pasando, pero no podía precisar qué era.

—Me están asustando. Siento que no me están contando algo —dije, un poco emocionada. Todo el mundo estaba actuando súper raro, pero lo dejé pasar. Pensé que podríamos disfrutar de que estábamos todos juntos, así que seguimos adelante con la cata de vinos. Luego nos levantamos y nos dirigimos a la enorme terraza del lugar para disfrutar de las hermosas vistas de las colinas del condado de Riverside, salpicadas de árboles y filas de viñedos verdes. Era un día impresionante, sin una sola nube en el cielo, y a plena hora dorada. No podríamos haber pedido mejor tiempo.

—Esto es casi como nuestra vida, un panorama —dije, relajándome con la belleza del paisaje y estirando el brazo lista para empezar a filosofar. Cuando miré hacia el camino abajo, noté que se acercaba alguien a caballo por la izquierda—. ¿Qué diablos…?

—dije, totalmente desconcertada una vez que me di cuenta de que el jinete era en realidad Lorenzo. Empezó a saludarme y yo le devolví el saludo, pero estaba muy confundida. Luego, empecé a caminar hacia él, y de pronto mis parientes y mis amigos más cercanos empezaron a salir de las grandes puertas de madera que había a mi derecha.

—Ay Dios mío, qué está pasando, espera… ¿es lo que creo? —dije, mientras mi corazón latía con fuerza y las lágrimas iban llenando mis ojos. Mis rodillas se empezaron a trabar y las mariposas andaban provocando un huracán en mi estómago. Mikey se acercó y me abrazó, lo miré y le dije—: Hola, hermano. —Entonces empecé a dar unos pasos hacia atrás y exclamé—: No, no, no. —Estaba tan abrumada. Luego Jacqie se me acercó y le pregunté—: ¿Esto es real? Siento que estoy soñando. —Di unos pasos hacia delante y les dije a todos—: ¿Por qué no dijeron nada, me podría haber cepillado el pelo? —Todos se rieron.

Lorenzo se bajó del caballo y se acercó a mí, y le dije:

—Hola.

—Hola —respondió.

—Dios mío, Lorenzo —le dije, cubriendo nerviosamente mi sonrisa.

—Janney —me dijo mientras tomaba mi mano derecha.

—Es la otra mano —le susurré, en medio de una ráfaga de emociones. Ahí ya había comprendido lo que estaba pasando.

—Solo quiero decirte que quiero pasar el resto de mi vida contigo —comenzó Lorenzo—. Dicen que el matrimonio es duro, pero de veras no se me ocurre nada más duro que estar sin ti. Así que creo que esto va a ser lo más fácil. Y quiero preguntarte delante de toda tu familia y de todos los demás: ¿Quieres casarte conmigo? Quiero pasar el resto de mi vida contigo.

—¡Sí! —le dije, aún incrédula.

Mientras deslizaba el anillo en mi dedo, un grupo de mariachis empezó a tocar de fondo. Nos besamos y abrazamos, y luego caí en los brazos de mis amigos y familiares. Me emocionó que estuvieran todos allí, pero luego una ola de desilusión estrelló mi mente. *¡Ay, ojalá no estuvieran las pinche* cámaras*!* Realmente hubiese deseado que fuera sólo la familia, algo bien orgánico y privado, sin la presión de ser filmado para nuestro programa. Cuando las cámaras están cerca, no puedes evitar sobreactuar un poco o ponerte tensa. De veras que no es lo mismo.

Pocos días después de esa pedida de mano al estilo cuento de hadas, me di cuenta de que quien estaba detrás de la magia, la persona que hizo que Lorenzo hablara con mi familia de antemano, reservó el lugar, invitó a mi familia y amigos y tuvo la idea de que Lorenzo entrara a caballo como el Príncipe Azul había sido nada menos que Edward, uno de los productores de *The Riveras.* En realidad, el programa lo pagó todo; yo era productora ejecutiva, por eso me enteré. El compromiso fue montado. Sé que Lorenzo estaba planeando proponerme matrimonio. Es probable que se lo hubiera mencionado a Edward, y juntos tramaron el plan. Lorenzo puede ser espontáneo, pero no es un hombre que tome la iniciativa, por lo que es probable que Edward haya tomado el mando y haya presionado para que se lograra, e hizo un trabajo fantástico. No culpo a Edward. Él creó un momento de espectáculo que generó índices de audiencia adicionales, pero yo no quería que toda mi vida fuera una puesta en escena; esa es otra razón por la que estaba llegando a mi límite con los *realities*. Me hubiera gustado que Lorenzo se diera cuenta de que no necesitaba el viñedo ni el caballero de brillante armadura montando a caballo. Sólo quería algo íntimo, genuino, un recuerdo que fuera nuestro.

Aunque saber esto me hizo sentir rara en cuanto a nuestro compromiso, nunca se lo dije a Lorenzo porque no quería parecer desagradecida. *Tal vez soy yo*, pensé. *Tal vez le estoy dando demasiadas vueltas a esto. Tal vez no debería sentirme así.* Al final me quité estos pensamientos de encima, no les hice más caso y traté de enfocarme en lo positivo. Me entusiasmaba la idea de casarme. Sí, había cosas que me preocupaban de él, pero pensé que esta podría ser la respuesta: seguir adelante con la relación y casarnos. Porque lo amaba. Porque estaba preparada para estar con esa persona. Quizás esto significaba que él también estaba listo. Quizás eso era lo único que necesitaba para cambiar, para dejar de salir de fiesta, para empezar a centrarse en sus metas. Quizás las cosas realmente empezarían a mejorar ahora.

Y sí que mejoraron, con respecto a mi carrera. Mientras me iba acostumbrando al hecho de otra vez estar comprometida, recibí la noticia de que me habían invitado a los Latin American Music Awards. Los dos años anteriores había asistido como presentadora, pero esta era la primera vez que me invitaban a actuar en vivo por televisión, nada menos que con la cantautora española Natalia Jiménez. Ella había sacado un disco de homenaje a mi mamá poco menos de un año antes, en el que cantaba doce de sus canciones, y me hizo mucha ilusión que me invitaran a cantar "Los ovarios", una de mis canciones favoritas de mi mamá que estaba realmente en sintonía con mi experiencia de enfrentarme a todos los malos rollos y obstáculos de esta industria. Me tenía súper emocionada.

Mientras me preparaba para este espectáculo, ensayaba y elegía mi atuendo, también me enfrentaba al dilema de cómo anunciar nuestro compromiso a los medios. Estaba promocionando el lanzamiento de mi segundo álbum, *Entre botellas*, así que no quería desvelar la noticia en los Latin AMAs y que eclipsara todo el trabajo que había realizado en mi música. El otro evento importante que teníamos programado como pareja unas semanas después eran los Grammy Latinos. Pensé que podría presentarme con el anillo puesto, pero la banda de Lorenzo tenía unas cuantas nominaciones y tampoco quería robarles el protagonismo. Así que, de momento, decidimos mantenerlo en secreto.

En los últimos dos años, me había visualizado subiendo un día a ese escenario en particular, como cantante, como intérprete, y por fin se hacía realidad. Y el momento no podía ser mejor. Ese año había hecho de dos a tres espectáculos a la semana, lo cual era mucho, pero toda esa práctica y experiencia significaba que estaba preparada para dar lo mejor de mí en la actuación. Mi voz estaba más desarrollada que nunca y mi confianza también.

La noche del 26 de octubre de 2017, cuando las cámaras panearon la audiencia y se enfocaron en nosotras, y Natalia, con su vestido largo fucsia con detalles dorados, cantó "Qué alboroto traen conmigo", yo andaba feliz de la vida. Me encontraba en el escenario con una vocalista monstruosa a la que admiraba profundamente, y no me sentía tímida, no me sentía menos, no me sentía insegura. Ella fue tan dulce y maravillosa, y me hizo sentir como una de sus iguales. Al terminar su verso, yo me lancé con el mío: "Nadie te quita ese puesto, donde tú sigues triunfando". Nuestras voces se unieron en el estribillo, y me estaba divirtiendo tanto que no quería que esos minutos terminaran. Esa noche fue una triple bendición: por fin estaba en ese escenario, actuando con alguien a quien adoraba y admiraba y estábamos cantando la canción de mi mamá... lo mejor de todos los mundos.

Estábamos a mediados de noviembre. Lorenzo y yo acabábamos de volar a Las Vegas para pasar unos días por los Grammy Latinos. Claramente, esta es una ciudad de fiesta, así que la primera noche salimos a ver un concierto de Bad Bunny en uno de los clubes lujosos de la zona. Yo bebí, pero no tanto, por lo que tengo un claro recuerdo de esa noche: Lorenzo se puso pedo. La segunda noche fue una repetición de la primera, y me ya me andaba molestando un poco. Nunca me gustaba cuando Lorenzo se pasaba de copas. Pero cuando intenté hablar con él al respecto y le dije: "Estás bebiendo demasiado. ¿Podrías tomar un poco de agua, por favor?", él respondió: "Ándale, Janney. Relájate. Estamos fuera pasando un buen rato. Relájate nomás".

Odiaba cuando me hacía sentir como una aguafiestas, así que le seguí la corriente esas dos primeras noches, pero a la tercera, justo antes de salir, le dije:

—Mira, tengo un fin de semana de trabajo bien largo por delante (y él también), así que me encantaría que no nos quedáramos hasta muy tarde esta noche. —Quería crear un frente unido como pareja para que, cuando llegara la hora de irnos, ya estuviéramos de acuerdo.

—Claro —me dijo, aceptando el plan, pero cuando estábamos en el club, ese muchacho comprensivo y solidario había desaparecido.

Le seguí la corriente, pero cuando me di cuenta de que de nuevo se estaba pasando de copas, me acerqué a su oído y le dije:

—Oye, *babe*, creo que deberíamos irnos.

—Noooo, siempre tratas de controlar todo —dijo, quejándose—. ¡Pasémosla bien!

—La hemos pasado bien y teníamos un acuerdo —le dije, sentándome en uno de los sofás del club.

—Deja de ser como mi mamá —me dijo.

—No estoy tratando de ser tu mamá, mano. Pero tenemos que ser responsables. Sí, entiendo que estamos en Las Vegas, que estamos con amigos, que estamos celebrando, pero no te pases porque entonces te descuidas y temo que te vas a meter en problemas.

—No tienes que preocuparte por mí. Deja de cuidarme; no eres mi mamá. ¿Por qué no actúas como mi novia? —insistió.

—Estoy actuando como tu novia, pero hay ciertas cosas que no me gustan.

No podía confiar en él. Cada vez que se quedaba fuera más tarde de lo habitual o se iba de viaje, yo siempre pensaba que se iba a meter drogas. No podía conciliar el sueño. A veces era casi como si me engañara con la coca.

—Ay, tú sólo quieres irte con tus amigas culonas —dijo. Ahí estaba otra vez con su agresividad inducida por la cocaína.

—Sabes qué, a la chingada con esto —le dije, levantándome y metiéndome en su cara antes de darme la vuelta y partir.

Mi amiga Helen y yo tuvimos que pedirle a una mujer que apenas conocíamos que nos diera un aventón, pero logramos volver al hotel sanas y salvas. Me quité el maquillaje y me metí en la cama, sabiendo que necesitaba descansar, pero era imposible. No paraba de dar vueltas en la cama, de mirar el teléfono en busca de un mensaje, de esperar en el silencio de la noche una llamada, pero nada. Podría haber estado tirada en la calle, herida, y Lorenzo no se habría enterado. Aquella falta de preocupación me ponía los pelos de punta.

En el día a día, lo pasábamos muy bien juntos, éramos buenos amigos, pero cuando se trataba de cosas de la vida real, no estaba segura de que sintiéramos igual. Él era espontáneo, mientras que yo era una planificadora; él tenía grandes ideas pero a menudo no las llevaba a cabo, mientras que yo creaba planes de acción que me proponía ejecutar y terminar. A veces me preguntaba si éramos adecuados el uno para el otro. *¿Había mirado hacia otro lado demasiadas veces?* No quería dejar de lado mi buena onda, pero tampoco me gustaba la sensación de estar dando más de lo que debía. Siempre he tenido problemas para trazar límites —es algo que todavía sigo trabajando—, y ahora se estaba colando en mi relación. Los problemas de abandono que empecé a tener cuando era adolescente me convirtieron en una persona que complacía a la gente. Temía que si me mantenía firme, mis seres queridos se irían. Y eso es lo que estaba pasando con Lorenzo también. No quería perderlo, pero sabía que tenía que ordenar mis prioridades para no perderme a mí misma en el proceso.

A las nueve de la mañana, oí que la puerta se abría y vi cómo Lorenzo entraba totalmente pedo. ¿Acaso no se acordaba de que me tenía que tomar un avión a las once? ¿Lo hacía a propósito para evitar la discusión que inevitablemente le seguiría a este episodio? Yo andaba súper irritada y molesta. Luego me vino a la mente: *Dios mío, ¿así será mi futuro?* Mientras lo veía atravesar su cruda entre ronquidos, pensé: *No puedo hacer esto, simplemente no puedo.* Me quité el anillo de compromiso y escribí en el bloc de notas del hotel: "Gracias, pero no gracias", y dejé la nota sobre el escritorio. Cuando el botones sacó mi equipaje del cuarto, Lorenzo se despertó y me dijo: "Janney, ¿adónde vas?", pero ni se levantó de la cama. Apenas se movió. Así que me fui.

Mientras afrontaba este maremoto de emociones y preocupaciones, el espectáculo tenía que continuar. Mi segundo álbum, *Entre botellas*, iba a salir en marzo de 2018, así que la sesión de fotos ya estaba agendada, y no importaba lo abatida que me sintiera ese noviembre, tenía que llevarla a cabo. En cierto modo, el momento no podía ser mejor. El título de ese álbum pretendía simbolizar las emociones reprimidas. Durante mucho tiempo, había sentido que estaba suspendida bajo el agua sin poder salir a respirar. Por eso quería estar en una piscina en la portada del álbum. Quería que la gente sintiera tristeza cuando la viera, una tristeza que no me resultó difícil representar ese día porque estaba en el centro de mi corazón. Para ser sincera, sentí que estaba al borde de un ataque de nervios.

Unos días antes del rodaje, mientras Omi y yo volvíamos a casa después de hacer unos mandados, le dije: "Creo que tengo que ir al hospital". Estaba absolutamente agotada y llena de pena. La verdad es que pensé que si iba al hospital, ahí podría descansar. Lo único que quería era acurrucarme bajo las sábanas y dormir. Estaba cansada de tener que ser siempre tan fuerte. En lugar de ir al hospital, Omi se detuvo a un lado de la autopista y yo lloré y lloré y luego grité y me desahogué. Había estado reprimiendo tantas emociones durante tanto tiempo que, a veces, sentía que me ahogaba. Y puedes verlo en la portada del álbum. La tristeza en mis ojos no era una actuación, era la pura y cruda verdad.

Lorenzo se disculpó y nos reconciliamos. Unos días después de nuestro viaje a Las Vegas, y tras pensarlo mucho, lo invité a mi casa, y nos sentamos en el salón a hablar.

—Si no controlas esto del alcohol, te va a estropear la vida —le advertí con auténtica preocupación.

—Bebo socialmente —respondió, para sacarme del paso. Luego añadió—: ¿No confías en mí?

Confiaba en él en el sentido de que no creía que estuviera por ahí de putas, pero ya no creía en su palabra, lo cual es igual de grave. Si dices que vas a hacer algo y luego no lo cumples, una, dos, tres, cuatro veces, eso acaba desgastando a la otra persona.

—No estoy mintiendo sobre nada grave —me dijo—. Nomás siento que me criticas demasiado.

No fue solo la bronca en Las Vegas, sino la falta de seguimiento y las mentiras "piadosas" que seguía tejiendo para cubrirse el trasero y justificar por qué no me había devuelto el mensaje una noche, o por qué llegó a casa tan tarde otro día.

—No tengo tiempo para aguantar pendejadas. Sé lo que quiero.

Y no quiero un hombre que no pueda decirme la verdad —le dije al final.

—Ya me he disculpado —se quejó, desconcertado.

Había una clara falta de comunicación: no parecía entender mi punto de vista.

—Sabes, Janney, actúas como si anduviera por ahí de putas, pero solo estoy bebiendo y hablando, y en general cuando estoy bebiendo estoy hablando de ti. Pregúntale a todo el mundo, pregúntales a mis primos, pregúntale a toda la gente que estaba conmigo —me dijo.

—Pero, ¿por qué? ¿Por qué sientes la necesidad de beber toda la noche? Sabías que estaba molesta y que estábamos peleando, pero no fuiste a buscarme para intentar arreglar las cosas.

—Lo sé, pero estaba con mis primos y estábamos en Las Vegas, la ciudad que nunca duerme. No estaba haciendo nada malo. —Siempre terminaba teniendo la culpa yo, como si yo fuera una pinche loca por pensar que me estaba engañando cuando él todo el tiempo actuaba como un santo.

—Mira, sólo quiero que te esfuerces más en esta relación. Si realmente estás preparado para casarte, tienes que dejar de hacer estas cosas —le dije.

—Bueno pues. Dejaré de beber, te lo prometo —me dijo, sin admitir que también tenía un problema con la coca—. Sabes que te amo. Te amo mucho. Al menos no te estoy engañando. Sólo estoy bebiendo. Lo siento, Janney. Te lo demostraré. Sólo dame una oportunidad más.

No era la primera vez que teníamos problemas por su forma de beber y no sería la última. Le gustaba la fiesta, mi tío Juan y Ángel tenían razón.

Aunque era escéptica respecto a las relaciones duraderas porque no había tenido ese ejemplo en casa, de veras quería casarme, pero también sabía que era un paso enorme y no iba a darlo a la ligera. Ya tenía que lidiar con mi morral de problemas con el compromiso, y estas alertas rojas se estaban volviendo demasiado grandes para ignorarlas. Me rompió el corazón quitarme el anillo, pero no podía seguir ignorando lo que mi instinto intentaba decirme. Necesitaba un respiro, necesitaba espacio y ambos necesitábamos tiempo para decidir si realmente queríamos seguir adelante. Aún teníamos el tiempo a nuestro favor para tomar la decisión correcta.

Antes de tomar una decisión definitiva, decidimos ir a terapia de pareja. Entré enfocada en hablar de los dos grandes problemas que me impedían comprometerme con él de todo corazón: su consumo excesivo de alcohol y su incapacidad para cumplir con su palabra. No es que bebiera todos los días, pero cuando lo hacía, se emborrachaba hasta la madre. Al día siguiente decía lo que creía que yo quería oír, sólo para complacerme, para encubrir sus pendejadas. Paraba la discusión mirándome a los ojos y diciéndome lo mucho que me quería. Luego venían los besos. Me besaba los labios y el cuello, y hacía todo lo posible para ponerme cachonda, lo que inevitablemente conducía al sexo. A continuación, se reía, y cuando toda la tensión se esfumaba, yo cedía y decía: "Está bien, te perdono. Vamos a intentarlo de nuevo". Pero sus palabras comenzaron a perder su valor para mí porque nunca cumplía sus promesas con acciones posteriores.

Después de saludar a nuestra terapeuta y sentarnos en el sofá frente a ella, abrí nuestra sesión de pareja diciendo:

—Desde el principio de nuestra relación, creo que el mayor problema que hemos tenido es... su exceso con el alcohol.

—Cuando dices "exceso", ¿qué significa eso? —preguntó la terapeuta.

—Bueno, no bebo todos los días —dijo Lorenzo—. Pero cuando

lo hago, lo hago al máximo. Ella en realidad no bebe casi nada, así que, ya sabes, es una gran diferencia, así que tal vez, quizás para ella es demasiado.

Comenté que había hablado con la mamá de Lorenzo y que ella había tenido problemas similares con su marido. Me dijo que el padre de Lorenzo nunca le fue infiel, pero que ella sentía que él bebía demasiado. Se volvió tan grave el asunto para ella que decidió dejarlo, tomando a los niños y mudándose de México a Colorado por un año. Estaba decidida a no volver con él, pero él la siguió, dejó de beber y fumar y se convirtió en otro hombre. No pude evitar ver los paralelismos entre su historia y la de Lorenzo, y ese final feliz me dio un pequeño rayo de esperanza. A continuación le describí el estallido en Las Vegas.

—¿Por qué te molesta tanto su forma de beber? ¿Qué es lo que te pasa que te hace tener tanto miedo? —preguntó la terapeuta.

—Porque miente —dije sin dudar.

—Cuando meto la pata —dijo Lorenzo—, ella tiene una personalidad fuerte, entonces voy a tener que escucharla durante un buen rato, ya sabes. Y empiezo a preguntarme: *¿Soy lo suficientemente bueno para ella?* Así que prefiero mentir.

—¿Qué es lo que empezó y creó el miedo en torno a que te sinceraras con Janney? —le preguntó la terapeuta a Lorenzo.

—Ella no tiene que estar conmigo, es más fácil, porque es una mujer ocupada, tiene muchas cosas en marcha, así que tal vez sería fácil para ella pasar al siguiente, y eso me asusta un poco porque yo sí quiero estar con ella —respondió.

Curiosamente, lo que no parecía entender es que el mismo mecanismo que utilizaba para seguir presente en mi vida, en realidad me estaba empujando en la dirección contraria.

—¿Ha hecho alguna vez algo que justifique ese miedo? —le preguntó la terapeuta.

—Ha estado comprometida tres veces, eso también me asusta —le respondió Lorenzo, evitando la pregunta.

—¿He hecho algo para que te sientas así? —le pregunté.

—No, en realidad no.

—Sí, he estado comprometida tres veces —le dije a la terapeuta—. Supongo que ahora al llegar a esta relación, mi tolerancia es muy, muy baja... Es tan pinche frustrante. Él necesita volver y ser honesto, eso es todo. Créeme, no creo que esté siendo irracional —le dije con lágrimas en los ojos—. Nomás he llegado a un punto en el que hemos estado juntos durante un año, y si esto no va a funcionar, aún me puedo marchar tranquila.

Había llegado a mi límite. Estaba cansada de protegerlo, de intentar hacerle ver que lo que él llamaba "bebida social" era un problema mucho mayor. Ya no podía seguir presionándolo para que mejorara.

—Ya he criado a cuatro niños —dije.

—Solo confía en mí —me dijo él—. Cuando alguien confía en mí me convierto en un mejor hombre.

Espera, ¿cómo iba a hacer eso si no solucionaba su problema con el alcohol? Estábamos atrapados en un círculo vicioso que no iba a ninguna parte y, en lugar de ayudar, la sesión estaba empezando a irritarnos aún más. Estaba claro que ambos teníamos que ceder en algo y llegar a un acuerdo, a un punto intermedio, pero ninguno de los dos sabía cómo llegar a él. Nos encontrábamos totalmente atascados, y esa sensación me daba ganas de salir corriendo. Tenía treinta y dos años y no sentía que tuviera tiempo que perder. O lo solucionábamos y dábamos un paso adelante el uno por el otro, o lo dejábamos ir.

A medida que el año llegaba a su fin, todo lo que él hacía empezaba a irritarme. También estaba enfadada porque sentía que me había robado algo que al principio había sido realmente emocionante: la planificación de nuestra boda. Sin embargo, seguimos hablando. Una noche, cuando salimos a cenar, le dije que la única manera de volver a confiar en él era ver sus palabras reflejadas en sus actos. Y no estaba dispuesta a conformarme con menos.

—Lorenzo, yo no te doy problemas. No escondo mi teléfono, te digo dónde estoy, a qué hora vuelvo a casa. Soy una mujer de palabra y hago lo posible por serlo. Lo intento, y me has dado muchas razones para querer huir. Y sólo quiero que ciertas cosas cambien antes de ver hacia dónde vamos con esto, si es que vamos a alguna parte.

Se quedó mirándome en silencio y luego dijo:

—No ha sido de lo más fácil. Eres una gran muchacha, todo lo que siempre he deseado en una mujer, por eso estoy aquí y quiero luchar por nosotros.

Escuché sus palabras, pero me costó creerle. Si quieres luchar, ¡lucha por nosotros! Sentía que no me miraba igual porque ya no era esa novia cariñosa y dadivosa, y porque estaba llamándole la atención por sus pendejadas, y eso era realmente desalentador. Sé que yo tampoco lo miraba de la misma manera. Era difícil. Sentía que no podía decir mi verdad.

Así fue que a principios de 2018, suspendimos el irnos a vivir juntos y nuestro compromiso. Dijimos que lo intentaríamos hasta que ya no fuera una opción, pero para ser sincera, pensé que este era el final. Odiaba la idea de perderlo, pero ya había perdido a tantas personas importantes en mi vida que sabía que lo podría soportar. Todavía había amor en nuestros corazones. La cuestión era ver si podríamos encontrar el camino de regreso el uno al otro.

Entonces llegó el 14 de febrero de 2018. Él estaba en Mazatlán por trabajo, así que era obvio que no íbamos a pasar ese San Valentín juntos, pero pensé que al menos aparecería de alguna u otra manera. Las horas pasaron. Me quedé despierta esa noche esperando que me enviara un mensaje de texto o me llamara, seriamente preocupada por si le habría pasado algo... nada. Cuando por fin me puse en contacto con él, le dije:

—¿Qué chingados te pasó, mano?

—Ah, algo le pasó a mi teléfono —me respondió—. Alguien lo arrolló, ¡te lo juro!

—Bueno pues, ¿ya estás llegando a casa? —le pregunté. Todavía estábamos intentando resolver las cosas y no habíamos cancelado del todo la idea de irnos a vivir juntos.

—No, me voy a quedar —me respondió.

Pensé que se había quedado en México un día más por trabajo, pero más tarde, esa noche, vi en sus historias que estaba de fiesta a lo grande: su trabajo había terminado el día anterior. Eso fue la gota que rebalsó el vaso. No aguantaba más. Abrí nuestro hilo de mensajes en mi teléfono y, furiosa, le escribí: "Hasta aquí llegué", pulsé *enviar* y bloqueé su número.

Se nos ordena perdonar, pero la confianza se gana. Como un edificio, se destruye en segundos y tarda meses, si no años, en reconstruirse.

10

LA COSA MÁS LOCA QUE HICE POR AMOR

Después de nuestra ruptura en febrero, Lorenzo y yo no nos hablamos durante más de un mes. Al principio, pensé que no había vuelta atrás, pero a medida que pasaban las semanas, mi corazón lo anhelaba. Empecé a publicar pequeños indicios en Instagram y Snapchat, como la canción de Jesse y Joy, "Me dueles", sabiendo que probablemente lo vería y entendería que le estaba hablando a través de esas letras. Luego, en marzo de 2018, viajé a la Ciudad de México para promocionar el próximo lanzamiento de mi segundo álbum, con el que Lorenzo me había ayudado mucho viniendo al estudio y dándome ánimos y consejos para cantar, y también grabando algunas pistas vocales. Resulta que él también estaba en la ciudad al mismo tiempo, así que me envió un mensaje directo: "¿Puedo invitarte a cenar?". Me encontraba en un punto tan vulnerable, echándolo de menos y también dolida tras una gran pelea que me había distanciado de Omi (por suerte, solo temporal) y de mi mejor amiga Ellen (por desgracia, no tan temporal), que cedí y le dije que sí.

Nos encontramos en un restaurante japonés. Yo llevaba un acicalado abrigo rojo y él estaba muy elegante con un traje azul de negocios. Al sentarme a la mesa frente a él después de tantas semanas separados, pensé: *Ay, este tipo me encanta.* Fue como si retomáramos la conversación justo donde la habíamos dejado, charlando, bromeando y riendo, lo que me hizo cuestionar por qué habíamos terminado.

—Janney, eres la mujer que me enseñó a amar —me dijo esa noche—. Las mujeres con las que he estado antes nunca se pusieron tan arriba como tú. Quieres que te abra la puerta, que te regale flores y quieres que te amen de la manera correcta, y yo nunca he tenido eso.

Me limité a mirarlo a los ojos y a dejar que hablara, ansiosa por escuchar lo que tenía que decir.

—Pues, nunca he necesitado hacer las cosas que hago por ti. Tú quieres que te cortejen, mientras que yo estoy acostumbrado a que las mujeres me persigan a mí. Así que, contigo tengo que echarle más ganas, y no estoy acostumbrado a eso.

No era tan difícil, ¿verdad? me pregunté, mientras lo escuchaba, esperando justificar la ráfaga de emociones y deseos que apresaban mi corazón.

—Pero siento que a veces no alcanza —dijo, con los ojos llenos de lágrimas—. A veces pienso que no te merezco. Eres una gran mujer. No te merezco.

Era casi como si tuviera la capacidad de llorar en el acto; a menudo recurría a las lágrimas durante nuestras peleas. ¿Eran reales o nomás era un gran actor? No estoy segura, pero funcionaban. Pensé: *Bueno, lo entiendo, tal vez espero demasiado de él.* La verdad es que tengo estándares bien altos.

—Lo siento, pero quiero que me trates como yo te trato a ti —le dije—. Me desvivo por ti. Siempre presto atención a los detalles, y necesito que tú también hagas lo mismo.

—Bueno pues, lo haré —me prometió—. Es que nunca me enseñaron eso. Contigo todo ha sido diferente, y las pendejadas como esta de veras te afectan.

—Sí, porque quiero que me traten como a una reina —le respondí.

Cuando terminamos la cena y estábamos a punto de pedir la cuenta, por fin le dije:

—Okey, está bien, probemos de nuevo.

Cuando se abría así, cuando se mostraba vulnerable y con ganas de cambiar, me enganchaba de nuevo. Nuestra conversación fue tan sincera que mi corazón me instó a darle otra oportunidad. A veces, todo lo que se necesita es una disculpa sincera: es la llave que abre la posibilidad del perdón en mi corazón, y, una vez más, él consiguió abrir esa puerta. Para ser sincera, pensé que esta vez podríamos hacer que funcionara. Además, no lo podía negar, estaba enamorada de él.

—Sigo queriendo casarme contigo —me dijo, mientras me daba el anillo que yo le había devuelto unos meses antes—. Por favor, úsalo.

Acepté, con una condición:

—Está manchado por el dolor del año pasado, así que primero hay que bendecirlo.

Una vez que lo hizo, volví a ponerme el anillo de compromiso y, ese verano, empezó a mudarse lentamente a la casa que yo había comprado hacía poco. Ninguno de los dos estaba aún dispuesto a renunciar al otro. Estaba claro que nuestra historia tenía más capítulos por delante. Sin embargo, para ser honesta, mis dudas seguían latiendo fuertes ese año. Cada vez que hablábamos de nuestras rupturas pasadas, y yo las relacionaba con su manera de beber, él contestaba con sus excusas habituales —*no bebo todos los días; bebo socialmente; me gusta divertirme con mis amigos*—, y luego me desarmaba haciéndome cosquillas y diciéndome: "Ándale, *babe*, no te enojes más". O me decía algo totalmente inesperado, como: "Mira ese pájaro", que me distraía de la conversación, y luego me largaba uno de sus chistes y me hacía reír. Era tan bueno desviando las discusiones que ni siquiera me daba cuenta de que lo estaba haciendo. Tiene una gran habilidad con las palabras, creo que sabe cómo situarse en una historia, y entiende lo que los demás necesitan oír para que acaben sintiéndose mal por él. Lo ven como víctima de sus circunstancias: lo he visto hacer esto con sus padres, con los medios, diablos, incluso lo hizo conmigo; al final de la charla, todo el mundo dice: "Pobre Lorenzo". Ahora veo todo esto con claridad. Pero en aquel entonces, cuando intentaba señalar lo que debía cambiar para que funcionáramos, él decía:

—Me conoces, Janney. Conoces mi corazón.

—Sí, supongo que sí —le respondía, algo confusa sobre cómo habíamos llegado a este punto.

—Janney, has perdonado cosas peores en tu vida, como a tu padre y las cosas que pasaron con tu mamá. ¿Por qué no puedes perdonarme a mí?

—Chingados —le decía—. Supongo que tienes razón. —Y me volvía a enamorar de él. Luego él hacía algo tonto y me hacía reír, y listo. Continuábamos juntos, aunque nuestros problemas seguían sin resolverse. Creo que el amor a veces es realmente ciego.

Los meses pasaron volando ese año. Seguían existiendo roces, pero andábamos haciendo lo posible por escucharnos, por solucionar las cosas. Era confuso. Aún era mi mejor amigo. A pesar de nuestras diferencias, seguíamos riendo juntos. También teníamos vínculos especiales que me hacían sentir que podía ser mi auténtico yo con él, una de las razones por las que me enamoré de él desde el comienzo. Los dos éramos mexicano-americanos, los dos hablábamos espanglish, sentía que podía hablar de todo con él —lo que pasaba con mi familia, mis pensamientos más profundos— y él me entendía. Incluso cuando salía de casa con medias que no combinaban o un mameluco, me decía: "Ay Dios mío, eres tan pinche guapa. A la chingada, vayamos los dos a la tienda con nuestros mamelucos". Me encantaba todo eso de él. Así que me aferré a esos picos de nuestra relación y seguí adelante.

La verdad es que, de pequeña, nunca soñé con casarme; mi gran ilusión había sido mi futura quinceañera. Quería un vestido grande y brillante y una fiesta increíble, pero, como te conté en *Perdón*, eso nunca ocurrió porque mi mamá se puso furiosa cuando no le dije que nos habían dejado salir de la escuela antes de tiempo y que estaba pasando el rato con mis amigos. Su castigo: cortar mi largo, suave y sedoso pelo a cinco centímetros del cuero cabelludo y echarme de casa. Pasé ese verano viviendo con mi abuela. Mi cumpleaños pasó sin pena ni gloria como cualquier otro día, sin una gran fiesta, sin un vestido especial y sin una llamada de mi mamá.

Así que, cuando por fin llegó el momento de empezar a planificar nuestra boda, sentí que era mi oportunidad para cumplir mi fantasía de quinceañera. Quería que fuera perfecta. Lorenzo y yo imaginábamos una boda mexicana, algo hermoso pero también relajado, donde pudiéramos celebrar nuestro amor con nuestros amigos y familiares. Mientras considerábamos diferentes lugares, pensamos: *¿Qué tal si la hacemos en un rancho?*. Había un rancho privado no muy lejos de nosotros, donde mi mamá solía ir cuando necesitaba espacio para relajarse, y yo conocía a los propietarios. Cuando me puse en contacto con ellos y les pregunté si podíamos celebrar nuestra boda en su propiedad, me dijeron que sí. Me encantó recibir su confirmación porque significaba que tendría otro trocito de mi mamá cerca de mí en ese día tan especial. La echaba mucho de menos.

Habíamos conseguido el terreno, y ahora teníamos que construir el lugar desde cero, con electricidad y todo, y personalizarlo a nuestro gusto. Contraté a un equipo de planificación de bodas y nos pusimos a trabajar en los detalles. También decidimos llevar a cabo la ceremonia en la Iglesia Presbiteriana de Westminster para celebrar la tradición de nuestra unión en un espacio sagrado.

Mi trabajo y la planificación de la boda me dejaron poco tiempo para otras cosas ese año. Mientras continuaba con la gira de *Entre botellas* para promocionar esas canciones y mantener el ritmo de interés en ellas, se presentó una nueva oportunidad a mi puerta: Fonovisa, la división de música regional mexicana de Universal Music Group, quería firmar un contrato conmigo, y les dije que sí. Después de producir y lanzar mis dos primeros discos a través de mi propio sello discográfico, no podía estar más emocionada por esta oportunidad de trabajar en mi tercer disco con una compañía tan prestigiosa. Estaba entrando en una nueva etapa de mi carrera y no veía la hora de ver lo que conseguiría con semejante respaldo.

Todos los planes estaban ahora en marcha y, cuando le dimos la bienvenida al 2019, comenzó la cuenta regresiva para nuestro gran día. Quería que mi vestido de novia se viera cremoso, así que elegí una tela de seda gruesa color marfil, pero también quería algunos detalles de encaje en la parte superior para darle ese estilo tradicional español que buscaba, lo suficiente para que la piel de mis hombros y brazos se asomara con elegancia. La silueta de sirena que elegí me permitía mostrar con gusto mis curvas y sentirme como una verdadera princesa española. El segundo vestido —porque ya sabes que uno no hubiera sido suficiente para esta chingona amante de la ropa— tenía un aire más *hippie*. También era de color marfil y con mucho encaje, casi como uno de los clásicos manteles o blondas de mi abuelita, y lo combiné con unas cómodas botas vaqueras para poder bailar toda la noche en nuestra fiesta. Mi hermana Jacqie vino conmigo a ver las telas, pero eso fue más que nada para el *reality show*, así tenía a alguien con quien interactuar.

Entre finalizar mis vestidos y las reuniones con la planificadora de bodas para seguir tachando nuestra lista de tareas pendientes, también comencé a grabar mi tercer álbum, *Playlist,* que se lanzaría a la venta al año siguiente, en mayo de 2020. Para crear entusiasmo entre los fans con lo que estaba por llegar, decidimos adelantar el primer sencillo, "Anímate y verás", y estrenarlo el 27 de junio con un video musical. Por lo que, mientras se acercaba el día de nuestra boda, yo también estaba metida en el estudio dándole los últimos toques a esta canción, que estaba siendo producida por el reconocido compositor de música regional mexicana Luciano Luna. Esta combinación me tenía en las nubes de felicidad, y el momento fue perfecto. Estaba en un punto de mi carrera en el que mi voz había madurado y tenía la experiencia necesaria para aprovechar al máximo esta increíble oportunidad.

Una vez finalizada la grabación, llegó el momento de idear el argumento del video. Estaba en mi oficina hablando con mi representante, Richard, al que llamo Mr. Bull, y pensando en diferentes temas, cuando Lorenzo, que estaba sentado con nosotros, dio con el concepto ganador: una mesera de una cafetería está enamorada de uno de los clientes habituales y encuentra la manera de juntar coraje para invitarlo a salir pasándole una nota con el lugar y la hora dónde encontrarse con ella esa noche. Cuando llega al bar designado, descubre que la mesera está en el escenario cantando esta canción y se queda fascinado. Nos encantó la idea y decidimos llevarla a cabo.

Teníamos que rodar el video en tres locaciones: la cafetería, el bar de mala muerte y el estudio de sonido para las tomas glamurosas de Chiquis que se mezclarían con las escenas de la historia principal. Esto también significaba que tenía que tener un muchacho bien guapo que interpretara el papel romántico.

—Ándale, elige tú al tipo —le dije a Mr. Bull ese día, delante de Lorenzo.

—¿Quieres ver fotos? —me preguntó.

—No, no me importa. Sigue adelante y elígelo nomás.

La mañana de la grabación del video, Mr. Bull me envió un mensaje de texto con una foto del tipo con el que iba a trabajar.

—Perfecto —le contesté, y luego le mostré el retrato del modelo a Lorenzo—. *Babe*, este es el tipo con el que voy a trabajar hoy.

—¿Así que vas a tener un modelo en el video? —me preguntó.

—Sí —le dije, sorprendida—, pero ya lo sabías.

—No, no me involucraste en la decisión. No me dijiste nada.

—Pero ya conocías el plan. Fue tu pinche idea, y seguimos adelante con ella. Ni siquiera participé en la elección del modelo.

—Bueno, pues, no voy a ir —dijo de pronto.

—¿Que qué? —Se suponía que iba a ir conmigo al rodaje ese día—. ¿Estás bromeando?

—No, no voy a ir. ¿Cómo crees que me sentiré al ver a mi chica con un tipo cualquiera?

—Lorenzo, no sé ni qué decir. Tuve que pasar por esto contigo hace unos meses. Esto es algo normal. Tú mismo me lo dijiste cuando estuve contigo en la grabación de tu video y andaba molesta. Me sentiría más cómoda si estuvieras allí.

Yo había volado a México para apoyarlo durante el rodaje de su canción "Imperfectamente perfecta" hacía apenas unos meses, porque era su primera grabación como solista. Pero no me avisó de que iba a andar acaramelado con una modelo en el estudio, rozando narices y teniéndola en sus brazos, mientras ella estaba en la cama vestida ni más ni menos que con un *baby doll*. Ese día nos peleamos mucho por esa falta de comunicación y respeto, pero nuestra bronca no le impidió grabar ese video. Hasta entonces, creía que, como pareja comprometida para casarse, era algo que lógicamente discutiríamos —o al menos nos avisaríamos— de antemano, pero no parecía ser el caso. Así que lo interpreté como que los modelos o actores del sexo opuesto que aparecían en nuestros videos eran ahora permitidos. Mi video era mucho más inocente que el suyo, pero de repente se asustó y no quiso ni que rozara narices con el tipo. De igual manera, no estaba en mis planes besarlo, y no lo hice, pero esta doble moral no iba conmigo. Ahora me pregunto si pensó que yo lo elegiría a él para salir en el video y por eso se molestó tanto.

—Está bien, de todos modos te voy a enviar las locaciones —le dije, pensando que tal vez estaba de mal humor porque era demasiado temprano. Toda la situación me molestó mucho porque odio cuando la gente dice que va a hacer algo y luego se echa atrás a última hora. Teníamos planes. Ese día me tenía muy emocionada y sabía que tenía que hacer el mejor video posible, dado mi nuevo contrato discográfico. La presión era grande y, pasara lo que pasara, tenía que cumplir.

Así fue que me encontraba a seis semanas de nuestra boda, en la locación de mi primer rodaje para Fonovisa, sin mi prometido a mi lado. Otra promesa rota. Pero hice todo lo posible para no dejar que su mal humor me arruinara el día. Nada me iba a impedir disfrutar del momento. Estaba decidida a hacerlo divertido, bonito y coqueto. Y estaba funcionando. Me sentía joven y sexy y lista para hacer girar algunas cabezas, rezumando el tipo de *sex appeal* de mujer gruesa y dueña de sus curvas al que no estaba acostumbrada la música regional mexicana, con sus clásicas divas extracalientes y delgadas. Algunos críticos se ensañaron conmigo por ello, como lo hicieron con mi mamá en su momento. "¿Por qué lleva una camisa atada y enseña la barriga?", decían. Espera… ¿por qué no? Ser más grande que una talla cuatro no anula automáticamente nuestro poder de seducción. En lugar de rehuir de lo que tenía para ofrecer, lo acepté. Me encantaba representar a una mujer con curvas, sexy y segura de sí misma en mi género musical, y nada iba a impedirme seguir haciéndolo.

El rodaje fue un éxito, y a pesar de lo feliz que me tenía este logro, había una pequeña nube oscura y molesta que se cernía sobre mi cabeza. El largo día de trabajo había transcurrido sin que Lorenzo dijera ni pío. No se presentó, no llamó, no envió mensajes de texto. Nada. Estaba disgustada y molesta, así que una vez que terminamos el rodaje, busqué mi teléfono y lo llamé por FaceTime, y lo encontré bien pedo en casa de un tipo cualquiera.

—¿Qué chingados? —le dije, súper encabronada—. Me estoy partiendo el culo trabajando y tú no apareces por ningún lado, a pesar de que tenías las locaciones. Y te peleaste conmigo por la mañana, y ahora estás pedísimo. —Estaba tan furiosa.

—No, *babe*, no, espera. Estamos hablando de negocios, y este tipo quiere invertir en mí.

En ese instante, volvió a aparecer en mi mente el mismo pensamiento que había tenido en nuestro cuarto de hotel en Las Vegas más de un año antes: *Dios mío, ¿así será mi futuro?*

Cuando llegué a casa, llamé a mi pastor y le dije:

—No puedo hacerlo. No puedo casarme con él.

Pero mi pastor me repitió algo que me había dicho en otras ocasiones cuando tuve conflictos con Lorenzo:

—Tiene un buen motor. Es un buen tipo. El exterior del coche se puede arreglar. Podemos ayudarlo. Pero su motor, su corazón, es bueno.

Lo escuché con atención porque yo también sentía que tenía un buen motor, pero mis dudas seguían presentes.

—No sé, algo me dice que no debería casarme con él —le respondí.

Los pastores Mom y Dad nos sugirieron que nos reuniéramos con ellos para que nos orientaran, y ellos fueron los que evitaron que saliera corriendo en aquella ocasión. Logramos arreglar las cosas una vez más, pero dos semanas antes del gran día tuvimos otra pelea, esta vuelta sobre el acuerdo prenupcial. Él hizo un drama y se negó a firmarlo. Sé que puede ser un tema delicado, pero necesitaba cubrirme las espaldas. Era lo suficientemente mayor como para saber que pasan cosas, y si no estás bien protegida, una separación o un divorcio pueden convertirse fácilmente en una gran pesadilla. Agarró el documento y lo guardó durante las dos semanas siguientes. Cuando sólo faltaba un día para nuestra boda, y me di cuenta de que estaba ignorando totalmente mi petición, le dije: "Si no firmas esto, no voy a ir al altar". Esa pequeña llamada de atención por fin lo hizo firmar el documento.

Por si todas estas idas y venidas no fueran suficientes, nos encontramos con otro obstáculo: su exmujer había decidido no permitir que su hija viniera a la boda. A pesar de que no teníamos una buena relación, hice todo lo posible para convencerla de que permitiera a su hija asistir, y al final accedió.

Mientras tanto, el trabajo no se detuvo por arte de magia sólo porque planeaba dar el "sí, quiero". Mi primera actuación en vivo del año iba a ser en el festival Viva la Música de San Diego, y eso me tenía un tantito nerviosa. Hacía cinco meses que no actuaba en vivo, así que tenía un poco de miedo, pero mis hermanos, sus hijos y mi abuelita vinieron en coche con Lorenzo y conmigo para animarme. Me encantó tenerlos a todos allí, pero fue un poco loco y agitado, lo que no ayudó a calmar mis nervios.

Me senté para que mi estilista pudiera terminar de peinarme y, cuando me levanté, mis ajustados pantalones negros se rasgaron a lo largo de la raya de mis nalgas. El corazón me dio un vuelco, pero bueno pues, el espectáculo debe continuar. Después de que mi equipo me sujetara el trasero dentro de los pantalones con un broche de seguridad, tomé un trago de tequila con un amigo que había pasado a saludar. Luego formé un círculo con mi equipo para una rápida oración antes de salir hacia el escenario del estadio. Con el zumbido del público expectante, agarré el micrófono y canté a capela, "Que se te quite", antes de salir al escenario, alimentándome de la adrenalina que les pega a los artistas durante su primera canción de la noche.

En cuanto oí que el público cantaba conmigo, me encontré sintonizada, actuando, haciendo bromas y alentando al público. No hay nada como esa conexión, esa energía vibrante entre el artista y el público. Me llenaron de la confianza y la luz que necesitaba para subir y darlo todo. Me sentía como en casa en el escenario. Lo había echado de menos.

Mientras yo entraba en calor, había una canción que Lorenzo y yo íbamos a interpretar juntos, pero él se quedó mirando el espectáculo desde las gradas y se olvidó por completo. No me lo podía creer. Se abrió paso entre el público y llegó al escenario justo a tiempo. ¿Qué chingados? A veces su calma venía bien, pero en casos como este, me irritaba sobremanera.

Dudas, dudas y más dudas siguieron persiguiéndome al entrar en junio. Tanto es así que durante mi escapada a Las Vegas con mis amigas para celebrar mi cumpleaños, que se convirtió en una despedida de soltera, no pude evitar expresar que todavía me preocupaba que Lorenzo no estuviera realmente preparado para casarse. Aún teníamos problemas sin resolver y sentía que él tenía que madurar más, pero me comprometí a hacer todo lo necesario para ser una buena esposa. "Si no funciona," les dije a mis amigas, "no será por mi culpa". Creo que les sorprendió que ya estuviera preparándome para la posibilidad del divorcio.

Mi amiga Vanessa ya había expresado su preocupación al principio de mi relación.

—Este no es el tipo para ti —me dijo una noche mientras tomábamos unas copas, durante una de nuestras muchas conversaciones sinceras—. Siento que no es quien dice ser. Creo que te está usando.

—Mira, esta es mi vida y voy a hacer lo que quiera —le respondí. Discutimos un poco, como hacen las amigas que son más bien hermanas.

—Tienes razón —me dijo al final—. Es tu vida. Y como tu amiga, necesito decirte lo que pienso.

Cuando llegó la última semana antes de dar el sí, estaba tan estresada por lo mal que estaba todo entre nosotros que quería tirar la toalla y cancelar. Me pesaba el alma. En el fondo, sabía que no debía seguir adelante, pero pensé: *A la mierda, haré que funcione. Puedo cambiarlo. Lo ayudaré. Lo resolveremos juntos.*

Nuestra boda estaba en boca de todos. Los medios la mencionaban a toda hora en sus programas y publicaciones, especulando sobre cuándo y dónde se celebraría porque yo había decidido no venderla a ningún programa o revista. Deseaba mantener ese día sagrado para nosotros. No quería tener que preocuparme por las emisoras y por lo que dirían o no sobre nosotros: lo que llevábamos puesto, lo que decíamos, etc. No quería que me juzgaran ese día. Simplemente quería estar, disfrutar de mi familia y mis amigos, vivirlo todo sin presiones. Así que evité que la fecha se hiciera pública y pedí a todos los invitados que firmaran un acuerdo de confidencialidad con este único propósito. El plan era compartir algunas imágenes entre bastidores y el video final de la boda, pero quería que fuera a mi propio tiempo y a través de mi propia plataforma. Al menos eso es lo que había planeado.

Tres días antes de la boda, se fue todo a la chingada. Alguien filtró nuestra invitación a los medios. Apareció en pantallas de todos los tamaños. Me enteré como todo el mundo, a través la televisión nacional, y el programa que tuvo la audacia de revelar esta "noticia de última hora" ni siquiera se molestó en difuminar la dirección del lugar. En mi opinión, eso es una intención maliciosa. Yo andaba enfurecida y llorando. ¿Cómo pudieron hacer eso? Este no es el precio que alguien debería pagar como figura pública. Esto demuestra que, independientemente de cómo tratemos a los medios, muchos de ellos harían lo que sea para beneficiar a sus programas sin siquiera pensarlo dos veces, sin importar el daño emocional que puedan causar. Claro que mi vida es bastante pública, pero tengo derecho a un poco de privacidad, en especial cuando se trataba de un momento sagrado como este.

Con mis emociones a flor de piel, me detuve un momento y pensé: *Espera, quien filtró la invitación tiene que haber estado invitado a la boda.* Habíamos sido tan cuidadosos, y casi lo habíamos logrado. Claro, siempre existe la posibilidad de que algo se filtre, pero nunca me hubiera imaginado que los medios fueran a publicar la fecha, la hora y la dirección con tanta indiferencia y desconsideración.

¿Y ahora qué íbamos a hacer? Mi primera reacción: cambiar el lugar de la ceremonia. Mi equipo y yo nos pusimos a trabajar de inmediato y buscamos un sinfín de espacios posibles. Incluso estaba dispuesta a no casarme en una iglesia. Pero encontrar un lugar nuevo para la ceremonia con tan poco tiempo de antelación, y con invitados viajando desde todas partes, era imposible de coordinar. Mientras tanto, Lorenzo seguía pidiendo disculpas. (Pero no era su culpa, ¿verdad?). Yo estaba tan estresada que sentía que mi cabeza estaba a punto de explotar. La única opción que teníamos era reforzar nuestra seguridad, así que acepté contratar a diez guardias adicionales para que nos dieran la protección extra que necesitaríamos en la iglesia. También ordenamos varios paraguas negros grandes, porque no iba a darles a esos pendejos la satisfacción de fotografiarme con mi vestido de novia. También tuvimos que renunciar a soltar dos palomas al final de la ceremonia porque ya no podíamos acceder libremente al exterior de la iglesia sin ser perseguidos por los medios. Sin embargo, nos las arreglaríamos de alguna manera: me negué a dejar que me vencieran y me arruinaran el día.

Por fin llegó el 29 de junio de 2019. Después de una velada con Vanessa y Judy, que pasaron la noche conmigo, me desperté en el cuarto de un precioso hotel de Pasadena que quedaba a sólo unos diez minutos de la iglesia. Eran alrededor de las siete de la mañana, media hora antes de que sonara el despertador, y la luz del sol se filtraba por los ventanales, prometiendo un día impresionante. Me sentía un poco inquieta, así que me senté en la cama con cuidado, intentando no despertar a mis amigas, y recé un rato. Pensé: *Dios mío, esto es real. Esto está sucediendo de verdad. Me voy a casar y mi mamá no está aquí. No estoy muy segura de que esta sea la decisión correcta. Echo de menos sus consejos, su instinto de mamá.* Tenía tanto miedo de cometer un error. Deseaba que ella estuviera allí para acompañarme al altar. Para evitar que mi mente perdiera los estribos, me coloqué los auriculares, puse un poco de música de meditación y leí mi libro de los ángeles, pero, por mucho que esperase con ganas la ceremonia y la celebración que se avecinaban, la ausencia de mi mamá me atravesaba el corazón. Pensé que una ducha me ayudaría a sacudir esta sensación de tristeza, así que me metí al baño y puse una de mis canciones de adoración favoritas, "Tú estás aquí", de Jesús Adrián Romero, y cuando empecé a cantar, sentí que en realidad le estaba cantando a mi mamá, y las lágrimas empezaron a inundar mis ojos. El suave llanto de pronto se convirtió en sollozos. *No sé si esto está bien. No creo que esto sea lo que debería hacer. Lo amo, pero ¿cómo será mi vida con este hombre?*

Dejé que la ducha se llevara los restos de mis lágrimas saladas, me puse la bata y, al salir del baño, me encontré a Vanessa esperándome fuera.

—¿Estás bien? —me preguntó.

—Sí, estoy bien —le dije, fingiendo que todo andaba okey.

—Te oí llorar, pero te di tu espacio —me dijo con una mirada preocupada.

—Sí, echo de menos a mi mamá y no sé si estoy tomando la decisión correcta —le confesé.

—Mira, me parece que no es la correcta —me respondió Vanessa, con su típico estilo directo que me encanta—. Si quieres, podemos cancelar…

—¡No! ¿Cómo diablos voy a cancelar mi boda? —exclamé.

—Está bien, no te preocupes. Si esto es lo que quieres hacer, estoy aquí para apoyarte.

Ya estaban todos allí y todo estaba listo y había sido pagado; era demasiado tarde para echarme atrás. No me atreví a hacerlo. En retrospectiva, no puedo evitar pensar en el día de la boda de mi mamá con Esteban. Dos semanas antes de que pasara por el altar, estábamos sentadas en su oficina durante nuestra reunión semanal, discutiendo sobre su deseo de invitar a mi exnovio, Héctor, a su boda, cuando por fin me atreví a decirle lo que pensaba.

—Mamá, de veras creo que no deberías casarte con Esteban.

—¿Por qué?

—Porque no lo amas. —En realidad Esteban me parecía una buena pareja para mi mamá. Pensaba que era un gran tipo, y me sentía cómodo dejándola en sus manos. Creía que estaría bien cuidada. Pero sabía que ella seguía comunicándose con su ex Ferny, y que aunque su relación había sido como una de esas atracciones de Six Flags, ella seguía amándolo.

—Bueno, ¿qué quieres que haga ahora? Ya estoy demasiado metida. No puedo echarme atrás. Sé que es bueno para mí, y es bueno para mis hijos.

—¿Así que no te vas a casar por amor? —le pregunté.

—No, ya estoy demasiado grande para esa pendejada —me respondió. Y ahí se acabó la conversación.

Así que me tragué las palabras, le seguí la corriente y sonreí para la cámara. Fui tan dura con mi mamá ese día por seguir con ese circo cuando ella no lo sentía de corazón, y ahí estaba yo ahora haciendo exactamente la misma pendejada casi nueve años después. Debería haber tenido más dignidad, no debería haberme preocupado por lo que pensara la gente y debería haber dicho: "Esto no es bueno para mí y tengo que terminarlo". Pero no lo hice.

En su lugar, me espabilé, dejé a un lado estos pensamientos y sonreí para atravesar mis emociones perturbadoras hasta que volví a estar en el momento, disfrutando de la preparación con mi maravilloso cortejo nupcial. Cuando terminaron de peinarme y maquillarme, y me puse con cuidado mi vestido de novia de color marfil hecho a medida, Jacqie se acercó a mí con un teléfono que sonaba en su mano y me dijo:

—Es papá.

—Mierda —murmuré, abrumada.

He hablado con mi padre por teléfono un total de tres veces. La primera llamada ocurrió en el verano de 2016, mientras rodábamos *The Riveras*, después de que Jacqie reiniciara el contacto con él y lo visitara en la cárcel. Ella estaba feliz con su nueva relación; hablaban regularmente, a veces incluso dos veces por semana. Pero aún me incomodaba. Un día, durante una de estas llamadas, ella le mencionó que estaba camino a mi casa, y él le dijo que la llamaría cuando estuviéramos juntas. Me lo soltó al entrar por la puerta, y no tuve tiempo de reaccionar antes de que el teléfono empezara a sonar. La última vez que había hablado con él había sido en el tribunal diez años antes, cuando estaba siendo juzgado por abusar sexualmente de Rosie y de mí, y ni siquiera me miró.

Estábamos paradas junto a la encimera de la cocina cuando

Jacqie respondió por el altavoz. Me dolía el pecho. Mikey estaba sentado en la sala de estar observándonos en silencio. Tantas cosas pasaban por mi mente mientras esperábamos a que la prisión conectara la llamada. *¿Se supone que debo hablar con él? ¿Esto está bien? ¿Estoy traicionando a mi mamá?* Entonces Jacqie dijo: "Estoy aquí con Chiquis", y yo sólo la miré, con los ojos como platos, en pánico total. Me había olvidado que tenía un padre. Me pasó el teléfono y me insistió: "Quiere hablar contigo".

Yo estaba prácticamente hiperventilando.

—Hola —dije tímidamente, sin saber cómo empezar la conversación y tratando de regresarle el teléfono a mi hermana. Me devolvió el saludo y le contesté con seriedad—: Esto es bien raro, quería hablar con usted, pero no sé qué decirle. —Me facilitó la conversación preguntando cómo iban mis negocios. Su voz sonaba diferente, pero enseguida reconocí su tono grave y suave. Mi estómago dio un vuelco. Había pasado más de la mitad de mi vida sin él, digiriendo el hecho de que ya no estaba, pero cuando lo oí al otro lado de la línea, pensé: *Dios mío, es mi padre. Tengo un padre.*

Por un momento, me olvidé de todo lo que había pasado y de por qué me llamaba desde la cárcel, y empecé a contarle mi vida: era tan extraño. ¿Cómo podía confiar en él después de lo que me había hecho? La situación se estaba volviendo demasiado abrumadora, y justo cuando sentí que no podía seguir charlando más, me salvó la operadora: "Le quedan sesenta segundos". Añoraba a ese padre, el que me aconsejaría, pero hacía veinte años que no había estado en mi vida, y nos estábamos saltando pasos cruciales que debían ocurrir antes de llegar a este punto.

Después de colgar, sinceramente no sabía cómo sentirme. No me gustaba que hubiera decidido volver a nuestras vidas después de la muerte de mi mamá. ¿Era porque le tenía miedo a ella? ¿O era porque, ahora que ella no estaba, pensaba que podía manipularnos para que tuviéramos una relación con él? Con Jacqie parecía estarle funcionando. Pero yo me negaba a reconectarme con alguien que había abusado de mí y, por lo que había oído, seguía creyendo que lo que yo había dicho que había pasado, lo que él me había hecho, era en realidad algo que mi mamá me había metido en la cabeza. ¿Sería capaz de admitir la verdad y por fin disculparse? Estas eran todas las preguntas que esperaba hacerle algún día, si se presentaba la oportunidad. Estaba lista para tener esa conversación con él, para abrir viejas heridas y abordar el tema. Yo estaba lista, pero él no.

Su segunda llamada llegó unos meses después. Esta vez Jacqie no estaba allí para mediar. Llamó por su propia voluntad. De hecho, me perdí sus primeros intentos, pero al final contesté.

—Hola, mija, ¿cómo estás? —me dijo. Fue otra llamada bien superficial; sólo quería saber cómo estaba. Para ser sincera, no sabía ni cómo responder. Era casi como hablar con un extraño. Esa llamada duró unos cinco minutos, si es que tanto.

Luego, un año después de su contacto inicial, decidí ir a verlo a la cárcel. Pero él solo quería ver a Jacqie, sin mí. Me había llevado tanto tiempo llegar a ese punto, juntar el valor para enfrentarme de nuevo a mi padre abusador, darle el beneficio de la duda, ver si se había arrepentido, permitirle hablar, sólo para ser rechazada. No lo comprendí. Después de trabajar para intentar bajar la guardia aunque sea un tantito, mi escudo protector volvió a levantarse con toda su fuerza, y no estaba segura de poder volver a bajarlo.

Cuando Jacqie regresó de esa visita, me explicó que él andaba molesto por algo que yo había dicho en una entrevista sobre su condena, pero siguió evitando hablar de por qué había sido realmente condenado en primer lugar, y Jacqie tampoco pareció presionarlo sobre el asunto. Probablemente haya muy poca gente que entienda lo que es subir al estrado y testificar contra tu padre y luego tener que lidiar con la reacción pública al ser llamada mentirosa por él y su familia. ¿Por qué diablos iba a mentir sobre un acontecimiento tan traumático en mi vida? ¿Por qué iba a marcar voluntariamente mi memoria con esas escenas? Esta es una de las razones por las que siempre he tenido la necesidad de ser súper honesta y demostrar que no tengo nada que ocultar.

La tercera y última vez que hablamos fue el día de mi boda. Le dijo a Jacqie: "Quiero hablar con tu hermana, quiero rezar por ella. Me entristece que no tenga a uno de sus padres cerca". Jacqie me preguntó a qué hora sería bueno que llamara, y le dije que después de peinarme y maquillarme. Jacqie era mi dama de honor, así que estaba en el cuarto conmigo, y sostuvo el teléfono mientras la llamada entraba.

El corazón me latía con fuerza bajo el vestido de novia mientras esperábamos a que se apareciera en la línea. Me preguntó cómo me sentía y respiré hondo para intentar controlar las lágrimas que amenazaban con brotar de mis ojos y arruinar mi maquillaje. Me felicitó y me dio un consejo matrimonial: "Como dicen en la iglesia, es un reto, ¿verdad? La clave es el respeto mutuo, eso es lo que hace a un matrimonio". Me deseó lo mejor y luego Jacqie le pidió que nos guiara en una oración.

Increíblemente, ya no estoy enojada con él. No quiero perder más tiempo viviendo el dolor de mi pasado. Nomás me gustaría tener algún día esa conversación cara a cara. Creo que es necesaria para mi alma, y también para la suya. Me imagino diciéndole: "Oye, ¿qué onda? ¿Estás listo para admitir lo que me hiciste? ¿Vas a disculparte?". Eso es todo lo que realmente necesito. Sentir su remordimiento y recibir sus disculpas, eso es lo que de veras me daría suficiente paz para empezar a considerar la posibilidad de darle una oportunidad de corregir los errores y empezar de nuevo. Para ser sincera, no sé si tengo razón o no en cuanto a permitirle que tenga un acceso tan fácil a mí, pero quiero que sepa que no estoy enojada con él, que la puerta está abierta y que estoy dispuesta a tener este intercambio sincero. Sin eso, la verdad es que no hay nada de qué hablar; todas las demás llamadas que hemos tenido posteriormente se han sentido algo superficiales y vacías.

Me sentí tan vulnerable después de colgar con él. Era mucho, demasiado, pero conseguí serenarme y bajé al coche blanco que me esperaba. Mientras nos dirigíamos a la iglesia, la emoción del gran día empezó a crecer en mí. Miré el anillo de mariposa con incrustaciones de diamantes de mi mamá, que había sido recuperado de los restos del accidente y que había elegido como mi "algo prestado". En general, ella se lo ponía para las entrevistas o las reuniones de trabajo, pero no tanto en sus espectáculos. Aunque no era una chica de diamantes como mi mamá, al llevar este anillo el día de mi boda sentí que llevaba un trozo de ella conmigo. Entonces miré el medallón de corazón con dos fotos de mi mamá, que había colgado de mi ramo de peonías blancas para poder llevarla cerca de mi corazón. Había llegado el momento. Ya no había vuelta atrás, ni huidas. Era un día hermoso. Estaba a punto de caminar hacia el altar para unirme en sagrado matrimonio al hombre que amaba y comenzar el resto de mi vida y, en ese momento, me sentía feliz de todo corazón.

Al llegar, el frenesí de los medios estaba en pleno apogeo. Sabía que sería intenso, pero no esperaba que fuera tan abrumador. Me había esforzado mucho por mantener este momento en privado, incluso renunciando a grandes ofertas (más de 200.000 dólares) de diferentes medios sólo para que este evento fuera lo más íntimo posible. Por eso también me negué a incluirlo en el programa de *reality*. No era un espectáculo, era uno de los días más importantes de mi vida. No quería celebrar un evento con cámaras, chisme, teniendo que ser súper cautelosa con lo que hacíamos o decíamos por miedo a que se sacara de contexto. No quería trabajar el día de mi boda. Ansiaba que fuera nuestro momento sagrado, uno lleno de paz, sólo para nosotros dos y nuestros seres queridos.

Cuando el conductor estacionó el coche frente a la majestuosa entrada de la iglesia, solo pude ver cuerpos. Parecía que una estampida se precipitaba hacia nosotros. Me quedé boquiabierta al ver el caótico espectáculo que se desarrollaba allá afuera. No eran sólo los medios. Dado que la dirección había salido al aire a nivel nacional, también había una gran reunión de fans que habían venido de todas partes solo para formar parte del evento, para vernos; algunos habían acampado allí desde el amanecer. Era una locura. La ansiedad empezó a apoderarse de mí mientras me preguntaba cómo diablos llegaría a la iglesia intacta. Los guardias de seguridad abrieron los paraguas negros y crearon un túnel al cual entré al salir del coche. Hubo empujones mientras las cámaras intentaban conseguir la foto del mes, y me sentí como si estuviera al borde de un ataque de pánico. Lloré tanto cuando entré en la iglesia que asusté a mi abuela. Luego respiré hondo varias veces y superé la desolación y la furia iniciales. No me iban a estropear este momento. Nadie lo haría.

Cerré los ojos, conecté mi alma con la presencia de Dios y la energía de mi mamá, me sacudí esta locura, tomé a mi abuela del brazo y comenzamos a caminar hacia el altar angelical. A un tercio del camino, ella me pasó a Mikey. Él caminó conmigo durante otro tramo y luego me pasó a Johnny, quien me acompañó hasta el altar y me entregó a Lorenzo.

Mucha gente se ha preguntado por qué no le pedí a mi abuelo que me llevara al altar. La verdad es que, aunque lo quiero mucho, hace tiempo que estoy triste por mi abuelito. No estoy de acuerdo con cómo manejó las cosas con mi abuela cuando se divorciaron. Después de cuarenta años, de pronto dejó de cuidarla. Eso me dolió. Lo respeto y admiro por lo que hizo por nuestra familia, pero siempre he estado más cerca de mi abuelita. Ella ayudó a criarme. Estuvo ahí cada vez que mi mamá y yo nos separamos. Nunca me dio la espalda. Y sin que mi mamá pudiera hacerme el honor, me pareció adecuado pedírselo a ella y a los dos hombres más importantes y tenaces de mi vida: mis hermanos. Por mucho que quisiera una boda tradicional, en este detalle concreto, era más importante ser fiel a mí misma.

Cuando me uní a Lorenzo en el altar, empezamos a reírnos de la emoción mientras nos acercábamos al pastor. Mi corazón se sentía en paz. La ceremonia fue hermosa y conmovedora. Como ambos queríamos una unión tradicional, en lugar de escribir nuestros propios votos, decidimos intercambiar un breve discurso en la recepción. Nos dijimos el sí quiero y sellamos nuestra felicidad con un beso. A continuación, el pastor nos presentó como el señor y la señora Lorenzo y Janney Méndez y, con las manos entrelazadas, salimos de la iglesia, celebrando con nuestra familia y amigos, ambos con una amplia sonrisa. No sabíamos qué nos depararía la vida, pero en ese momento, todas las dudas y los miedos se habían disipado y éramos genuinamente felices.

Tuve que superar todos los obstáculos en mi camino para saber que estaba lista.

11

A ECLIPSAR LA MALA ONDA

Las voces tóxicas están en todas partes: troles, ciberacosadores, matones, lanzadores de mala onda. Hoy en día, no importa adónde vayas, en especial en las plataformas de redes sociales, es fácil detectar esas manzanas podridas. Son los que se desquitan con transeúntes inocentes, los que toman un *post* positivo y le dan un giro negativo. Ojalá pudiéramos agitar una varita mágica y eliminar esas voces del mundo. Si fuera así, quién sabe, quizás mi mamá seguiría con nosotros, quizás mi familia estaría más unida, quizás todos estaríamos más contentos con quienes somos. Pero esa varita mágica no existe. Así que tenemos que resolver cómo lidiar con este veneno nosotros mismos. Tenemos que aprender a identificar la toxicidad antes de que nos haga un daño irreparable. Tenemos que aprender a distanciarnos de ella, ignorarla y, a veces, incluso denunciarla.

Dos días después de nuestra boda, los medios nos cayeron encima a Lorenzo y a mí a toda madre. Además de estar enojados por no haber sido invitados oficialmente a nuestro gran día —lo que los llevó a colarse en nuestra ceremonia—, hubo un incidente entre uno de los guardias de seguridad y un camarógrafo. Los medios utilizaron ese momento como excusa para comernos vivos, y hablaron de boicotear a toda la familia Rivera en sus canales. Se nos fue tanto de las manos que en lugar de disfrutar de nuestra primera semana como recién casados, Lorenzo y yo sentimos la necesidad de ir a Instagram Live para aclarar la situación. No iba a dejar que se salieran con la suya con las falsedades y rumores que estaban difundiendo. Ni una sola vez se pararon a pensar quién había empezado todo esto. ¿Quién filtró la invitación? ¿Quién difundió deliberadamente la fecha, la hora y el lugar en la televisión nacional? ¿Quién invitó básicamente a todo el mundo a colarse en lo que se suponía era un momento sagrado e íntimo que originalmente habíamos planeado celebrar en privado?

Mira, entiendo, si eres un reportero de chismes y consigues la primicia de una historia caliente, es tu trabajo compartirla con tu público. ¿Pero era de veras necesario mostrar la hora y el lugar? No. Es así de simple. Eso fue malicioso y no está bien. Yo quería una disculpa. Lorenzo y yo siempre habíamos ido más allá del deber con los medios. Nunca fuimos irrespetuosos. Así que cuando nos echaron la culpa del altercado entre el guardia de seguridad y el camarógrafo, fue la gota que colmó el vaso. Chingados, ni siquiera habíamos estado ahí. Si hubiera estado presente, habría intervenido e intentado calmar la situación. Siempre doy la cara y acepto la responsabilidad cuando viene al caso. Pero esta responsabilidad no recayó en mí. Estaba decidida a no dejar que nos metieran en este pozo negro. Por eso hablamos, compartimos nuestra verdad y seguimos adelante.

Las voces tóxicas pueden aparecer en todas las formas y tamaños. Pueden ser conglomerados mediáticos resentidos o personas rencorosas. Oigan, no nací ayer. Algunas de las personas que rodearon a mi mamá cuando alcanzó la fama le hicieron más daño que bien, sembrando semillas de duda en su mente que la hicieron cuestionarse a sí misma. Aunque era fuerte, inteligente e independiente, también se dejaba engañar por lo que decían los demás. Por ejemplo, si alguien de su entorno le contaba que un presentador de un programa de televisión había lanzado un rumor disparatado sobre ella que había dado lugar a titulares escandalosos, en lugar de informarse debidamente y comprobar el episodio en cuestión para ver exactamente lo que se había dicho, reaccionaba de inmediato y se dirigía a los productores del programa para mentarles la madre. Muchas veces los productores le decían: "Espera un segundo, ¿has visto el clip?". Entonces se daba cuenta de que el titular que la había hecho enloquecer era un mero ciberanzuelo. La historia real no merecía esa reacción. Esto sucedía mucho. Su vena impulsiva a menudo la dominaba. La vi actuar así una y otra vez, y aprendí que reaccionar antes de tomarse el tiempo de ver el artículo o clip en cuestión sólo conduce a más drama.

Hay muchas cualidades que admiro de mi mamá, pero soy muy consciente de ciertos rasgos que no quiero emular. Como ser impulsiva y dejarme llevar por voces tóxicas. Creo fervientemente que esto jugó un papel en el final de nuestra relación. Por eso, cuando las personas de mi círculo de amigos, familiares o compañeros de trabajo dicen que alguien no es bueno para mí, reconozco y guardo sus consejos, pero primero necesito llegar al fondo de la cuestión por mí misma.

¿Cómo voy a creer lo que se dice de los demás después de haber experimentado de primera mano todas las mentiras que se han dicho sobre mí? A mis ojos, uno es inocente hasta que se demuestre lo contrario, pero sí te hablaré si algo me anda molestando. Es una batalla constante entre mi mente y mi corazón, y a veces me pasa factura, pero me mantengo firme. No se puede negar que mucha gente me dijo que Lorenzo no era bueno para mí, pero mi miedo a dejarme llevar por voces tóxicas me empujó a escuchar a mi corazón y a descubrirlo por mí misma. ¿Es este el camino correcto? No lo sé. Es mi camino, basado en mis experiencias pasadas. No quiero vivir mi vida sospechando que todo el mundo me quiere hacer daño. Tengo la intención de estar conectada a nivel espiritual y ser lo más consciente posible sobre la gente que me rodea. Pero no hay que confundir mi amabilidad con debilidad. Cuando me doy cuenta de que alguien es tóxico, tomo medidas para distanciarme. Soy bastante buena y rápida a la hora de cortar con las personas que me perjudican.

A veces, no sólo hay que preocuparse por las voces tóxicas, sino también por los entornos tóxicos. La industria musical es increíble, pero puede comerte viva y escupirte en un abrir y cerrar de ojos si no tomas las precauciones necesarias para protegerte. He visto lo que es capaz de hacerle a la gente. Puede ser un lugar bastante oscuro si no estás alineado a nivel espiritual. Afectó a la salud mental de mi mamá y, a veces, también me ha afectado a mí.

En los primeros días de mi carrera, la presión era grande. Abundaban las comparaciones con mi mamá y tenía que luchar para que me vieran como una cantante que emprendía su propio camino. Eso empezó a pasarme factura. En mi género musical, si la gente no bebe en tus espectáculos, no tienes éxito, porque los locales que nos contratan obtienen sus principales ingresos de la venta de alcohol. Las propias canciones también están orientadas a la bebida; es la naturaleza de este estilo de música. Cuando me subí por primera vez al escenario, era bastante tímida e insegura, así que empecé a depender del valor que me daban los tragos para atravesar mis espectáculos. A medida que pasaron los meses y las actuaciones se hicieron más frecuentes, empecé a beber por las razones equivocadas, no solo para darme un impulso de confianza, sino para adormecer mi dolor, y no me gustó nada. Por eso, a finales de 2017, decidí que necesitaba un descanso. Un descanso de la bebida, un descanso de los ambientes tóxicos, un descanso de las redes sociales y, en definitiva, ese descanso que me tomé de Lorenzo. Necesitaba tiempo para enderezar mi cabeza y mi corazón, para limpiarme de la toxicidad que se había colado en mi vida.

Cuando por fin salí de ese retiro autoimpuesto, conseguí controlar mucho mejor cómo tomar un trago de tequila en el escenario para divertirme, como parte de la actuación, sin que se convirtiera en una muleta que me ayudara a atravesar el espectáculo. La tentación de cruzar ese límite está ahí, pero saber que comparto una parte más positiva de mí misma con el público cuando logro ese control me ayuda a mantenerme enfocada. Beber para tapar las emociones puede conducir fácilmente a un camino sin retorno. Por eso me empeño en estar conectada con Dios. Esa alineación espiritual me mantiene en el camino correcto y me ayuda a corregir el rumbo cuando empiezo a ir por algún callejón oscuro. Tenemos una responsabilidad con la música que hacemos. Tengo mucho cuidado con las palabras que elijo para cantar porque sé que tienen poder. Tenemos que ser una luz en medio de la oscuridad.

Intenté compartir todo esto con Lorenzo. Le expliqué que uno tiene que estar preparado espiritual y mentalmente antes de emprender una carrera como artista solista, porque requiere disciplina y responsabilidad. Al contrario que en una banda, cuando eres un artista solista, todo recae sobre ti. El peso de todo es mucho mayor, y si por casualidad tienes una debilidad o muestras signos de un problema con el alcohol o las drogas, lo más probable es que se agrave en esta industria. Tienes que saber controlarte. Y ese es solo el comienzo. Creo que no lo entendió en su momento. Yo estaba con ganas de guiarlo, pero ahora me doy cuenta de que este es un viaje personal. Cada uno de nosotros, por su cuenta, tiene que enfrentarse a sus demonios y encontrar su verdadero camino. Para ello, en los últimos años me he propuesto rodearme de personas que me aporten luz. Esto no puede ser forzado. No quiero personas que sólo estén conmigo; tienen que estar *para* mí. Hay una gran diferencia. Mucha gente puede estar contigo y estar a tu alrededor, pero solo están ocupando espacio. Los que están *para ti* son los que se interesan por tu bienestar y tu bien superior.

Esto se aplica también a las redes sociales, otro entorno increíblemente tóxico que enseguida puede envenenar nuestra salud mental y nuestra confianza si no tenemos cuidado. En primer lugar, están los comentarios. Lo bueno suele superar a lo malo, pero a veces esos comentarios negativos pueden doler, en especial si te sientes vulnerable. No es fácil, pero como esto es parte de mi trabajo y uso mi plataforma para promocionar mi música y mis negocios, y para compartir mis pensamientos y partes de mi vida, tengo que hacer un esfuerzo consciente a diario para enfocarme en la larga lista de comentarios positivos. Quiero aportar luz a mis seguidores, en lugar de reaccionar ante los ciberacosadores que se esconden tras el anonimato que proporcionan sus pantallas. Y esa es solo la primera batalla, que no siempre gano.

Las redes sociales pueden ser muy oscuras. Si te dejas llevar por cómo viven supuestamente otras personas, puedes terminar cayendo en un agujero negro. *¿Por qué no me veo así? ¿Por qué no puedo tener esa casa?* Es importante recordar que la mayoría de lo que se ve es un montaje o solo muestra una parte de la historia (en general la mejor). Es una gran fachada. Algunos *influencers* pueden no tener suficiente para pagar el alquiler, pero van y compran una bolsa de 5.000 dólares con su tarjeta de crédito solo para mantener las apariencias y no perder seguidores. Conozco a muchos *influencers*, y también sé de las lágrimas que se derraman detrás de esos *posts* en los que parecen estar viviendo su mejor vida.

Hay mucha palanca en estas plataformas, pero también hay mucha presión para publicar y seguir siendo relevante (dato curioso: muchos de los coches y las cosas que aparecen en los *posts* de los *influencers* en realidad ni siquiera son suyos), y todo esto puede tomar un giro obsesivo si no te cuidas. Recuerdo que una vez, mientras revisaba el perfil de alguien, de pronto pensé: ¿Por qué esta chica tiene tantos *"me gusta" más que yo cuando yo tengo más seguidores?* Sí, yo también soy presa de estas dudas. Si te desplazas por las redes a altas horas de la noche, es fácil que te invada una sensación de ansiedad que te hace cuestionar si estás haciendo las cosas bien, si deberías intentar imitar algo de lo que ves para despertar el interés de la gente.

Cuando empiezas a publicar únicamente para conseguir muchos "me gusta", puedes perderte fácilmente en el proceso. Ha habido momentos en los que he tenido que controlarme a mí misma antes de publicar algo por este motivo. ¿Qué espera la sociedad de mí? ¿Qué debo hacer? ¿Cómo debo ser? ¡A la chingada con eso! Me apresuro a detener estos pensamientos cuando me desvío. Me pregunto: *Espera un segundo, ¿estoy publicando para complacer a mis seguidores y conseguir más "me gusta" o estoy siendo fiel a mi esencia?*

Nos inunda esta sensación de que se espera que seamos perfectos, que llevemos una vida perfecta y que seamos siempre felices, y todo lo que no sea eso es inaceptable. Cuando me encuentro nadando en la profundidad de este mar de pensamientos insanos, me tomo un descanso. Si me sigues, lo habrás visto. A veces es por un mes, a veces una semana, a veces un día. Desconectarme de la locura de las redes sociales y reconectarme con mi realidad tangible es lo que me mantiene cuerda. Es mi salvavidas. Es la forma en que he aprendido a manejarme cuando me veo envuelta en estos espacios tóxicos. Esto me ayuda a pulsar el botón de recargar para evitar convertirme en otro robot en línea más que sigue al rebaño sin pensar.

Creo que es increíble que podamos utilizar nuestras plataformas para llegar a tanta gente, pero eso conlleva una gran responsabilidad. Puedo estar haciendo de todo un poco, pero al final del día, siempre recuerdo que tengo una misión y un propósito, y tengo que asegurarme de que la esencia de lo que comunico esté en línea con ese propósito. No me puedo perder en ese vacío. Una foto de un culo recibirá más "me gusta" que una de tu cara con una bonita sonrisa y una cita positiva. Eso dice mucho. La gente quiere ver más culos, más tetas. Me da miedo por las nuevas generaciones, en realidad por todos nosotros. Podemos perdernos fácilmente buscando la aprobación de la gente, pero es mucho más atractivo ser uno mismo.

Lo que me lleva a ser tan franca y honesta en las redes sociales es la necesidad de que la gente sepa que, al final del día, la verdadera belleza reside en nuestras imperfecciones. Sí, salgo en la televisión, y sí, tengo cosas materiales (que, por cierto, conllevaron mucho trabajo), pero no siempre vivo mi mejor vida. Lloro. Tengo días malos. Cometo errores. Y eso está bien. Sólo soy un ser humano más que intenta dar sentido a este mundo, igual que tú. Quiero utilizar la plataforma que Dios me ha dado para llegar a los corazones de aquellos que están pasando por días de mierda o momentos desgarradores y hacerles saber que no están solos. Cuando soy honesta y hablo de las dificultades que enfrento en mi camino, es muy bien recibido. Lo que sale del corazón, llega al corazón, es así de simple.

Al final, la gente que te sigue y a la que le gustan tus *posts* seguirá haciéndolo, y habrá otros que se darán de baja. Realmente no importa. La vida es mucho más que seguidores y "me gusta", que los chismes. Los acosadores se pueden ir a la chingada. Usa tu voz para hablar, para compartir tu verdad, para eclipsar la sombra. No dejes que las voces tóxicas dicten tu forma de vivir la vida. Cuando te enfrentes a las tonterías de la vida, centra tu atención en lo que tiene sentido para ti y sigue avanzando. Eso es lo que me hizo superar el desmadre del día de la boda y todas las demás tergiversaciones que he tenido que sufrir en los medios, e incluso dentro de mi familia. Mi voz, mi verdad y mi fe me liberaron.

> *Nunca permitas que nada ni nadie atenúe tu luz.*

12

¿FELICES PARA SIEMPRE?

Me casé con Lorenzo porque sentí que podía ser yo misma con él. Lo hice porque podíamos hablar, reír y bailar juntos. Lo hice porque pensé que compartíamos los mismos valores. Lo hice porque creía que podíamos ayudarnos mutuamente a crecer. Lo hice por amor.

Lorenzo también me amaba. Lo sé. Y de veras había intentado dar un paso al frente y ser el hombre que yo necesitaba. Pero después de dar el sí, las cosas cambiaron. Él cambió. Era casi como si estuviera descubriendo otro lado de él. Creo que se había forzado a ser alguien que no es, y una vez que cerramos el trato, ya no tenía que forzarse más porque era mi marido y ahora yo tenía que aguantarlo, sin cuestionamientos. Sus problemas eran ahora los míos y no había salida. Nunca lo dijo textualmente, pero es lo que interpreté a través de sus acciones, o la falta de ellas. Las pequeñas cosas que me hacían enamorarme más de él antes de casarnos —como cuando me masajeaba los pies de la nada— dejaron de existir. Sabía que las cosas podían cambiar en un matrimonio y que podíamos distanciarnos, pero nunca pensé que ocurriría tan rápido. ¿No se suponía que el primer año era una luna de miel?

Me desvivía por decirle que era guapo para aumentar su autoestima, porque tenía la sensación de que se sentía inadecuado. Como tenía muchas deudas, lo ayudé a pagar su coche y sus tarjetas de crédito. Quería ayudarlo a empezar de nuevo. Para mí, lo que era mío era suyo, y estaba ansiosa por verlo triunfar. El trabajo me tenía más ocupada que nunca ese año. Si no era una actuación o una grabación, era una reunión para los cambios de Be Flawless, o sentarme a revisar las páginas de lo que más tarde sería mi segundo libro, *Chiquis Keto*. Estaba floreciente y me encantaba, pero cuando llegaba a casa, mi marido me decía: "Ah, no tienes tiempo para mí". Esto me preocupaba mucho. Crecí pensando que los hombres que están con mujeres ocupadas e independientes suelen acabar engañándolas para combatir ese sensación de inferioridad. Así que me esforcé al máximo para compensar mi apretada agenda. Me levantaba y le preparaba el café. Lo halagaba a menudo. Me aseguraba de mantenerlo satisfecho. Y le cocinaba, incluso cuando eso significaba hacer dos comidas porque yo estaba siguiendo un estricto estilo de vida *keto*. Me esforcé por ser una buena esposa, a la vez que atendía las necesidades de mi carrera en desarrollo.

Mientras tanto, él se sentaba en casa a jugar a Fortnite y Clash Royale. La disparidad era tan evidente que hasta Vanessa decía: "¿Qué tipo de treinta y tres años se pasa el día jugando videojuegos?". Esto me ponía a la defensiva y le contestaba: "Déjalo tranquilo. Mientras sepa que está ahí y no hace nada malo, no me molesta". A la chingada con las alertas rojas. Tapaba con excusas lo que en el fondo sabía que no estaba bien. Y no digo que tuviera que salir y convertirse en el principal sostén de la familia. Sólo quería que tuviera un plan, una visión, la ambición de levantarse del sofá e ir a trabajar por sus metas, o simplemente sacar la basura sin que se lo tuvieran que decir como un niño pequeño.

Dos meses después de la boda, me enteré a través de mi mánager de redes sociales de que en nuestra fiesta, Lorenzo y algunos de sus amigos estaban pasándolo mucho mejor de lo que yo pensaba. Me comentó que vio a Lorenzo y a sus amigos ofreciéndole coca a los otros tipos. Yo le había hecho prometer que no lo haría. La decepción se instaló en mi corazón. Empecé a arrastrar en silencio el peso de todo aquello, y fue muy doloroso. Sé aguantar muchas cosas. Tengo una gran tolerancia a los problemas de los demás porque intento empatizar con ellos, perdonarlos. Creo en las segundas oportunidades porque ninguno de nosotros es perfecto. Una relación requiere amor pero también compromiso. Significa que cada día nos levantamos con ganas de que funcione porque elegimos estar con esa persona. Pero es una responsabilidad compartida. Cada persona tiene que poner su parte. Me llevó un tiempo darme cuenta de esto. Entretanto, empecé a cargar con nuestros problemas por mi cuenta y a reprimir mis emociones. Quizás solo nos estábamos adaptando a la vida de casados… quizás solo necesitaba darle un poco más de tiempo… quizás estaba siendo demasiado dura con él… quizás…

Ese verano, teníamos planeado un viaje a Israel con su mamá y su hermana, pero yo no estaba con muchas ganas de hacerlo. Algo me instaba a quedarme en casa, pero no quería decepcionar a su familia, así que nos subimos a un avión. La primera parada fue Grecia. Aquella semana fue una mezcla de peleas y sufrimiento. *¿Qué estoy haciendo aquí?* Luego volamos a Israel. Llevaba meses esperando este momento. Había oído que era un lugar mágico, pero superó mis expectativas. No importa por lo que estés pasando, es difícil no conectar con esa tierra a nivel espiritual. La tensión entre nosotros empezó a disminuir y decidimos bautizarnos juntos en el río Jordán, para limpiar nuestras almas y empezar de nuevo juntos. Sus problemas con el alcohol y las drogas habían empezado a apoderarse de su vida, así que para celebrar nuestro nuevo comienzo, inspirada en el ayuno de cuarenta días de Jesús después de su propio bautismo, le dije: "¿Por qué no hacemos una limpieza de cuarenta días?". Estuvo totalmente de acuerdo y sentí un inmenso alivio. Tal vez esta era nuestra oportunidad de presionar el botón de reiniciar para nuestro matrimonio.

De vuelta en casa, continuamos con nuestra limpieza. Ambos dejamos el alcohol. Yo también evitaba el café y seguía una dieta pescetariana. Estábamos de buen humor y nos volvimos a llevar bien. Pero antes de que terminaran nuestros cuarenta días, Lorenzo fue llamado para hacer un programa en la Ciudad de México. Yo estaba en pleno rodaje del programa *Tengo Talento* como una de los jueces, así que no lo pude acompañar. Pero todo bien. Los dos estábamos trabajando, nuestra relación parecía estar en un mejor lugar, así que ¿qué más podía pedir?

Una tarde de octubre, mientras él estaba de viaje, yo estaba en mi asiento en el set del programa cuando una sensación increíblemente extraña empezó a recorrer mi cuerpo. Era como si algo tratara de atacarme y me estaba generando una respuesta de lucha o huida. Luego fue sustituida por una profunda tristeza. Me dijeron que esta limpieza podía causar este tipo de terremotos espirituales, pero una cosa es saberlo y otra muy diferente experimentarlo. Enseguida tomé mi teléfono y le envié un mensaje a Lorenzo. Realmente necesitaba conectarme con él. Me contestó, preocupado, y dijo: "Llámame en cuanto te levantes de la silla". Ligeramente aliviada, me sequé las lágrimas que rodaban por mis mejillas, guardé el teléfono y me recompuse para el *show*, sin poder deshacerme por completo de esta extraña sensación.

Cuando terminé, marqué de inmediato su número. No contestó. Qué extraño. Él sabía a qué hora terminaba el programa; conocía mi horario. *¿Tal vez se quedó dormido?* Lo llamé de nuevo de camino a casa. Nada. Luego lo llamé cuando llegué a casa. Nada. "Lorenzo, ¿qué estás haciendo? ¿Por qué no respondes a mis llamadas? Realmente necesito hablar contigo", le envié un mensaje. Le reiteré que nunca me había sentido así y que estaba un poco asustada. Esperé. Transcurrieron más minutos sin respuesta. *¿Le habría pasado algo?* A pesar de haber trabajado doce horas seguidas en el set, no pude pegar ojo. Dos de mis amigas vinieron a pasar la noche conmigo en mi recámara porque tenía miedo de estar sola. Al final me dormí a las cinco de la mañana y me desperté a las nueve y media cuando sonó mi teléfono.

—¿Por qué no respondiste a mis llamadas? —le pregunté a Lorenzo cuando contesté.

—Te he fallado.

Mi corazón se desplomó. *Mierda, me engañó.*

—¿Qué quieres decir con que me has fallado? —le pregunté.

—Estoy de camino a casa.

—Espera, ¿dónde estás?

—Estoy aquí. Acabo de aterrizar. Estoy en un Uber de camino a casa —me respondió.

Entonces empecé a encabronarme.

—¿ O sea que viste mis mensajes, viste mis llamadas perdidas y te subiste al pinche avión sin siquiera enviarme un mensaje? —Mi preocupación se convirtió en furia.

—Sí —me dijo—. Estaré ahí pronto.

Esos treinta o cuarenta minutos que tardó en llegar del aeropuerto de Los Ángeles a nuestra casa me parecieron días. Mi mente daba vueltas sin parar y mis emociones estaban por las nubes. Así que llamé a mi pastor Dad.

—Dios mío, creo que me engañó.

Intentó calmarme, me instó a no sacar conclusiones precipitadas. Yo tenía tanto miedo, pero lo dejé en manos de Dios.

Lorenzo entró por la puerta y se veía totalmente agotado, como si no hubiera pegado ojo. Y apestaba a alcohol.

—Te he fallado —me dijo de nuevo.

—¿Me has engañado?

—No, no lo hice. Te fallé, Janney —repitió y comenzó a llorar—. Lo siento.

—¿Pero viste mis mensajes? Sabías que me estaba pasando algo.

Sí, vio mis mensajes, mis llamadas perdidas, pero en lugar de contestar, dio vuelta su teléfono y decidió hablar conmigo más tarde.

Algo cambió en mi corazón ese día. *No puedo contar con este pendejo.* No podía contar con él en cuanto a dinero o estabilidad, pero de todos modos me casé con él, pensando que al menos cuidaría de mi corazón. *Esto no va a funcionar.* Esa fue la primera vez que este pensamiento se cruzó por mi mente desde nuestra boda.

Ese día no sólo desestimó mis sentimientos, sino que rompió nuestro pacto. Nos faltaba una semana para terminar nuestra limpieza de cuarenta días. Siete días, eso era todo. Pero no lo logró. A eso se refería cuando dijo que me había fallado. Esto sacó a la luz otra cosa que me había estado molestando durante un tiempo: no podía terminar lo que empezaba; no podía cumplir su palabra. Estas cuestiones formaban parte de un problema mayor: su adicción.

Ya habíamos pasado por esto e incluso habíamos llegado a un punto de aceptación. Él reconoció que tenía un problema, pero luego me echó toda la culpa a mí. "¿Por qué te agitas tanto? Esto es una enfermedad. Tienes que ayudarme. Llama a rehabilitación por mí, llama a terapia".

"No", le respondí con firmeza durante esa conversación. "Esas son llamadas que tienes que hacer tú". Él esperaba que lo llevara de la mano a la rehabilitación, pero la recuperación no funciona así. "No, Lorenzo, este es tu camino", intenté explicarle una y otra vez. "Si hago eso, luego te vas a resentir conmigo. Esto tiene que salir de ti". Nunca lo entendió. Lo interpretó como una falta de apoyo, mientras que lo único que yo intentaba era ayudarlo.

Ese día de octubre fue un antes y un después. No era solo que no pudiera contar con él, para ser sincera, tenía la sensación de que, cuando no estaba en casa, me andaba engañando. No dejaba de repetir en mi mente lo que había dicho sobre la noche anterior. Si estuvo despierto toda la noche con sus amigos y yo le había dicho que me había invadido una emoción así de fuerte y que necesitaba simplemente escuchar su voz, ¿por qué evitarme? Ni siquiera estaba enojada en ese momento. Y ahora que había regresado, algo había cambiado en su comportamiento. No puedo precisarlo, y probablemente nunca podré probarlo, pero mi sexto sentido estaba en alerta, y era difícil de ignorar.

A medida que pasaban las semanas, tenía que atenuar mi luz para asegurarme de que se sintiera bien, y eso empezó a carcomerme por dentro. Cuando estás con la persona equivocada y no haces caso de todas las señales, la energía de esa tristeza constante y la tensión silenciosa te absorben. Entonces llegó nuestra Fiesta Blanca en diciembre. Invité a gente de la industria musical, a muchos de mis amigos, a los suyos y a mis primos. Se suponía que era nuestra fiesta de fin de año, un momento para celebrar y relajarse. Y lo volvió a hacer. Le ofreció a alguien cocaína en nuestra fiesta... en nuestra casa. Me puse furiosa, estaba avergonzada y me sentí tan impotente.

Al día siguiente, teníamos que ir juntos a recoger a su hija, pero él decidió quedarse en casa porque no quería lidiar con mi enojo, así que me fui con la mujer de su amigo. Durante el trayecto, me sentí tan abrumada que se lo comenté a ella.

—¿Sabes qué? Nunca te hablo de esto, pero me siento horrible. Estoy casada con un chamaquito. Estoy casada con un chamaquito. —Seguí repitiendo esa última frase porque de pronto me estaba cayendo el veinte. No me importaba que se lo dijera a su marido—. Estoy destrozada, triste y me está comiendo viva. No sé qué más hacer. Sigo intentando y él me sigue decepcionando. —Incluso hablé del tema de las drogas con ella.

Dejó que me desahogara y me dijo:

—Te entiendo perfectamente. ¿Por qué no le dices que vaya a rehabilitación y le das un ultimátum? Sé que te ama mucho.

Necesitaba desahogarme, pero también buscaba una confirmación. *¿Soy yo? ¿Soy yo la que lo está estropeando todo?* Mis propios problemas e inseguridades también jugaban un rol, pero se veían exacerbados por su psicología inversa. De alguna manera, siempre se las arreglaba para echarme la culpa de todo lo que hacía. Sus frases de cabecera aún resuenan en mi mente: "Eres tan controladora. Eres tan celosa. Eres tan insegura. Tienes que dejar de descargar tus inseguridades en mí". Me chingó tanto la mente que empecé a verme de forma diferente en el espejo. Empecé a preguntarme si tenía razón. Nadie había sacudido mi confianza de esa manera en mi vida. Tal vez era porque de verdad me importaba lo que él pensaba, y lo amaba. Este vaivén mental me estaba volviendo loca.

A lo largo de las fiestas, empecé a sacar a relucir mi tristeza y mi desilusión con mis amigos, plantando pequeñas semillas para que se acordaran más tarde. Todavía recuerdan mi pena. Pero estaba casada, así que sentía que tenía la obligación de hacer que funcionara. También lo amaba profundamente, más que a nadie antes.

Llegó enero de 2020: año nuevo, vida nueva, ¿quizás? No estaba convencida, pero seguí intentando. Ese mes pasamos por nuestros habituales estallidos seguidos de estancamientos. Era mi mejor amigo, alguien con quien conectaba a otro nivel. Podía ser mi yo más puro con él, y no quería renunciar a eso. Así que seguí haciendo oídos sordos a nuestros problemas pendientes, con la esperanza de que algo acabara de hacer clic y por fin lográramos resolverlos. Sin embargo, a medida que pasaban las semanas, me iba sintiendo cada vez más desolada. No podía contar con él, y eso me preocupaba a largo plazo. Lorenzo había firmado con una discográfica, pero no estaba contento con cómo iban las cosas. Se quejaba de que no lo escuchaban ni tomaban en serio sus ideas. Decía que quería ser un artista independiente, pero no aceptaba el hecho de que ese camino requiere mucho dinero. Yo ya lo estaba ayudando un poco, pero no tenía cientos de miles de dólares para invertir en esta apuesta. Lo animé a que tomara cartas en el asunto, pero no hizo nada. Encontré marcas que estaban dispuestas a trabajar con él, pero las rechazó diciendo: "Soy músico. No me dedico a las marcas", y acababa quedando mal yo con esas empresas. El problema era que su carrera no era su principal fuente de ingresos, así que tenía que idear algo para aportar un poco de dinero a nuestro hogar. Por eso, cuando sacaba el tema de tener hijos, yo le decía: "¿Cómo vamos a tener un bebé si ni siquiera sabes lo que quieres en la vida?". Quedar embarazada significaba paralizar mi carrera durante nueve meses, más el tiempo que me llevaría recuperar mi cuerpo. ¿Cómo iba a hacerlo sin que él colaborara económicamente?

Entonces llegó marzo de 2020. El mundo se puso de rodillas ante el COVID-19, y la vida se detuvo en seco. En ese momento no comprendimos la gravedad de la situación. Creo que la mayoría de nosotros pensó que estaríamos en casa durante un par de semanas y que luego todo volvería a la normalidad. Los barbijos y el distanciamiento social aún no existían. Así que decidimos aprovechar al máximo nuestro tiempo en casa y organizamos una pequeña fiesta. Pero las cosas cayeron en picada ese día. Lorenzo se puso pedo. Andaba metiéndose coca en la parte de atrás de la casa y, una vez más, le ofreció a mis amigos unas líneas, que ellos rechazaron. Cuando estás casada, hay ciertas cosas que no compartes con todo el mundo para proteger a tu pareja, así que el hecho de que anduviera ofreciendo coca sacó a la luz su problema y me puso en una situación incómoda y vergonzosa.

Una vez que la fiesta estaba llegando a su fin y la mayoría de nuestros amigos se habían marchado, el pequeño grupo que quedaba entró a la sala para terminar de pasar el rato y relajarse. Mientras charlábamos, alguien entró por la puerta trasera. Lo miramos extrañados.

—¡Se olvidaron de mí! —se quejó, claramente borracho. Era un conocido que había estado en la fiesta, pero no pude evitar preguntarme dónde se había metido mientras nos despedíamos del resto de los invitados. ¿Estaba en la parte de atrás de la casa? ¿En la oficina?

Un amigo nuestro, que aún estaba ahí, también quedó un tanto preocupado, así que le dijo a Lorenzo:

—¿Por qué no vamos a comprobar que no se ha llevado nada?

Lorenzo, que aún andaba drogado, no sabía que conocíamos a este tipo, y en lugar de tomárselo con calma, se abalanzó sobre él como un monstruo. Enseguida me puse de pie y lo detuve, diciendo:

—Tranquilo, está todo bien. Deja que se vaya.

El tipo salió por la puerta principal a trompicones sin decir una palabra, pero Lorenzo volvió a ir tras él.

—¡Déjalo en paz! —le grité.

—¿Qué chingados hacías en mi casa? —le gritó Lorenzo, metiéndosele en la cara.

El tipo estaba borracho y no entendía de qué estaba hablando. Sin más, Lorenzo le dio un golpe que hizo que el pobre tipo cayera al suelo. Me puse furibunda. Lorenzo había perdido la cabeza.

Estábamos en cuarentena, y se suponía que ni siquiera debíamos estar de fiesta en casa. ¿Y si alguien lo grababa? Estaba borracho, drogado y acababa de golpear a uno de nuestros invitados, que ni siquiera se defendió. No podía creerlo. Empecé a pegarle para que reaccionara. Entonces lo arrastré al interior de la casa, y ahora fui yo quien perdió la cabeza. Uno de nuestros amigos enseguida intervino y me apartó, porque yo estaba dispuesta a echármele encima a Lorenzo y darle su merecido. Entretanto, el tipo que estaba fuera consiguió por fin despegarse del suelo e irse, mientras se tocaba el labio roto.

Por si fuera poco, Johnny lo había presenciado todo y explotó. Empezó a gritarle a Lorenzo:

—¡Cálmate, mano!

—¡Esta es mi casa! —gritó Lorenzo.

—¡No, esta no es tu casa! —le respondió Johnny.

—Para, Johnny —le supliqué—. Por favor, déjame manejar esto.

Siempre quise que Lorenzo se sintiera cómodo en la casa, que supiera que también era su hogar, pero no se sentía bien al respecto porque fui yo quien la compró.

Aunque a Johnny nunca le había caído demasiado bien Lorenzo, lo respetaba y era cordial por mí, pero esa noche no pudo contenerse. Al fin y al cabo, cargaba con la responsabilidad de haberme entregado en el altar, y se lo tomó a pecho. El día de nuestra boda, le dio a Lorenzo su posesión más preciada, y esperaba que me cuidara como tal. Esa noche, Johnny estaba más que desilusionado. Se sintió herido, y en ese instante, algo se rompió para él. Después de su estallido, se retiró furibundo hacia su recámara.

Me senté en el sofá, abatida. Las primeras tres semanas de cuarentena habían sido tan dichosas. Los tres lo habíamos pasado súper; nos estábamos llevando de maravilla, cocinamos y pasamos el rato juntos, vimos películas. Estábamos muy unidos como familia. Pensé que por fin estábamos progresando, y luego todo se fue a la chingada.

Fue entonces cuando Lorenzo me empezó a decir de todo:

—¿Cómo pudiste defender a ese tipo?

Yo no aguantaba más. Ya no me quedaba nada de fuerza para seguir peleando. Así que me disculpé.

—Perdón por haberme enojado. Perdón por haberte pegado.

Pero estaba tan pedo y colocado que no había forma de razonar con él, no había lugar para una conversación lógica, así que pensé que lo mejor sería arreglar las cosas para volver a hablar más tarde. Fue una solución temporal, pero funcionó. Todos nos calmamos y seguimos charlando, cuando de repente, Lorenzo se levantó y se bajó los pantalones delante de mí y de las dos parejas que seguían allí con nosotros. Yo no sabía hacia dónde mirar. Qué vergüenza. La cocaína lo convertía en un demonio fornido sin filtros ni límites, y yo odiaba eso.

Al final, decidí dar por terminada la noche. Me despedí, subí a mi recámara y me quedé dormida. A eso de las tres de la mañana me desperté y algo me hizo revisar las cámaras de seguridad. Cuando lo hice, me di cuenta de que Lorenzo estaba tratando de salir a escondidas de la casa. Sabía dónde estaban las cámaras, por supuesto, así que estaba saliendo de puntillas por la puerta lateral con un amigo. ¿Por qué me desperté en ese momento? No lo sé. Pero bajé las escaleras enfurecida y lo alcancé cuando estaba subiendo a la camioneta de su amigo. Los hice bajar de la camioneta y los regañé como una mamá con adolescentes rebeldes.

—Ustedes no van a ninguna parte; estamos en cuarentena.

—Pero sólo vamos a comprar cerveza.

—¡No! —Les menté la madre y regresaron a la casa.

—¡Siempre me dices lo que tengo que hacer! —gritó Lorenzo.

Pero ignoré su lloriqueo y los acompañé al estudio en la parte trasera de la casa.

—Quédense aquí. Ustedes no van a ninguna parte —les repetí.

Algo cambió en Lorenzo, y otra vez se puso en tren de ataque. Pero ahora yo era el objetivo.

—Lorenzo, siéntate —le dije, tratando de mantener la calma. Pero se me acercó, me rodeó el cuello con las manos y empezó a estrangularme, y luego me escupió en la cara. Johnny observó todo desde la ventana de su recámara, que tenía una vista directa de esta zona de la casa, por lo que bajó corriendo con una gran pesa en una mano, dispuesto a cargar contra Lorenzo para defenderme. Fue entonces cuando Lorenzo me soltó.

—Johnny, por favor —le grité—. Vas a empeorar las cosas. Para, Johnny, por favor. Está pedo. Para.

Entonces Lorenzo volvió los ojos hacia Johnny, dispuesto a chingarlo, pero Johnny regresó a su cuarto. En ese instante, agarré una botella de vodka y la lancé contra la pared. Lorenzo por fin se fue y no volvió hasta más tarde esa mañana.

Yo estaba hecha trizas. Para ser honesta, pensé que había llegado el final. Pero cuando volvió, lo que siguió fueron sus oleadas de excusas. "Estaba borracho. No sabía lo que estaba haciendo". Bla, bla, bla. Curiosamente, nunca admitió que había estado hasta la madre de colocado. Siempre lo negaba, y luego decía: "Sí, pero fue solo un poco. Pero nunca la compro; me la dan". Siempre había una razón sólida detrás de la aparición mágica de la coca. Estaba ahí de casualidad. *Sí, y tú de casualidad te la metiste en la nariz*, pensé.

—Bueno, entonces tienes que dejar de beber —le dije—. Lo haré contigo. —Acordamos hacer otra limpieza juntos. Y seguimos adelante otra vez más.

El alcohol y la coca son como mejores amigos. Se equilibran

mutuamente para que puedas seguir consumiendo ambos durante toda la noche, así que pensé que si eliminábamos uno de la ecuación, él también estaría limpio del otro. A su vez, pensé que, conociendo su problema con la bebida, tenía que dar un paso adelante y dejar de beber con él, dejar de alimentar su enfermedad. Yo sabía que lo que me había hecho no estaba bien, pero acepté sus excusas, con la esperanza de que este fuera el fondo que necesitaba tocar para sentar cabeza.

Eso ocurrió en marzo.

Abril fue nuestro mes seco. Una repentina sensación de paz y tranquilidad siguió a nuestro tsunami. Habíamos vuelto a caer en nuestro patrón, intentando que funcionara, sintiéndonos mejor, reconectándonos. Pero eran falsas esperanzas. La calma que precede a la siguiente tormenta.

Yo había organizado una fiesta en casa para el Cinco de Mayo, pero estaba pensando en cancelarla porque, aunque no era yo la que tenía el problema, quería apoyar a Lorenzo y ayudarlo a mantenerse sobrio. Había escuchado lo que mi hermana Jacqie y su amiga me habían dicho: "Si conoces su problema, entonces tienes que ser una mejor esposa". No quería echar más leña al fuego. Pero no la cancelé. Quizá una parte de mí quería ponerlo a prueba. Tal vez solo necesitaba relajarme y divertirme un rato después de más de un mes de cuarentena en casa. Sea como fuere, aquella fiesta fue el principio del fin.

En lugar de inquietarme por su comportamiento y preocuparme por lo que andaba haciendo cuando se fue al fondo de la casa, decidí ignorarlo. Básicamente había tirado la toalla. Ya no me importaba una mierda, y eso le molestaba. Cuando agarró el micrófono para cantar con el grupo que habíamos contratado para nuestra reunión, me lo metió en la cara "juguetonamente", pero, en realidad, estaba intentando buscar pelea. Sabía que yo andaba molesta.

Me mantuve distante con él, lo que hizo que se acercara aún más para darme un beso y demostrar su amor por mí. Luego me dedicó canciones, lo que me pareció falso, como una fachada para hacer creer a nuestros invitados que era un buen marido. Mi nivel de fastidio estaba por las nubes. *Déjame en paz,* pensé. *Sabes que no estamos bien. Te estás metiendo conmigo.* Era tanto lo que hacía que llegué a mi límite. Podíamos no estar hablándonos en casa, pero entonces comentaba en uno de mis *posts*: "Ay, mi *sexy baby*", y añadía emojis de corazones. Yo no respondía porque estábamos en medio de una pelea, pero entonces, ¿quién quedaba como la cabrona loca y amargada en público? Se le daba de maravilla aparentar que estaba bien a pesar de sentir lo contrario, que es lo que andaba haciendo en nuestra fiesta.

Esto también lo estaba irritando a Johnny. Ellos habían dejado de llevarse bien desde marzo. La tensión se podía cortar con un cuchillo en casa. Rápido para reaccionar ante la pendejada de Lorenzo, Johnny subió las escaleras y bajó con su gorra del 27 (que era el logo de Ángel) sólo para meterse con él. Cuando Lorenzo lo vio, su comportamiento cambió. Miró fijamente a Johnny, y de inmediato me di cuenta de que Lorenzo estaba a punto de lanzársele encima. Me le acerqué enseguida y le dije en voz baja, pero con fiereza: "No hagas eso, porque si lo haces, es algo que nunca podré perdonar". La tensión abandonó su rostro y disfrutamos del resto de la fiesta como pudimos.

Mayo fue cuesta abajo a partir de ahí. Nos peleamos mucho, y Lorenzo lo pasó yéndose de la casa y regresando. Él y Johnny ya no se hablaban, y yo me sentía atrapada en el medio, tratando de reconciliar a mi niño con mi marido, mientras intentaba resolver qué hacer con mi matrimonio. Me pesaba el corazón. "Tienes que arreglar las cosas", le decía a Lorenzo, a lo que él respondía: "Bueno, pero no le caigo bien". Y eso conducía inevitablemente a otra de nuestras peleas. Y entonces se fue. Pasó las dos últimas semanas de mayo fuera de la casa, fuera de mi vista. Pensé que por fin había terminado todo, pero entonces me preguntó si podíamos hablar en persona. Quedamos en un restaurante de sushi. Elegí a propósito un espacio público para reducir la intensidad de la situación, porque no pensé que le gustaría lo que tenía para decirle.

—Quiero el divorcio —le dije, mirándolo directamente a los ojos. Fui muy respetuosa y estaba tranquila—. Sé que me amas. Yo también te amo. Pero quiero el divorcio.

Se enojó bastante pero mantuvo la calma. Entonces me dijo:

—Me voy a quedar en el cuarto de atrás porque aún estoy casado contigo. No me voy a ir de casa hasta que te divorcies de mí. —Añadió que tampoco iba a devolverme el coche porque "soy tu marido".

—Bueno… —En ese momento no me importaba el coche. No iba a llamar a la policía, como sugirieron algunos amigos. Él lo necesitaba, y yo tenía otro. No había problema. Mi intención no era destruirlo. Solo quería terminar esta relación tóxica. No nos estaba haciendo nada bien a ninguno de los dos.

Al día siguiente de decirle que quería el divorcio, se fue de fiesta toda la noche. Alguien lo grabó completamente borracho y se difundió en todos los medios. Creo que esa fue una pequeña llamada de atención para él. Se dio cuenta de que si no se ponía las pilas, la opinión pública se le daría vuelta. Fue entonces cuando decidió ingresar en un programa de rehabilitación.

Me enteré a través de un amigo. *A poco, va a ir*, pensé. Fue un paso en la dirección correcta. Para ser honesta, me dio una pizca de esperanza. No se deja de amar a alguien de la noche a la mañana. Lo observé a través de la ventana cuando vino a empacar sus cosas, y bajé a ayudarlo.

—Sé que no estamos juntos —le dije, mientras doblaba algunas de sus camisas y las metía en su bolsa—, pero quiero que sepas que te apoyo. Estoy aquí para ti. Estoy muy orgullosa de ti. —Realmente me había conmovido. ¿Podría ser este el nuevo comienzo que necesitábamos? ¿Por fin estaba cambiando de curso lo nuestro? Cuando su amigo vino a recogerlo, nos despedimos con lágrimas en los ojos y, conmovida, bajé la guardia y nos abrazamos.

Esas dos primeras semanas mientras estaba haciendo su rehabilitación, lo extrañé muchísimo. No paré de llorar; fue casi catártico. A pesar del sufrimiento, sentí mucha paz al saber que estaba en un lugar seguro. También me dio la oportunidad de reconectarme conmigo misma. Me ayudó a darme cuenta de que, sí, puedo estar sola. Pero no lo voy a negar, se plantaron semillas de esperanza con su decisión. Pensé: *Tal vez vuelva diferente. Tal vez podamos hacer que esto funcione.* Todavía lo amaba mucho.

Cada día rezaba, meditaba y me aseguraba de apoyarlo en su camino hacia la recuperación. Ayudé a pagar el tratamiento para asegurarme de que pudiera ir. Respondí a todas las llamadas que hizo desde el centro. Mi teléfono estaba básicamente pegado a mi mano en todo momento porque quería que supiera que estaba ahí para él, que no estaba haciendo nada malo y que no me estaba aprovechando de que estuviera lejos. Mi objetivo era darle paz para que pudiera enfocarse en sí mismo. Cada vez que hablábamos, le aseguraba: "Estoy bien, no tienes que preocuparte por mí". Le escribí cartas. Le envié un paquete con ropa y libros. Hablé con su consejero. Hice lo que me hubiera gustado experimentar si hubiera estado en su lugar. A diferencia de lo que dijo unos meses después en una entrevista, sí hablamos, sí estuve para él; no estuvo solo, yo lo apoyé hasta el final.

Entonces llegó el 26 de junio. Era mi cumpleaños y necesitaba escaparme. Así que alquilé una casa en Ensenada e invité a mis amigas. No estaba planeando un viaje de chicas descontrolado, ni mucho menos. Sólo necesitaba tiempo con mis amigas, un respiro muy necesario de mi realidad actual. Cuando empecé a relajarme y disfrutar del fin de semana, sonó mi teléfono. Era Lorenzo.

—Estás con estas chicas, y no sé qué estás haciendo —dijo, perdiendo los estribos—. Estás bebiendo demasiado. Estoy preocupado por ti.

—Espera un segundo —le respondí—. Sé que estás en rehabilitación y que estás tratando de arreglar este problema, pero yo estoy bien. Soy una mujer responsable que solo está celebrando su cumpleaños.

Sabía que se sentía inseguro porque yo estaba fuera de la casa, pero solo estaba pasando tiempo con mis amigas en una casa con vista al mar. No era yo la que estaba en rehabilitación; no era yo la que tenía el problema. No había nada de malo en querer celebrar mi cumpleaños. ¿Por qué decidió llamarme para montar una escena y arruinármelo?

Entonces dijo:

—Quiero irme de acá antes. Quiero celebrar nuestro aniversario de bodas juntos.

—Lorenzo, no. Tienes que completar tu estancia. Tienes que terminar esto. Tienes que terminar algo. Esto también es importante para mí. Por mucho que me gustaría que estuvieras aquí para mi cumpleaños y para nuestro aniversario, para mí, como tu mujer, es importante ver que por fin empiezas algo y lo terminas. —Yo seguía intentando hacerle entender este punto, pero él estaba obsesionado con lo que estaba haciendo en Ensenada—. Óyeme, estoy con mis amigas. Estoy respondiendo a tu llamada. El único tipo que está acá es JP, el marido de Helen. Aparte de eso, sólo estamos las chicas. Lorenzo, por favor.

Eso desencadenó una de nuestras ya clásicas peleas, y, mientras estábamos en el mero medio de eso, pensé, *Ay no, sigue siendo la misma persona. Solo que lo ha estado disimulando.* Colgamos, y yo hice lo que pude para sacudirme el desencuentro de encima. Estaba decidida a disfrutar del fin de semana a pesar de su arrebato.

Cuando volví de mi escapada de cumpleaños, me convenció para que lo recogiera en el centro de rehabilitación a tres días de cumplir su mes completo. Conduje con cuidado, haciendo giros deliberados para asegurarme de que nadie me seguía. Lo último que necesitábamos era un circo mediático. Cuando confirmé que no había moros en la costa, entré al centro, que afortunadamente estaba alejado de la calle. Esperaba tener una conversación tranquila con él. Quería decirle: "Mira, estoy contigo, pero todavía me das miedo. Todavía estoy preocupada. Creo que aún tienes que trabajar en ti mismo. Creo que aún debemos estar separados". Lo tenía todo planeado, pero cuando lo vi todo salió volando por la ventana. Parecía un hombre cambiado. Me paró en seco. Nos abrazamos, subimos al coche y nos fuimos a San Diego. Había reservado un cuarto de hotel porque pensé que era un espacio neutral que nos serviría mejor en esta encrucijada de nuestra relación. Nadie lo sabía, salvo mi asistente. Les dije a todos los demás en mi círculo cercano que iba a ir a otro lugar. Mentí porque no quería arriesgarme a que los medios se enteraran de dónde estábamos. Necesitábamos desesperadamente este momento de tranquilidad para hablar y decidir nuestros próximos pasos. Era un momento íntimo y privado, y quería mantenerlo así. Estaba tan convencida de ello que, durante nuestro viaje, no dejaba de fijarme si alguien nos estaba siguiendo. Nada. Continuábamos solos.

Mientras tanto, Lorenzo no paraba de hablar de su despertar espiritual en la rehabilitación, de sus planes de vida y de lo inspirado que se sentía. Y poco a poco pasé de pensar, *No quiero estar contigo* a *Ay Dios mío, esto es todo lo que siempre he querido, que tengas un plan.* No podía creer lo que oía. Pensé que por fin algo había hecho clic dentro de él. Ya no tendría que decirle qué hacer. Ahora tenía un plan para su vida, para nosotros y para el futuro, que era lucrativo, que podría darnos estabilidad financiera y que también lo ayudaría con su sobriedad. Mi corazón se hinchó de alegría y alivio.

Me dijo que quería abrir un centro de rehabilitación y lanzar una línea de ropa relacionada. Inspirado por su entusiasmo y su cambio, me apunté. Ya habíamos recorrido este camino antes sin suerte. Él sabía que yo tenía cierta cantidad de dinero que quería invertir y, en el pasado, cuando le propuse que hiciéramos un negocio juntos y le pregunté: "¿Qué tipo de negocio te haría feliz, te haría sentir bien?", me dijo que un bar y una parrilla. "Lorenzo, ¿cómo voy a abrir un bar y una parrilla para ti si tienes un problema con el alcohol?". Esas conversaciones siempre terminaban con una pelea. Esta fue la primera vez que le dije: "A huevo. Invertiría cientos de miles de dólares en esto. Creo en ello. Seremos socios y traeremos al amigo que hiciste en rehabilitación". Era una idea que por fin tenía sentido. Estaba tan entusiasmado que empezó a preguntarse si debía dar una entrevista para anunciar este plan, pero le sugerí: "Primero escribe un libro". Le serviría para entrar en todos los detalles de su camino y de cómo surgió esta idea. También le daría tiempo para seguir trabajando en su sobriedad, mientras empezábamos a elaborar un plan de negocio y a trabajar en su lanzamiento.

Yo estaba emocionada, feliz, no podía creer que esto por fin estuviera sucediendo. Llegamos a San Diego y la buena racha continuó. Volvió a ser el hombre dulce del que me había enamorado. Incluso dejó su teléfono a un lado y no se tomó ninguna *selfie* (¡y eso que es la reina de las *selfies*!). Se levantaba a las siete de la mañana y se ponía de rodillas para rezar. Pasaba el tiempo fuera leyendo sus libros. Y yo lo observaba con asombro. Esas dos primeras semanas fueron el paraíso absoluto. Pensé que mis oraciones habían sido escuchadas. La mirada en sus ojos, la forma en que se expresaba, la manera en que era tan paciente conmigo si me sentía un poco triste o un poco preocupada de que esto fuera demasiado bueno para ser verdad, era todo lo que había esperado y más. Si necesitaba que me tranquilizaran, él estaba allí. No se enojaba; era tan paciente. Fue un momento hermoso.

Hasta que cambió todo de nuevo. Insistió en que saliéramos. Realmente no me apetecía, pero lo hice por él. Estaba nervioso, preocupado por su atuendo. "Que importa", le dije. "Solo vamos a bajar a sentarnos en la playa". Lo vi arreglarse, pero no me molesté en maquillarme ni nada. ¿Para qué? Solo éramos nosotros. Pero cuando estábamos caminando junto al mar, lo vi: un paparazzo, cámara en mano, fotografiándonos. *¿¡Qué chingados!?* Mi corazón se hundió. Lo último que necesitábamos eran titulares en los medios diciendo que nos habíamos reconciliado (ya se habían enterado de que habíamos hecho un alto en nuestra relación).

Volvimos corriendo al hotel. Ni siquiera sé cómo describir el disgusto que yo estaba sintiendo. Lorenzo intentó culpar a mi equipo por la filtración. El mismo equipo que cerró la boca mientras estaba en rehabilitación y lo llamó públicamente "un retiro espiritual". El equipo que no dijo nada sobre su alcoholismo y su consumo de cocaína. ¿Por qué filtrarían esto? Sigo pensando que quizás ocurrió de su parte. Tenían detalles que nadie podía saber, como que nos habíamos abrazado cuando lo recogí en el centro de rehabilitación. Nadie debería haber podido vernos allí, sin embargo, de alguna manera fueron capaces de describir ese abrazo. No sé, tal vez pensó que la presión de los medios diciendo que nos habíamos reconciliado me empujaría a no seguir adelante con la separación. Lo que no sabía era que estaba cavando su propia fosa al hacer esa maniobra y tratar de tomar el control de la narrativa.

Nunca sabré con seguridad si fue él, pero, en retrospectiva, hubo más de una ocasión desde que nos conocimos en las que los medios aparecieron de la nada cuando menos se esperaban. Ahora estoy especulando, pero también es lo que se me pasó por la cabeza en aquel momento.

Una vez descubierta nuestra ubicación, empacamos nuestras cosas y regresamos a casa. Fue entonces cuando dimos positivo en la prueba de COVID-19. Intentando dar un giro positivo a esta espiral descendente, pensé: *Quizá quince días solos en casa, sin nadie más alrededor, nos ayude a cerrar el círculo.* Nos recuperamos, y Lorenzo siguió aferrándose a su sobriedad. Era una señal positiva ante mis ojos, pero luego su recuperación empezó a decaer. No leía tanto sus libros y yo volví a ser la esposa que lo presionaba para que hiciera más para mantenerse encaminado. Sin embargo, él sí estaba haciendo cambios pequeños pero cruciales, como compartir su ubicación cuando salía de la casa para que pudiéramos trabajar en la recuperación de nuestra confianza. Y yo lo apreciaba enormemente. Ahora necesitaba que hiciera las paces con Johnny.

Una vez que dimos negativo en las pruebas de COVID-19, Johnny volvió a la casa, pero dejó claro que quería irse. Yo le expliqué: "Ha cambiado, dale una oportunidad". Pero Johnny no se lo creía. Dejó de hablarme; pasaba por delante de mí y me ignoraba solo para dejar claro su punto de vista. Me rompió el corazón sentir a Johnny tan distante, pero también pensé que Lorenzo se merecía otra oportunidad ya que se estaba esforzando.

Cuando hablé con Johnny sobre esto recientemente, me dijo: "Cuando se produjo la pelea en marzo, no me gustó nada la sensación que tuve. Fue cuando por fin vi a Lorenzo tal y como es. Luego empecé a atar cabos a lo largo de abril, mayo y junio. Y en julio, cuando volvió de San Diego, no hacía más que pensar: *¿Cómo chin-*

gados no lo ve? Está ahí, frente a su cara. Y quería decirte: "Estás arruinando las cosas; estás arruinando todo de nuevo".

Pero no lo hizo, no con esas palabras. Sí dijo que pensaba que Lorenzo era un manipulador súper hábil. Quizás sí lo era, no lo podía negar, pero yo seguía pensando que teníamos una oportunidad de salvar nuestro matrimonio. Luego sus viejos hábitos comenzaron a aparecer en el día a día. Seguí siendo paciente. Le hablé con cariño, diciéndole: "Lorenzo, no quiero que te enojes. Quiero que estés bien. Pero estoy viendo pequeñas cosas que me preocupan. No tienes padrino (me refería al apadrinamiento de alcohólicos anónimos). No has ido a ninguna de tus reuniones. Ya no lees tus libros. Estas son todas cosas que me dijiste que de ahora en más tenías que hacer, pero has dejado de hacerlas. Ni siquiera estás rezando tanto". No importaba lo cuidadosa que fuera con mi tono, mi conducta y mis palabras, siempre me explotaba en la cara. Se ponía a la defensiva, yo le señalaba que estaba tratando de ser una esposa comprensiva y luego venía la pelea.

Quería volver a sacar el tema de Johnny porque sabía que, a medida que pasaban los días, Johnny estaba más abierto a la idea de hablar, así que me acerqué a Lorenzo y le dije:

—Creo que deberías mandarle un mensaje, creo que deberías intentarlo.

—¿Pero qué pasa si me ignora?

—Sé que le tienes miedo al rechazo, pero esto es importante para mí. Este es mi niño. Necesito que estés bien con él.

—No es tu niño, es tu hermano. —Siempre le gustaba señalar esto, y lo seguía con—: A mí no me importaría que no hablaras con una de mis hermanas.

Pero él no tenía el mismo vínculo estrecho con sus hermanos que yo compartía con los míos. Él no crio a sus hermanas. Yo crie a Johnny y a Jenicka. Sí, son mis hermanos, pero los cuidé como si fueran mis hijos. Cuando mi mamá falleció, Johnny sólo tenía once años, y yo volví a entrar en su vida tras unos meses de separación y retomé el camino donde lo había dejado. Así que, sí, es mi hermano, pero siempre será también mi hijo, mi niño. Y Lorenzo no podía hacerse el pendejo conmigo porque lo supo desde el principio.

Cuando el argumento de "es tu hermano" no lo llevaba a ninguna parte, recurría a "no me siento respetado por él". A lo que yo le respondía: "El respeto no se regala, se gana". Era un círculo vicioso que no nos llevaba a ninguna parte. Odiaba estar atrapada en el medio de ellos dos. Quería salvar mi matrimonio, pero estábamos hablando de mi hijo. Cuando él tenía problemas con su hija, yo hacía todo lo posible para ayudarlos a arreglar las cosas porque sabía lo importante que era para él. Pero cuando se daba vuelta la tortilla, lo único que le importaba era él mismo. Era muy egoísta.

Julio y agosto fueron meses de transición. Tenía la esperanza de que los cambios que había logrado Lorenzo fueran duraderos, y me quedé esperando pacientemente a ver si lográbamos hacer funcionar nuestra relación. Pero luego Lorenzo empezó a preocuparse por su carrera. Vio un video en las redes sociales de una conocida banda cantando en una fiesta y le cambió la expresión. Me preguntó:

—¿Crees que la gente se ha olvidado de mí? ¿Crees que ya no soy *cool*? ¿Me estoy poniendo viejo? ¿Estar casado me hace parecer más viejo?

—¿De qué estás hablando? No. —Parecía tener más ganas de estar allí con ellos que en casa conmigo. Lo negó cuando le pregunté, pero estaba escrito entre líneas y yo lo leía con claridad. Después de eso, las cosas empeoraron.

Por fin había conseguido un trabajo en un programa de radio, pero estaba frustrado con su horario. No le gustaba tener que levantarse a una hora concreta para ir a trabajar. Prefería levantarse y hacer lo que quisiera con su tiempo. Pero le pagaban, así que se sentía un poco más seguro a nivel económico. Además, yo le había conseguido tres marcas para promocionar, así que los cheques también comenzaron a entrar por eso, lo que ayudaba a alimentar su confianza. Decía que se sentía poderoso cuando tenía dinero, así que naturalmente pensé que estos ingresos lo harían sentirse bien y lo ayudarían con su sobriedad. Sin embargo, por mucho que lo ayudara a salir adelante, por muchas ideas que le compartiera o lo que hiciera para impulsarlo, él decía que yo no apoyaba su carrera. Estaba cansada de todas las quejas e hice lo posible por no darle importancia, pero volvió a salir a la luz cuando me compré una pulsera Cartier. Fue un regalo que me hice, algo que compré con mi propio dinero ganado con esfuerzo, pero eso le molestó.

—Te lo mereces, por supuesto, pero ese dinero podría utilizarse para otras cosas.

—¿Cómo qué? —le pregunté, casi desafiante—. Todas las cuentas están pagadas, acabo de pagar la camioneta de tu mamá en El Paso y todas mis tarjetas de crédito están pagadas. Así que, si quiero comprarme un regalito, creo que me lo merezco…

—No, claro que te lo mereces, pero siento que no apoyas mi carrera.

—Bueno, ¿qué quieres? —le pregunté, molesta.

—No sé, tal vez podrías darme un préstamo. No quiero depender de ti. Quiero ser libre.

—Bueno, pues, espera un momentito, estás casado, así que no puedes ser realmente libre o independiente porque el matrimonio significa que hacemos cosas juntos.

Convenientemente, no reconoció esta última frase y siguió presionando para que le diera un préstamo, para poder invertir en su carrera y grabar un álbum solista de gran calidad. Yo había firmado con Universal un año antes, justamente para no tener que invertir en mi carrera de cantante. Por mucho que me gustara su dotada voz y creyera en su talento, sabía el enorme riesgo que suponía invertir todo ese dinero en grabar un álbum. Es una súper apuesta, porque no hay forma de saber si será un éxito o un fracaso, y yo ya sabía cuánto trabajo y esfuerzo se necesita para conseguir aunque sea un tantito de éxito. Además, con conductas adictivas sin resolver, no creía que fuera lo suficientemente fuerte como para enfrentarse solo a una industria tan despiadada. Realmente quería que se enfocara en su sobriedad y en recuperarse mental, emocional y espiritualmente antes de volver a meterse en esta carrera.

—Lorenzo, me estás cambiando todo. La única razón por la que decidí volver contigo es porque tenías un plan, porque me sentía segura. —Había vislumbrado esa sensación de estabilidad y seguridad que había estado anhelando, y eso me inspiró a quedarme. Además, ya había aceptado invertir mi dinero en su idea del centro de rehabilitación. Dos semanas después de que habláramos de ello, ya le había abierto una entidad con ese fin. Él era accionista al 50% conmigo. Estaba totalmente metida en ese plan. Era por una buena causa y lo haría responsable de su sobriedad. Pero empezó a dar marcha atrás, diciendo que no estaba seguro de querer escribir un libro o comprometerse a hablar tan abiertamente de su sobriedad. Quería dejar la puerta abierta para tomarse una copa conmigo en el futuro y no ser juzgado por nadie por ello. Así que sugirió que empezáramos con la línea de ropa en lugar del centro.

—¿Cómo vas a empezar con la línea de ropa si no hay una misión que la apoye? —Se lo diagramé—: Tu libro es lo primero, luego el centro de rehabilitación y después la línea de ropa. Podía decir todo lo que quisiera sobre mis problemas en nuestra relación, pero los negocios son lo mío. He demostrado una y otra vez que cuando tengo una visión, hago todo lo que está a mi disposición para manifestarla.

Sin embargo, siguió alejándose de esa idea de negocio. Así que le tracé un plan que incluía la música.

—Lanza el centro y la línea de ropa, logra controlar bien tu sobriedad y luego lanza un álbum a toda madre y lo promocionaremos. —Como mujer de negocios, no me parecía factible invertir primero en un álbum, teniendo en cuenta la situación en la que se encontraba.

—Bueno, ese es el problema —me dijo—. Me ves como un negocio y no como tu marido.

Ay Dios mío, no había manera de que me entendiera. Yo estaba cuidándolo. Nunca dije que no lo apoyaría, pero no iba a poner mi dinero en algo que no creía que estuviera bien planeado.

—Lorenzo, soy una mujer de negocios, he trabajado mucho para llegar a donde estoy. Y cuando se trata de una inversión tan grande, he aprendido por las malas que tengo que ser inteligente. Tengo que dejar de lado mis emociones y ver si creo que el plan es factible. Desde el punto de vista de los negocios, puedo ver que no eres disciplinado, que no eres responsable, que no eres un hombre de palabra y que tienes un problema de adicción. Entonces, ¿por qué chingados invertiría dinero en ti? ¿Porque te quiero? ¿Porque eres mi marido? ¿Y luego qué?

Fui brutalmente honesta, pero él seguía repitiendo la frase que mejor le funcionaba:

—Tienes que apoyarme como mi esposa. —A eso se refería cuando después empezó a decir en las entrevistas que yo no apoyaba su carrera, ¿de veras? ¿Adivina quién pagó el video de "No me medí" que rodó en febrero de 2020? ¿Adivina quién pagó el peinado y el maquillaje? Incluso dirigí la sesión de fotos. ¿Y qué hacía él en el set mientras grababa ese video? Bebía y se metía coca. Ahí es donde me puse firme y decidí dejar de invertir en su carrera porque era casi como invertir en su adicción.

Hasta entonces, por mucho que nos enfadáramos el uno con el otro, no dejábamos de llevar nuestros anillos de boda. Pero mientras se desarrollaba esta conversación, por primera vez, se quitó el anillo. Durante tres días, su dedo anular estuvo desnudo. También eligió quedarse en el cuarto de invitados. Yo estaba trabajando, así que cuando llegaba a casa cada noche, después de mis doce horas en el set, teníamos estas largas y agotadoras conversaciones.

Nuestras emociones estaban en carne viva y expuestas, pero estábamos estancados. Entonces él sugirió terapia de pareja, y yo le dije: "Yo no voy a llamar al terapeuta o al consejero. Si lo dices en serio, hazlo tú". Estaba harta de tomar siempre la iniciativa. Necesitaba que él tomara las riendas y me demostrara que hablaba en serio. No pasó nada. Nunca llamó.

Durante una de nuestras últimas conversaciones, de repente lo sentí con un pie dentro y otro fuera de la relación. No había sentido eso antes con él. Era como si estuviera intentando decirme que quería irse, sentirse libre, liberado, pero no tenía los huevos para verbalizarlo.

Mientras tanto, empecé a pensar, a rezar y a buscar una respuesta, el siguiente paso correcto. Me estaba dando tiempo. Entonces le pidieron que fuera a Arizona con el programa de radio en el que estaba trabajando, y planeaba combinar eso con una parada en El Paso para visitar a su familia. Era la primera vez que volaría sin mí después de la rehabilitación, y me sentía insegura al respecto.

—No puedes ir a Arizona sin mí —le dije.

—¿Qué quieres decir? No me gusta cómo suena eso ni cómo me hace sentir. Quiero sentirme libre.

—Aún no confío en ti. Aún no hemos llegado a ese punto.

De todos modos fue, por supuesto. Tenía que hacerlo por el trabajo. Pero cuando volvió, andaba comportándose de forma diferente. Su actitud había cambiado. Una noche, cuando intimamos… ni siquiera pudimos acabar.

Entonces, confesó:

—Siento que mi carrera iría mejor si no estuviera contigo.

Nunca olvidaré eso. Fui a mi oficina y recé. Luego volvimos a hablar.

—¿Qué quieres hacer, Janney?

—Mira, Lorenzo, te amo mucho, y quiero que esto funcione, y creo que te lo he demostrado, pero no siento que quieras seguir en esta relación. —La conversación fue larga y prolongada, y al final le dije—: Creo que deberíamos seguir caminos separados.

—Está bien, Janney —me contestó, mirándome directo a los ojos sin argumentar lo contrario. Me besó la frente, me tomó de la mano y añadió—: Recemos juntos. Siempre te voy a amar. Si esto es lo que quieres, lo voy a respetar. Pero ¿podrías decirme de nuevo por qué está pasando esto? Y esta es tu decisión, ¿verdad?

—No, esta es nuestra decisión —le respondí con calma—, porque no estás dispuesto a hacer el trabajo que necesito que hagas para volver a confiar en ti. No has ido a tus reuniones y no has hecho las paces con ciertas personas. Te he dicho que…

—No, no, no —me interrumpió—. Solo quería saber por qué. Respeto tu decisión. Solo quería saber, para que cuando la gente me pregunte, sepa cómo responder.

Estaba absolutamente agotada y apenas tenía energía para reaccionar a este último comentario exasperante.

—Hasta aquí llegué —le dije, y me fui a mi recámara. Al cabo de una hora, empezó a empacar sus pertenencias y a meterlas en una camioneta que había alquilado.

Mientras veía cómo se desarrollaba todo esto, decidí irme antes de que terminara porque no podía soportar verlo marcharse. Quedé con una amiga para comer algo y las lágrimas empezaron a manchar mi cara como una lluvia incesante. Entonces recibí un mensaje de él: "Algo me dice que no debo irme, que debo quedarme".

"No sé qué decirte", le contesté.

No hubo respuesta.

Llegué a casa y encontré que todo lo que él poseía había desaparecido, incluso su Listerine, y su cajón de los trastos también estaba vacío. *Realmente se lo llevó todo,* pensé consternada. Fue tan definitivo. No perdió ni un segundo. Supongo que, después de todo, eso es lo que realmente quería.

Me metí bajo la ducha con la esperanza de que el agua me ayudara a quitarme la pena, y entonces me di cuenta de que su gel de baño también había desaparecido. Fue algo bien calculado. Y el mensaje era claro: no iba a volver.

A pesar de todo, mis pensamientos esperanzadores eran implacables. *Tal vez se quede en un hotel cercano. Tal vez llame para decir que va a terapia. Tal vez diga que quiere hacer que esto funcione. Tal vez esté reuniendo fuerzas para luchar por mí.*

A la mañana siguiente, Omi, que no sabía lo que había pasado entre Lorenzo y yo, me dijo de pasada: "Oye, Lorenzo está en Arizona". Entretanto, yo había recibido un mensaje de él con una foto de su mano; llevaba su anillo de boda: "Nunca te voy a soltar. Te amo. Todavía tengo esperanza en lo nuestro". ¿Por qué lo llevaba ahora que se había ido, cuando no lo había llevado en los últimos días? ¿Y por qué estaba de nuevo en Arizona? Mi instinto sentía que algo no cuadraba. ¿Había alguien más en Arizona? Ya no daba más de cuestionar sus acciones. Le envié un largo mensaje expresando mi desilusión, y luego cambié mi número de teléfono.

En vista de cómo iba todo esto, y sabiendo que él probablemente acudiría a los medios pronto, el 16 de septiembre de 2020 decidí publicar un mensaje sobre nuestra separación: "Con mucho dolor, les informo a través de esta plataforma que Lorenzo y yo hemos decidido separarnos. Ha sido una decisión mutua y difícil, pero necesaria". Continué expresando nuestra necesidad de privacidad y agradeciéndoles a todos el apoyo. Había terminado con las especulaciones. Necesitaba controlar la narrativa y no quería darle la oportunidad de darle la vuelta a la historia como había hecho antes. Dejé claro que ambos éramos responsables. Mi idea era tratar la situación con el respeto que merecía, sin señalar a nadie, sin herir a nadie.

Lorenzo se volvió loco. En retrospectiva, tal vez pensó que se iría durante uno o dos meses, que haría lo suyo, todo aquello con lo que yo no me sentía cómoda, y que luego volvería para encontrarme esperándolo con los brazos abiertos, pero el velo se había levantado por fin: ya no había vuelta atrás.

Algunos de mis amigos se sintieron un poco ofendidos porque no sabían nada de lo que andaba sucediendo, pero no tuve tiempo de considerar sus sentimientos. Tenía que actuar. Lo último que necesitaba era quedar como una pendeja si lo pillaban con las manos en la masa en Arizona. Los medios habrían estado de fiesta. Por desgracia, este *post* desencadenó otro problema con mi familia.

Estábamos a punto de lanzar una minigira de cuarentena con mi tío Lupe, llamada Gira en el Campo, cuando anuncié mi separación. Juan y Rosie reaccionaron como si se lo hubiera hecho a propósito. Dijeron que había sido tremendamente inoportuno porque ahora los medios preguntarían por nuestra separación en lugar de por los próximos conciertos. Jacqie estuvo de acuerdo con ellos. En lugar de preguntarme cómo estaba yo, dijeron que pensaban que había actuado de forma egoísta, que podía haber esperado, pero de lo que no se daban cuenta era de que ya había esperado demasiado.

No dejes que las alertas rojas te persigan como a mí. Si hay algo que te hace ruido desde el principio, no lo ignores. Hazle caso a tu instinto. Como mujeres, conocemos esa sensación que todas tenemos cuando pensamos, *Hmmm, esto es cuestionable*, bueno, ¡más vale que creas que es pinche cuestionable! Yo tuve ese instinto en mis dos últimas relaciones y decidí ignorarlo. Esa soy yo dándole a la gente el beneficio de la duda, o pensando, *¿Tal vez soy yo?* Cuando mis inseguridades entran en acción, empiezo a poner excusas poco convincentes para luego encontrarme envuelta en un desmadre que había detectado desde el principio. Cuando las personas se muestran tal y como son, cuando revelan su verdadera esencia, nunca deberíamos mirar hacia otro lado.

Dejé de esperar y empecé a aceptar.
Dejé de fingir y empecé a expresar.
Dejé de forzar y empecé a liberar.
Alivio.

13

LOCA POR EL TEQUILA

Después de que se fue Lorenzo, las dudas me atormentaron: *¿No soy digna de que se quede? ¿Qué he hecho mal? ¿Fue esta la decisión correcta? ¿Nos hemos rendido demasiado pronto?* Pero cada vez que una de estas preguntas entraba en mi mente, sus acciones consolidaban mi decisión. No éramos el uno para el otro. Nuestra relación estaba rota desde hacía más tiempo del que nos gustaba admitir, así que cuando nos separamos oficialmente en septiembre, mi atención se centró en superar el dolor que conlleva un amor que ha salido mal con la mayor elegancia posible, y enfocarme en el futuro. Necesitaba una luz al final del túnel que me ayudara a atravesar la oscuridad. Y apareció Mr. Tempo.

El primer mensaje directo que recibí de él fue el 7 de octubre. Y era estrictamente de negocios. Durante mucho tiempo, diferentes personas me han propuesto hacer mi propio licor: *whisky*, tequila, vodka. Y siempre dije que no. Pensé que mis obligaciones con el tequila de mi mamá tenían que venir primero por el bien de mis hermanos. Y eso es lo que hice durante un tiempo, hasta que su tequila empezó a tomar un camino que no me pareció el correcto.

He aprendido por las malas que, para prosperar en los negocios, no se pueden tomar decisiones basadas en las emociones. No podía seguir promoviendo algo en lo que no creía solo por mi mamá o mis hermanos. No importa el producto, si algo no se hace bien, tengo que replantear mi participación. Sentí que la calidad del tequila de mi mamá estaba decayendo, y el *marketing* tampoco estaba a la altura. Hacía sugerencias y proponía soluciones que caían en saco roto. Fue entonces cuando empecé a trazar un límite: arreglen el problema o no cuenten conmigo para la promoción. En esta encrucijada tequilera me encontraba cuando Mr. Tempo se me acercó con una propuesta de negocio que me llamó la atención. Nos conocimos en la inauguración de su nuevo restaurante, intercambiamos números y concertamos nuestra primera reunión de negocios.

—Realmente admiro todos tus esfuerzos —me dijo—. Llevo mucho tiempo observándote. Creo que te manejas muy bien. Y me encantaría ayudarte a sacar tu propio tequila. De hecho, ya tengo uno. Me encantaría que fueras su imagen.

Me sirvió un trago y tomé un sorbo. Era mi tipo de tequila favorito —añejo y filtrado para eliminar el color que toma del barril y convertirlo en una maravilla cristalina— y su sabor era increíble. También me gustó el nombre que había elegido, Reina del Sur, aunque conllevaba cierta controversia por ser el alias de la infame narco mexicana. Pero me aseguró que tenía los derechos de la actual Reina del Sur y el visto bueno para hacerlo realidad. Aun así, dudaba un poco de las implicaciones del nombre.

—¿Por qué no le pides a Kate? —le sugerí, ya que Kate del Castillo había interpretado a La Reina del Sur en la serie de televisión.

—Porque tiene su propio tequila. —Luego añadió que creía que yo era la persona adecuada.

—Déjame pensarlo —le dije. Necesitaba tiempo para digerirlo, y quería hablar con mi familia antes de aceptar cualquier trato que implicara un tequila. Luego añadí—: Como sabes, mi mamá tiene su propio tequila. Si puedes ayudarme a sacarlo adelante, eso podría abrirme la puerta a tener el mío. —Le pedí su sincera opinión al respecto.

—Como tequilero y alguien que ha trabajado mucho sobre el tema, lo siento, pero no está a la altura. —Me dijo que la botella no era conveniente para los cantineros porque era demasiado pesada, y me dio una devolución excelente sobre lo que creía que faltaba y lo que había que cambiar.

Curiosamente, mucho de lo que dijo era lo que yo ya le había sugerido a mi familia. Quería que el público del tequila de mi mamá fueran las mujeres, invertir dinero en él, cambiar el nombre, involucrar a artistas en la promoción y volver a lanzarlo en diciembre con su foto en la botella. Y ahora estaba hablando con alguien que tenía la misma visión de *marketing*, así como contactos en restaurantes, y pensé que podríamos salir ganando los dos.

—Bien entonces, ayúdame a llegar a eso —le dije, entusiasmada.

—Claro, bueno, una cosa a la vez.

Con el paso de los días, seguimos hablando de esta y otras posibles aventuras empresariales. Pero nunca firmamos un contrato. Solo estábamos intercambiando ideas, que valga decir eran buenas. Entonces las cosas dieron un giro inesperado. Me confesó que le gustaba, que hacía cinco años que estaba interesado en mí. Después de anunciar mi separación de Lorenzo, muchos tipos empezaron a acercarse a mí, incluso algunos de sus conocidos y amigos. La atención era divertida, una distracción bienvenida, pero con Mr. Tempo también había una química innegable. Era mayor, tenía hijos, estaba divorciado y era un hombre de negocios. Me dijo que cuidaría de mí y susurró todo lo que una mujer sueña con oír: "Lo quiero todo contigo. Nunca he sentido algo así tan pronto con alguien. Eres lo que siempre he deseado. Quiero cuidar de ti. Podemos construir cosas juntos. Imagínanos viajando por el mundo y abriendo restaurantes…". Y yo estaba frita. Para ser sincera, pensé: *Ay Dios mío, él cumple con todo lo que quiero en un hombre.* Además, estaba hambrienta de afecto e intimidad. Todo lo que quería era ser abrazada y amada.

Mi vida sexual mientras estuve casada llegó a un punto en el que una noche, alrededor de una semana antes de que por nos dejáramos, al meternos en la cama después de una fiesta, me sentía excitada, y se lo di a entender a Lorenzo, pero me dijo que se sentía un poco lleno.

—No te preocupes, agarra mi vibrador.

—¿Quieres que lo agarre?

—Sí, estoy cachonda y tú no estás haciendo nada al respecto.

Así que me dio mi vibrador y mientras yo estaba acostada, desnuda y jugando conmigo misma, él estaba a mi lado mirando su teléfono.

Incrédula, me detuve y le pregunté:

—¿No vas a ayudarme? ¿Al menos besarme, tocarme, algo?

Recuerdo que repitió que se sentía lleno.

Nunca me había sentido tan indeseada en mi vida.

Por eso, cuando Mr. Tempo entró en mi vida y me colmó de cumplidos sobre mi belleza y mi fuerza, alimentó sin saberlo mi autoestima, y esa admiración y deseo me hicieron caer en sus brazos. De repente me di cuenta de que había vida más allá de mi desgarradora separación. Él me hizo sentir de nuevo que era una mujer deseable. Así que, en lugar de detenerme en ese momento para reflexionar, me dejé llevar y bajé la guardia. La química era de otro mundo, y yo estaba vulnerable y necesitaba ese tipo de atención; solo quería que alguien me hiciera sentir amada. Y de eso soy culpable. Lorenzo y yo nos habíamos separado legalmente el 16 de septiembre, así que después de eso todo valía. Lo que hiciera con mi panocha a partir de entonces era asunto mío. ¿Estaba mal visto en el mundo religioso porque aún seguíamos casados? Tal vez. Pero al final del día, yo ya no era su problema y él ya no era el mío. Ni siquiera tenía mi número. No estaba haciendo nada malo. Nunca lo engañé. De lo que sí me arrepiento es de haberme dejado caer rendida tan rápido ante alguien nuevo. Como figura pública, debería haber sido más cautelosa. Como mujer, debería haber sabido que necesitaba tiempo para sanar.

Cuando las cámaras nos pillaron besándonos, me sentí totalmente desolada. Mi corazón no podía soportar otra debacle mediática. Más tarde me dijeron que había sido una trampa, pero que Mr. Tempo no tenía nada que ver. Con el tiempo, tuve la sensación de que tal vez su publicista contrató a alguien para que nos hiciera fotos sin que él lo supiera. Quienquiera que estuviera detrás de esto vendió las fotos al programa de chismes *Suelta la Sopa*, lo que significa que ganaron dinero, y eso hizo que el publicista quedara bien a los ojos de su cliente.

A Mr. Tempo se le revolvió el estómago cuando se enteró de la filtración. Estaba en pleno proceso de entrevistas sobre su tequila, así que le di luz verde para que lo abordara en público. Me defendió, pero la óptica exterior no nos hizo ningún favor. Todo sucedió demasiado rápido. Decidí confiar en él, pero no sabía si podía confiar en la gente que lo rodeaba. Luego me enteré de que estaba con alguien en ese momento; por supuesto, no me lo había dicho. Más tarde me explicó que tenía una novia, pero que las cosas no andaban bien. *¡Que qué!* Enseguida le sugerí que pusiéramos fin no solo a nuestra aventura, sino también a nuestra conversación de negocios. Necesitaba divorciarme y ordenar mis pensamientos.

Sin embargo, a finales de octubre, yo era la puta del cuento.

Como soy mujer, divertirme un poco después de mi separación seguía siendo mal visto. Los ataques fueron implacables. Los medios se aferraron al certificado de matrimonio como si viviéramos en los años veinte. Lo siento, pero estábamos en 2020, ¿qué esperaban? ¿Se suponía que tenía que esperar un papel que legalizara mi separación mientras él hacía lo que le daba la gana? Tengo dos palabras para ellos: doble moral. Si hubiera sido un hombre, este escándalo se habría manejado de otra manera. A los hombres nunca se los llama putas por tener una aventura. Se los regaña y luego todo el mundo sigue adelante como si nada. Me enfureció que esto se convirtiera en un escándalo, me enfureció la reacción de los medios y me enfureció que Lorenzo aprovechara la oportunidad para hacerse la víctima ante la opinión pública y actuar como si fuera la parte inocente en todo esto.

—Nunca te engañé, y lo sabes —le dije a Lorenzo mientras todo esto se desarrollaba—. Y no porque estuviera tan enamorada de ti. Sino porque estoy enamorada de Dios, y tengo demasiado miedo de desilusionarlo. Ahora todo vale. Puedes hacer lo que quieras, no me importa. Y yo también.

Luego tuve que lidiar con mi familia. Mi plan había sido hablar con ellos primero antes de tomar cualquier decisión respecto al negocio del tequila y firmar un contrato. Pero cuando ese beso se filtró a los medios, y Mr. Tempo me puso en evidencia al hablar de nuestra idea de asociarnos para el tequila, eso cambió el juego. Yo estaba súper enojada con él, pero creo que él simplemente no supo manejarlo bien. Los fans de mi mamá empezaron a decir: "Dios mío, su mamá tiene un tequila, ¡cómo pudo hacerle esto!". Sí, y también lo tienen un montón de otras celebridades. Puede haber más de un tequila de famosos en el mercado. Aun así, me llamaron "mala hija" y mi familia se molestó mucho.

Por cortesía con mi tío Juan y mi tía Rosie, me puse en contacto con ellos para abordar lo que se estaba diciendo en los medios, para explicarles que sí, había estado conversando sobre una posible colaboración en el sector del tequila, pero que no se había concretado nada. Sugerí que tuviéramos una reunión para poder decirles en qué punto estaba todo. Rosie estaba muy molesta por la situación, y la entendí. No era así como quería manejar este delicado asunto. Enseguida consideraron que el posible negocio era una amenaza y se ofendieron mucho porque no los había involucrado. Intenté explicarles que mi idea era ayudar también al tequila de mi mamá, pero una vez que mi familia se ofende es difícil hacerles entender nada. Se aferraron a la frase "conflicto de intereses", pero sigo manteniendo mi pensar: No hay ningún problema en que mi mamá y yo tengamos tequilas al mismo tiempo. La prueba está en nuestras líneas de maquillaje. Yo tengo una, mi mamá tiene una, y mi hermana Jenicka tenía planeado tener una, y todas podemos coexistir en el mercado perfectamente. Cada una de nosotras tiene sus propios seguidores, su propio público y su propia base de clientes. No ha afectado a nuestros resultados, pero creo que mis tíos eran demasiado obstinados como para ver el panorama general.

También estaba harta de que me echaran en cara a mi mamá. Conozco a mi mamá mejor que nadie, especialmente cuando de negocios se trata. Ella y yo trabajamos codo con codo; creamos su imperio juntas. Sé lo que le gustaría, su opinión sobre la calidad, sé lo que esperaría porque la ayudé a construir los cimientos de lo que se convertiría en su legado. Por eso también conocía su plan original para su tequila: "Vamos a empezar este tequila y hacerlo tan bueno y hacer tanto ruido que Patrón lo va a querer adquirir". Eso es lo que me dijo cuando empezamos a planear este negocio. Lo íbamos a hacer crecer exponencialmente y luego íbamos a venderlo; ese era el objetivo. Es lo que mi mamá quería. Para hacerlo ahora, tenían que producirse algunos cambios importantes. Pero sentí que mi tío y mi tía desestimaron mis ideas por completo. Era una situación delicada que quería manejar con cuidado, pero después de su constante rechazo, y el revuelo con Mr. Tempo, me di cuenta de que nunca nos pondríamos de acuerdo con esto, así que decidí alejarme.

Como empresaria graduada de la Universidad de Jenni Rivera, he hecho tanto y he trabajado tan duro para llegar a donde estoy hoy, por mi cuenta, que no puedo permitirme el lujo de asociar el nombre de mi marca a una mercancía que no esté a la altura de mis estándares. Punto final. Mi mamá falleció hace nueve años, ya no es su negocio, es el de ellos, y no tengo ninguna obligación de ser una buena hija para ellos. Por fin he madurado lo suficiente como para entender que ya no tengo que doblegarme para obtener su aprobación. A fin de cuentas, lo que está en juego son mi imagen y mi integridad, no la de ellos. Mis seguidores confían en mí y no voy a arriesgarme a perder esa relación que tanto me ha costado conseguir. Si promuevo algo que no está a la altura de mis estándares y mis seguidores se dan cuenta de ello, me abandonarán en el acto. Así funciona este negocio. Es despiadado. Un minuto tienes una gran base de clientes y al siguiente se te van. ¿Y entonces qué?

Era un desmadre, y había llegado la hora de darme una ducha fría. Ahora me doy cuenta de que Mr. Tempo y yo deberíamos habernos enfocado en nuestras ideas de negocios y no haberlas mezclado con el placer. Sigo creyendo que serían muy lucrativas, y aunque él y yo nos hemos distanciado por razones obvias, he seguido en contacto con su socio porque respeto su sentido empresarial. No hay ningún contrato. De momento, le estoy dando tiempo, pero la puerta sigue entreabierta. Diré, sin embargo, que ese breve encuentro con él me despertó de mi desconsuelo por un minuto para mostrarme que hay hombres por ahí que tienen la cabeza asentada. Existen. No tenía que apresurar nada. Mi tiempo llegaría. Simplemente tenía que permanecer conectada, diligente e intencional, para que de veras pudiera comenzar el proceso de sanación y emerger como la mejor versión de mí misma. Sobreviviría y volvería a prosperar, pero aún quedaban algunos baches profundos en el camino.

Algunas personas no son lo suficientemente fuertes, sabias o maduras como para tratarte o reconocer lo que tienes que ofrecerles. Pero ese no es tu problema, sino el de ellos.

14

CARBOHÓLICA EMOCIONAL EN RECUPERACIÓN

"No veo la hora de que llegue el día en que me despierte y me dé cuenta de que ya no te amo". Le envié eso en un correo electrónico a Lorenzo mientras mi corazón luchaba por entender cómo no había despertado antes de esta relación malsana. A pesar del circo mediático, de sus entrevistas, de las mentiras descaradas —como las veces que dijo que yo no lo apoyaba en su carrera—, seguía echándolo de menos. Mi corazón quería una cosa, mi vagina quería otra y mi mente intentaba que las dos se pusieran de acuerdo, pero se negaban a escuchar. El dolor era profundo, y me sentía tan sola como en el otoño de 2012. Un *déjà vu*, y no de los buenos. Nuevamente estaba alejada de mi familia y yo era el objetivo favorito de los medios mientras sufría un inminente divorcio. Pero me mordí la lengua y me tragué toda la mierda que se decía porque no quería reaccionar de manera impulsiva. Necesitaba procesarlo a mi ritmo. Mi verdad acabaría saliendo a la luz en estas páginas, así que me aferré a ella, sabiendo que estaba haciendo lo correcto. Mientras tanto, recurrí a mi máximo consuelo: la comida.

Conozco a gente que deja de comer cuando está triste, pero yo no soy así. Todo lo contrario, cuanto más triste estoy, más ganas me dan de comer para saciar mi malestar. Desde que tengo uso de razón, me he comido mis sentimientos. Para alguien que tiende a engordar con facilidad y que ha pasado por el infierno en más de una ocasión, es una combinación mortal. A través de cada desamor, cada pérdida y cada momento difícil, mi única y constante compañera ha sido la comida. Nunca me ha defraudado. De niña, cuando me regañaban, lo primero que hacía para calmar mi dolor era recurrir a la comida. Mi padrastro Juan me traía botanas cuando yo tenía problemas, y las ponía debajo de la almohada para consolarme, ocultándoselas a mi mamá porque ella estaba obsesionada con la pérdida de peso.

La primera vez que fui consciente de que tenía unos kilos de más fue cuando tenía diez años. Me di cuenta de que estaba más gordita que las otras niñas de la clase, y no fui la única que lo notó. Mi mamá enseguida me puso a dieta de proteínas, y ese fue solo el comienzo. Perdía peso, luego lo recuperaba, y entonces mi mamá me ponía en la siguiente dieta del mes: la dieta de la sopa; la dieta Zone; lo que fuera, lo hacía. Sus intenciones eran buenas: quería ayudarme a mejorar mi aspecto y mi confianza en mí misma, pero eso estaba empeorando mi autoestima. Las dietas yo-yo se convirtieron en la nueva constante de mi vida, pero eso no impidió que me comiera mis sentimientos. Sólo mejoré en ocultarlo para evitar que mi mamá me regañara. Empecé a tener una relación de amor-odio con la comida y con mi peso. Cada vez que creía que lo tenía bajo control, la vida me daba un revés y volvía a mis viejos hábitos.

Por eso, cuando lloraba la muerte de mi mamá muchos años después, recurrí a los tacos y las enchiladas y a cualquier cosa que me recordara a ella para poder sentir su presencia. No me gustaba salir mucho en aquel entonces porque la gente estaba empezando a reconocernos a los niños y a mí, así que nos quedábamos en casa viendo una película y yo pedía una pizza. El dolor era tan profundo que ninguna cantidad de comida podía llenar el vacío que ella había dejado, pero comer me traía el consuelo que ninguna otra cosa me daba: significaba un alivio instantáneo, aunque fuera temporal.

Hice lo mismo cuando rompí con Ángel. Las papas fritas, el helado, la pizza, las hamburguesas con queso. Me sentía tan mal que solo quería comer, tumbarme en la cama y hacer que todo desapareciera. La comida reconfortante se había convertido en mi adicción. A lo largo de los altibajos de mi relación con Lorenzo, también recurrí a la comida. Muchas veces, ni siquiera me daba cuenta de cuándo empezaba a acumular peso. Mi llamada de atención solía consistir en verme en la televisión o en una foto que alguien había tomado, y era entonces cuando me daba cuenta: *Ay, creo que no me veo tan bien.*

A medida que me acercaba a mediados de mis treinta, me di cuenta de que tenía que hacer de mi salud una prioridad. Estaba harta de las dietas yo-yo; de no sentirme cómoda en mi propia piel; de esconder mis brazos en camisas de manga larga, cárdigan, chaquetas; y de temer a la maldita balanza. Había probado todas las dietas posibles, pero lo que necesitaba era una revisión de mi estilo de vida. Y entonces apareció mi nueva entrenadora y ahora amiga íntima, Sarah Koudouzian. De niña, mi mamá me obligó a hacer tanto ejercicio que se convirtió en una tarea, algo que me daba pavor. Nunca me había entusiasmado, hasta ahora. Después de unos años en los que Sarah me pateó el trasero en nuestras sesiones de sudor, puedo decir con honestidad que si dejo de hacer ejercicio por un tiempo, realmente lo extraño. Pero sabía que ninguna cantidad de ejercicio serviría sin una dieta. Cuando le pedí consejo en ese sentido, Sarah me hizo tirar la balanza y luego me introdujo en el mundo *keto*. Por fin encontré algo que incluía alimentos llenos de sabor, lo que enseguida me hizo sentir un subidón de energía y bienestar general. A nivel personal, sé que la única manera de seguir algo a largo plazo es si siento que no me falta nada. Por eso, la combinación de una alimentación sana con opciones sabrosas es lo mejor para mí. También me encanta la posibilidad de siempre poder encontrar algo que se ajuste a mis necesidades en el menú de cualquier restaurante, por lo que comer fuera tampoco está prohibido.

Una de las claves del cambio a largo plazo en este sentido es adoptar una forma de comer saludable que se adapte a tu paladar. Tiene que sentarte bien y hacerte sentir bien. Me encanta el *keto*, pero con el paso del tiempo me he dado cuenta de que las comidas vegetarianas me sientan aún mejor. Así que estoy aprendiendo a hacer *keto* con un toque vegetariano y pescatariano para adaptarme a lo que me pide el cuerpo. No hay un solo camino cuando se trata de la comida que te cae y hace bien. Cada una tiene que descubrir lo que le funciona.

Otra cosa que me ha ayudado es eliminar la palabra *dieta*, que tiene una connotación tan negativa en mi vida. La dieta me hace pensar en restricciones, en una moda, en una solución temporal. Me recuerda a la comida insípida, aburrida e insatisfactoria que me deja con hambre. Deshacerme de esa palabra y, en su lugar, adoptar un estilo de vida saludable me ha permitido activar un interruptor. Ahora he descubierto cómo alimentar a mi cuerpo con lo que necesita, en lugar de sólo con lo que nos satisface a mí y a mis emociones momentáneamente, y a su vez permitirme un día de placer sin culpa.

Pero, por supuesto, aún soy una obra en construcción. Los viejos hábitos son difíciles de cambiar. Mientras pasaba por mi separación con Lorenzo, esa fiel muleta no desapareció por arte de magia. Recurrí a una hamburguesa con queso y tocino de Carl's Jr. para aplacar el desgarro de mi corazón. El dolor debilitó mi fuerza de voluntad. No podía pensar con claridad, y mucho menos elegir alimentos saludables. Busqué lo que sabía que aliviaría mi sufrimiento. Cuando sientes que tu mundo está al revés, ese subidón instantáneo es adictivo. El problema es que no puedo dejar la comida. No es como las drogas o el alcohol, donde puedes estar sobrio y no volver a ingerirlos. La comida es vital, así que el objetivo es reparar esa relación.

Sin embargo, esta vuelta, era mucho más consciente de cómo lo que estaba metiendo en mi cuerpo me afectaría a largo plazo. Sabía que no era bueno para mí, y estaba claro que tenía que encontrar el camino de vuelta a mejores opciones para romper con mi caída en picada como carbohólica emocional. Y tenía fe en que lo lograría. Pero también aprendí a ser buena conmigo misma mientras estaba deprimida. Perdono a los demás todo el tiempo, así que he aprendido a ser más tolerante conmigo misma cuando me equivoco. Me permito caer y luego digo: "No, Janney, tienes que hacerlo mejor por ti", y luego me concentro en la siguiente comida para volver a levantarme. No me gusta esa sensación de pereza que llega después de un atracón; es horrible, y me hace querer volver a la comida sana para que los días no se conviertan en meses de comer sin sentido. He conseguido romper ese ciclo, y esa sensación de logro es lo que me sigue inspirando a mejorar.

También he aprendido a ejercer mi fuerza de voluntad y a decir que no cuando se trata de comida. Puede que me apetezca mucho una pizza el miércoles, pero ahora me obligo a esperar hasta el domingo, mi día de placer, para poder disfrutarla sin culpa. Con el tiempo, esta nueva fuerza de voluntad se volvió adictiva. *A huevo, ¡sí que lo puedo lograr!* Cuando encuentras el equilibrio en un área de tu vida, es más fácil que las otras áreas sigan el ejemplo.

Aprender a decir no a la comida insalubre también me ha enseñado que está bien decir no en otras áreas de mi vida para preservar mi salud mental y emocional. Fui capaz de decir no a las relaciones tóxicas, no a mi familia y no a mi matrimonio cuando llegó a su límite. Hubo momentos, después de separarnos, en los que realmente eché de menos a Lorenzo, y un abrazo habría sido increíble, pero dije que no. Sabía que, al igual que la hamburguesa con queso que se me antojaba, él no era bueno para mí. Si no sirve para mi bien superior, ya sea un familiar, un amigo, un marido, un amante o la comida, entonces le diré que no. Esa fuerza de voluntad vive dentro de mí. Cuando reclamé ese control, de repente me sentí liberada.

Luego, lo esencial es encontrar tu ritmo, tu equilibrio. Tengo control sobre ciertas cosas, como la comida, el ejercicio físico y la elección de las personas dentro de mi círculo; y luego están las cosas que quiero controlar pero no puedo porque la vida es una mierda a veces. En esos casos, he aprendido a dejar las cosas como están. Cuando no podía confiar en Lorenzo, me invadía un sentimiento de necesidad de saber dónde estaba en todo momento porque temía que se autodestruyera o hiciera algo que pudiera perjudicarme. Ahora entiendo que, al igual que no puedo controlar el tiempo, tampoco puedo controlar las acciones de los demás. Tengo que confiar en el universo y en Dios y poner en práctica la Oración de la Serenidad viviendo realmente un día a la vez y haciendo del presente mi mayor regalo.

Ahora no me centro tanto en mi peso, sino en mi cuerpo, mi mente y mi espíritu, porque quiero vivir una vida larga y saludable. Y para ello, tengo que decirme a mí misma que sí. Me imagino que si lo hago una y otra vez, Dios acabará recompensándome con la sabiduría necesaria para tomar las decisiones correctas para mi futuro. Cuando me siento bien, no hay quien me pare.

Carbohólica emocional en recuperación

"Dios, concédeme la serenidad para aceptar las cosas que no puedo cambiar;
el valor para cambiar las cosas que sí puedo;
y la sabiduría para reconocer la diferencia".

—ORACIÓN DE LA SERENIDAD

15

LA FAMILIA: DE FÁCIL NO TIENE NADA

Parte del bajón que sufrí en la segunda mitad de 2020 no fue solo el fin de mi matrimonio, también tuvo que ver con mi familia. Me sentí como si fuera 2012 de nuevo. No es ningún secreto que tengo una relación complicada con algunos de mis familiares. Ante todo, los quiero. Pero a veces no me caen bien. Las cosas se pusieron tensas con mi tío Juan y mi tía Rosie cuando estalló el escándalo del tequila. Mientras tanto, mi tío Pete, el pastor de la familia, decidió criticar públicamente en entrevistas la forma en que yo estaba manejando mi relación, sin siquiera acercarse a mí primero para averiguar lo que realmente sucedía. Luego, mi hermana Jacqie de pronto también decidió excluirme, a pesar de que había prometido que no volvería a darme la espalda después de 2012. Me sentí tan dolida y sola, como si todo se me viniera encima a la vez. ¿No hemos aprendido nada de los últimos ocho años?

No. En lugar de unirnos tras el fallecimiento de mi mamá, las cosas fueron empeorando poco a poco desde entonces. Se resistieron bastante cuando comencé mi carrera como cantante. Pues sí, mi familia fue a mi primer concierto, pero siempre me sentí muy juzgada, en especial por Rosie y Juan. A medida que mi carrera se iba desarrollando, en lugar de alegrarse por mí y apoyar mi sueño, me encontré con su indiferencia. Parecía que de repente me veían como el enemigo, como la competencia. Era una locura. No pretendía ocupar su lugar. Solo quería seguir un plan que en realidad había discutido por primera vez con mi propia mamá sobre el lanzamiento de mi carrera musical. Era el momento de forjar mi camino, pero algunos miembros de mi familia no estaban dispuestos a aceptarlo. Recuerdo que mi tío Juan me hizo sentir súper mal. Hace poco, lanzó a una nueva cantante en su sello discográfico y subió un *post* que decía: "Sí, me gusta más como cantante que mi sobrina, sí". ¿Era eso necesario? Desde el principio, me desilusionaron mucho, pero no importaba lo que todo el mundo dijera, yo sabía que mi mamá apoyaba este sueño, y estaba decidida a llevarlo a cabo.

Quería a mi tío Juan. Había sido una figura tan importante en mi vida. Le estaré eternamente agradecida, porque fue el único de mi familia que estuvo a mi lado cuando mi mamá dejó de hablarme y me desheredó en el otoño de 2012. Él me creyó. Nunca lo olvidaré. Pero al ponerse de mi lado, su relación con mi mamá sufrió, y cuando ella falleció, no habían estado en buenos términos por esa razón. Creo que en el fondo está resentido conmigo por eso, aunque es probable que no lo sepa de manera consciente. Y creo que eso jugó un papel importante en el deterioro de nuestra relación. Lo vi clarito por primera vez en 2014, durante una firma de autógrafos que él y yo hicimos en Chicago para el tequila de mi mamá. Yo acababa de llegar, agotada por el trabajo sin parar, y cuando me encontré con él, me di cuenta de que estaba pedo. Empezó a hablar mierda, y yo intenté seguirle la corriente, hasta que dijo algo despectivo sobre Jenicka y yo reaccioné sin pensar y respondí con un comentario sobre su hija, lo que lo hizo explotar. De pronto, me lanzó el teléfono y el cargador con tanta fuerza que tuve que agacharme a toda velocidad, y se estrellaron contra la pared que había detrás de mí e hicieron un agujero. Fue entonces cuando me di cuenta de la rabia reprimida que tenía hacia mí. Fue aleccionador.

Lo último que quería hacer era ir a la firma después de nuestra pelea, pero sentía que era mi responsabilidad. Tenía que hacerlo por mi mamá. Así que fui, abracé a sus fans y puse mi mejor cara de felicidad. "No sé cómo puedes ser tan falsa y sonreír y fingir que todo está bien", me dijo. ¿Cómo no iba a hacerlo? Aquellas personas que llevaban horas esperando en la fila no tenían que soportar el peso de nuestra familia disfuncional. No era su culpa. No iba a arruinar su momento porque no nos soportáramos. Apestaba a alcohol y estaba lívido, pero lo ignoré durante todo el evento.

Un par de días después, sonó el teléfono a las seis de la mañana. Ángel contestó. Era Juan, y estaba borracho. "¿Por qué Dios bendijo a esta niña con tanto amor?", le dijo, refiriéndose a mí. Ángel me pasó el teléfono y Juan continuó: "Me di cuenta de que Dios te bendijo con gracia y favor, y tu mamá está enviando su amor a través de estas personas. Pero para ser sincero, cuando tu mamá falleció, pensé que sería mi momento. Y aquí vienes sin ni siquiera la mitad de mi talento, y todo el mundo te quiere y todos quieren trabajar contigo, mientras que yo llevo quince años en esto. Ni siquiera estás preparada; es una gran desilusión". Dicen que sólo los borrachos y los niños dicen la verdad. Aquella semana, algo hizo clic, y desde entonces mi relación con mi tío no ha vuelto a ser la misma.

Navegar por nuestra dinámica familiar es casi como caminar por un campo minado. Justo cuando crees que te has librado por poco de perder una pierna, pierdes un brazo. Salir victorioso es prácticamente imposible. Eso fue lo que aprendí cuando me negué a ir a una gira de Dinastía Rivera en 2018. "No, absolutamente no. Ustedes se odian", dije. No podía subirme al escenario con ellos y fingir que éramos una gran familia feliz cuando algunos ni siquiera se hablaban. No me importaba el dinero que pudiera perder por decir que no, mi integridad venía primero. No estaba dispuesta a venderme así.

Después de que mi mamá falleció, hubo cosas que sucedieron en Monterrey, México, de las que muchos de nosotros no estamos enterados. Cuando mi tío Gus (que siempre ha sido la oveja negra de la familia) y mi tío Lupe (que también ha tenido una relación complicada con todos nosotros) regresaron de ese viaje, mantuvieron la calma hasta que mi mamá fue enterrada. Luego empezaron a encenderse los problemas. Se armó un desmadre y mi tío Lupe y su exesposa fueron a la casa de mi tío Gus, y ella y mi prima Karina tuvieron un altercado. Karina terminó rompiéndole la nariz a la exmujer de Lupe. Fue horrible.

Así que, cuando me pidieron que me uniera a la Dinastía Rivera para una actuación, no me pareció bien. Me acerqué a Gus y le dije:

—Oye, ahora que vas a hacer la gira, ¿van a hablar tú y Lupe? ¿Van a resolver sus problemas?

—No, no voy a volver a hablar con él —me respondió.

—Bueno, no estoy de acuerdo con eso. No voy a subirme al escenario con ustedes y fingir que somos una gran familia feliz para la cámara y toda esa chingadera. Ustedes sigan adelante y háganlo sin mí.

De todos modos, yo no formaba parte de la Dinastía, así que no me pareció gran cosa. Pero luego metí la pata. A insistencia de mi tío Juan y mi tía Rosie, acepté subirme al escenario y cantar en el concierto de Jenni Vive el 31 de octubre de 2018, en honor a mi mamá. Eso significaba que cantaría con mi tío Lupe, con quien no había hablado en cuatro años. No es que no pudiéramos estar en la misma sala juntos: si nos cruzábamos, siempre éramos cordiales.

Además, estaba mostrando señales de cambio e intentaba acercarse a la familia. De todas formas, no me oponía a cantar con él, solo me parecía poco natural, pero en este caso, preferí ir con la corriente para no causar aún más problemas en nuestra familia. Quería complacer a mi tío Juan y a mi tía Rosie, quería que hubiera paz, quería que nuestra familia estuviera bien, y lo más importante, quería hacerlo por mi mamá.

Justo antes de subir al escenario esa noche, Lupe le expresó al público que estaba orgulloso de presentar a alguien a quien había querido como una hija desde que era una niña. Continuó diciendo que era el tío más feliz del mundo. Nunca me había dicho nada de eso, ni delante ni detrás de cámara. Estaba tan confundida que no sabía cómo sentirme. Conmocionada, subí al escenario y logré hacer la actuación, ganando impulso con cada canción que pasaba. Lo que no sabía entonces era que al aparecer en el escenario con él, perdería a mi prima Karina, la hija de Gus, en el proceso. Me había mantenido leal tanto a Gus como a Karina a lo largo de su disputa con mi tío Lupe, pero a sus ojos, me convertí en una vendida cuando acepté cantar con él esa noche. Entiendo su punto de vista. No lo hice por él. Lo hice por mi mamá. Lo hice para honrarla. Pero eso, junto con otros errores de comunicación y malentendidos en relación con otras cosas que la gente le dijo sobre mí que no eran del todo ciertas, al final me costó mi relación con Karina. Era mi prima más cercana, y me hubiera gustado tener la oportunidad de hablar con ella y contarle mi versión de la historia; nunca pensé que me casaría sin ella. Perderla aún me duele. Hemos conseguido intercambiar algunos mensajes de texto en el último año, pero estamos lejos de estar tan cerca como antes. Me encantaría decirle: "Mierda, tenías razón. Todo este tiempo, tenías razón". Mi familia está bien chingada, son unos falsos. Me crie con el lema "la sangre es más espesa que el agua", y lo creí. Pero a medida que fui creciendo, me di cuenta de que era mentira. Las personas son personas. La familia puede apoyarte y puede clavarte un puñal en la espalda; no tiene nada que ver con la sangre.

Cuando Jacqie empezó a hablar de nuevo con nuestro padre, como ya he mencionado, me incomodó. Siempre he estado presente para ella, también ayudé a criarla, y ella sabía lo que ese hombre me hizo pasar. Pero luego me convencí de acallar esos sentimientos. *No puedo ser egoísta,* me dije. Sabía lo mucho que le había afectado no tener un padre. Pensé que tal vez algo parecido a una relación con él podría darle las respuestas a las preguntas que han rondado su mente la mayor parte de su vida; tal vez podría ayudar a reparar su corazón. Así que dejé de lado mis sentimientos. La escuché cuando dijo que solo tendría una relación con él si se disculpaba por lo que había hecho. Luego observé cómo seguía comunicándose con él, aunque esa disculpa concreta nunca llegara. Y de repente, volví a tener ese pensamiento familiar: *Ella no me cubre las espaldas.*

Cuando mi mamá me acusó de acostarme con su marido y me desheredó en el otoño de 2012, Jacqie se alejó sin siquiera darme el beneficio de la duda. Le supliqué: "Jacqie, me conoces, sabes quién soy. Nunca haría algo así". Pero ella eligió un lado, y no era el mío. Nunca me llamó para ver cómo estaba. Sentí que me había abandonado. Entonces murió mamá, y yo le prometí, como la mayor, que mantendría a mis hermanos unidos, y con el tiempo volvimos a acercarnos. Esto nos llevó a tener una charla sincera en 2016, cuando, unos días antes de tener su tercer hijo, me dijo: "Fui muy mala y te herí el corazón. Debería haberlo sabido. Debería haber traído paz a la situación". Me dijo que sabía que debería haber dado la cara por mí y decirle a nuestra mamá que se había equivocado. Pero no lo hizo. Sin embargo, aprendí a confiar de nuevo en ella. Comprendí que en aquella instancia intentaba ser una buena hija. "Te prometo que ahora no dejaré que nadie hable mal de ti. Sé que metí la pata y sé que no di la cara por ti, pero ahora, aprendiendo de ese error, no lo volvería a hacer". Pero sí lo hizo.

Después de haber pasado por muchos más altibajos con ella, después de haber visto cómo eligió ponerse del lado de otra persona de la familia tantas veces, ahora me doy cuenta de que debería haber hablado con ella y haberle hecho saber cómo me hacía sentir su nueva relación con nuestro padre. Debería haberle dicho: "Hermana, papá abusó sexualmente de mí. Me afectó de muchas maneras. Si todavía quieres tener una relación con él, tienes que saber y tener en cuenta cómo me hace sentir a mí también". O: "No, Jacqie, no me parece bien que te estés acercando a nuestro padre. Creo que le estás demostrando que si puede tenerte en su vida, seguro que puede hacer creer a los demás que no abusó de mí. Que al final no era verdad". Debería haberlo hecho. Pero no pude. Puse sus necesidades primero.

Luego llegó el año 2020 y volvió a suceder, y para ese momento había llegado a mi límite. Estaba nadando entre la mierda, tratando de recoger los pedazos de mi matrimonio roto, lidiando con el escándalo de Mr. Tempo, y necesitaba desesperadamente a mi hermana a mi lado, pero ella no estuvo ahí. En cambio, se paró junto a mis tíos y me dejó colgada de la brocha. Quizás fue porque era demasiado fácil manipularla. Nunca comprenderé del todo qué la llevó a hacer esto, pero esta vez había llegado a mi límite. Le dije que necesitaba espacio, y ella me dijo que se sentía igual, que estaba cansada de estar en el medio, de tener que elegir siempre entre nuestros tíos y yo. A veces me hace sentir que los elige a ellos antes que a mí. Una y otra vez. Incluso después de disculparse entre lágrimas y prometer que saldría en mi defensa la próxima vez.

Me duele. Nunca entenderé el por qué. Siento que a veces no

me valora. Ella y yo estamos bien ahora. Nos tratamos de manera cordial, somos respetuosas y sabemos que nos queremos, pero no estamos tan cerca como me gustaría. Gracias a la terapia, me he dado cuenta de que es mi hermana, pero eso no la convierte necesariamente en mi mejor amiga. Jenicka y yo somos amigas, hablamos de todo y de nada, pero con Jacqie es diferente. Ya no acude a mí para tener conversaciones profundas. A veces siento que está más cerca de Rosie y, por mucho que me gustaría tener ese vínculo de hermana inseparable con Jacqie, he aprendido a respetar y aceptar que no lo tengo, y eso está bien. A pesar de todo, siempre la querré.

Ahora estoy enfocada en aprender a crear límites y cuidar de mí misma, en especial en esta familia donde prevalecen los celos. La primera vez que los viví fue a través de mi mamá. Vi lo que tuvo que afrontar y fui testigo de sus lágrimas. El año antes de que falleciera, recuerdo lo desilusionada que estaba con su familia cuando la operaron de la rodilla. Me dijo: "Todo lo que soy para mi familia es dinero". Nadie vino a ver cómo estaba, si necesitaba algo. Era diciembre de 2011, un año antes de que nos dejara definitivamente, y recuerdo que decía que solo quería darles dinero para que la dejaran en paz. Para ella también era tóxico. Cuando Lupe estaba arriba, ellos se ponían en contra de ella; cuando ella estaba arriba, se le arrimaban a ella y le daban la espalda a él. Lo he visto con mis propios ojos. Lo recuerdo todo. Y ahora me toca a mí, y es agotador.

Pero estoy haciendo lo mío y me mantengo en mi carril. Ya no siento la necesidad de buscar su aprobación para hacerlos felices, para que me quieran y reconozcan que soy una buena persona con buenas intenciones. Eso no me ha llevado a ninguna parte. Siempre se han molestado conmigo por no apoyar más las cosas de mi mamá. Y cuando intentaba mantenerme firme, se me lanzaban a la yugular: "Eres una mala hija porque no apoyas el legado de tu mamá". Un momentito, yo apoyé a mi mamá y le di los primeros veintiséis años de mi vida. Mientras ellos parecían alimentarse de sus ganancias, yo andaba cuidando a mis cuatro hermanos y ayudando a mi mamá a construir su carrera, todo. Por eso mismo, sé que su mayor legado no son sus canciones ni su tequila ni su línea de maquillaje... su mayor legado son sus hijos. Ya nadie puede decirme que le debo algo. Estoy bien con mi mamá. Estoy en paz con ella. Cuido a sus hijos, me aseguro de que los cuatro estén bien. Incluso cuando las cosas se complican entre nosotros, les cubro las espaldas y los mantengo en mis oraciones. Por eso, cuando me dicen: "Lo único que te importa es el dinero", para echar más leña al fuego, pienso: *No, lo único que me importa es ganarme la vida y asegurarme de que mis hermanos más pequeños estén bien atendidos; eso es lo que también querría mi mamá.*

A pesar de todo esto, les di sugerencias sobre cómo manejar los negocios de mi mamá, pero no quisieron prestarme atención. En realidad, hace tiempo que no son los negocios de mi mamá. Rosie y Juan han estado al timón de ese barco durante los últimos nueve años. Ellos son los que están detrás de la marca ahora, no mi mamá. Y no estoy de acuerdo con muchas de las cosas que hacen. A esta altura, me gustaría que pudiéramos dejar de lado todas las tonterías del negocio y volver a ser una familia. No quiero que recurran a mí para trabajar y que luego me rechacen cuando pienso que algo debería hacerse de otra manera. Eso me tiene harta. *Un momento, tíos, tía, ¿me han preguntado si he comido hoy? ¿Me han preguntado cómo estoy? ¿Se preocuparon por el dolor que estaba pasando con mi separación y mi divorcio? ¿Estuvieron ahí para mí?* No. No, no estuvieron. En noviembre, lloraba todas las noches hasta quedarme dormida, y al igual que en 2012, ninguno estuvo ahí. Algunas cosas nunca cambian.

Uno de esos días, mientras estaba en el baño, llorando sola, escuché claramente a mi mamá: "¿Por qué te sorprendes tanto de nuestra familia? Yo ya pasé por esto. Esto ha estado sucediendo durante años". Tiene razón, no debería haberme sorprendido. Pero también creo que su decisión de poner a Rosie a cargo de la herencia exacerbó todo. Entiendo su razonamiento: Rosie es frugal y ha hecho un gran trabajo administrando su propio dinero. Lo que mi mamá no tuvo en cuenta fue la presión que tendría que soportar Rosie al hacerse cargo de un negocio del que realmente no sabía nada, y cómo este nombramiento perjudicaría a nuestra familia a largo plazo. No creo que mi mamá estuviera en el estado de ánimo adecuado para tomar este tipo de decisiones importantes. Debería haber sido asignada a alguien neutral, un administrador de bienes profesional y con conocimientos de negocios. Eso nos hubiera dado al resto de nosotros la libertad para ser una familia. Pero lo hecho, hecho está.

El imperio de mi mamá tiene el potencial de ser increíblemente lucrativo, pero creo que las decisiones que se están tomando tienen raíces emocionales y carecen de sentido comercial lógico, y creo que poco a poco se está convirtiendo en un barco que se hunde. No me afecta a nivel personal porque mi mamá me sacó de su testamento antes de morir, así que no soy parte de ese fideicomiso. Pero sí me preocupa porque estamos hablando de la herencia de mis hermanos, y me temo que no quedará mucho para cuando Johnny y Jenicka cumplan los veinticinco años, que es cuando pueden acceder a la primera parte de sus acciones. La segunda parte les llegaría al cumplir los treinta años, y la tercera cuando tengan treinta y cinco. Eso significa que a Johnny aún le quedan quince años para poder acceder a toda su herencia. Por eso, cuando oigo a Rosie decir: "Ah, no le queda mucho dinero", me da que pensar. Le gusta echarme la culpa a mí, que todo se está usando para cubrir los gastos de Johnny. Un momento, yo recibo 2.800 dólares al mes para la comida, el alquiler, la ropa y el resto de las necesidades básicas de Johnny. No es mucho hoy en día. Si necesita cualquier otra cosa, me encargo yo. Así que, cuando dicen que me estoy gastando todo su dinero, pregunto: "¿Cómo?".

Esta situación ha llevado a Johnny a buscar una contabilidad de la herencia. En realidad es algo que ha querido hacer desde que tenía dieciséis años. En ese entonces, como su tutora, lo detuve porque no creí que fuera una buena idea molestar a la familia. Después, cuando cumplió dieciocho años, volvió a plantear la idea y le dije que no. Ahora que ha cumplido veinte, sacó el tema de nuevo y le pedí que se sentara a rezar. Lo hizo y se mostró decidido. "Bueno", le contesté, "entonces te ayudaré con esto, te apoyo al cien por cien. No hay nada malo en lo que haces, sólo debes saber que no les va a gustar".

Una contabilidad es completamente normal. Debería hacerse todos los años. Hasta ahora, para ser sincera, sentí que no tenía ni voz ni voto porque estaba excluida del testamento, pero por fin me saqué de encima esa sensación este año. Sigo siendo su hija, ayudé a construir este imperio y tengo derecho a ayudar a Johnny a obtener algunas respuestas a las preguntas que le han estado molestando durante estos últimos cuatro años. Actualmente, los niños no saben cuánto dinero hay en esa cuenta ni lo que entra y sale, no saben cuáles son los sueldos de Juan ni de Rosie y no saben lo que cobra el marido de Rosie. Están completamente a oscuras. Les he preguntado a mis hermanos: "¿Cómo diablos no tienen acceso al estado de su cuenta?". Deberían ser capaces de ver lo que está pasando. Después de todo, es su herencia, su dinero. El propósito de la contabilidad es ver qué está pasando con el dinero que mi mamá dejó para mis hermanos. ¿Cuánto dejó, cuánto se ha gastado, cuánto se ha ganado con su mercancía y su música y quién está recibiendo qué en el proceso? El objetivo es que todo sea transparente. Obviamente, esto no le está cayendo bien a mi familia. Pero si no hay nada que ocultar, no debería haber ningún problema.

A fin de cuentas, y a pesar de nuestras relaciones disfuncionales, yo la quiero a Rosie, lo quiero a Juan, quiero a mis parientes. Pero a veces no siento que sean saludables para mí. ¿Me cubrirán las espaldas? No. La sangre no es más espesa que el agua. Lo que olvidan es que mi mamá, antes de fallecer, me encaminó para que fuera independiente. Me empujó a vivir sola, a encontrarme a mí misma, a descubrir mi camino, mi pasión. Ella quería manejar mi carrera de cantante. Quería que volara, que hiciera lo mío. Y eso es lo que por fin estoy haciendo, aunque a mi familia no le guste. Algunos de nuestros negocios pueden superponerse, pero no estoy poniendo en peligro sus ingresos. ¿Crees que me sentiría amenazada si Jenicka o Jacqie sacaran su propia línea de maquillaje o cuidado de la piel? No, claro que no. Estoy muy orgullosa de ellas. Sé que van a hacer cosas increíbles y espero apoyarlas en todo lo que pueda. Porque, a diferencia de algunos miembros de mi familia, creo que hay que celebrar los éxitos de los demás en lugar de molestarse porque a uno de nosotros le vaya mejor que al otro. Hay lugar para que todos podamos perseguir nuestros sueños y brillar.

También he comprendido por fin que quererlos y desearles lo mejor no significa que tengan que estar a mi lado. Desde pequeña, he tenido problemas con los límites. Todo empezó con mi padre. Una vez que comencé a comprender que lo que me hacía estaba mal, ¿por qué no dije que no? Me he hecho esta pregunta miles de veces. En retrospectiva, creo que logré decirle que no una vez, sin éxito. Pero no quería que se enojara conmigo; no quería desilusionarlo. No sabía qué sentir ni cómo hablar de esto, y ese patrón lo continué repitiendo de adulta. Cuando he tenido problemas con mis tíos, mi hermana o cualquier otro pariente o amigo, incluso si estaba claro que estaban equivocados, dudaba de mí misma y no hablaba. Pensaba que al dejar de lado mis sentimientos, los protegía. Ellos venían primero, aunque me sintiera herida, aunque estuvieran equivocados. También me pasó con mi mamá. Me crie poniéndola en primer lugar, ayudándola a brillar, yendo a la Universidad de Jenni Rivera en lugar de a una universidad de verdad porque sentía que mi trabajo era estar a su lado, ayudarla con los niños, con su negocio; es lo que sabía hacer.

Cada vez que entro en conflicto con las personas que quiero, tiendo a dejar de lado mis sentimientos, pero quiero resolver esta mierda porque sé que no es saludable. Es que lo he hecho durante tanto tiempo que es un hábito difícil de romper. Tengo que encontrar mi voz y la fuerza para decir: "No, eso no me hace sentir cómoda". No quiero tener relaciones tóxicas, ni con mis familiares, ni con mis parejas ni con mis amigos. Al final no le hacen bien a nadie.

Por otro lado, sé que hay una gran diferencia entre lo que esperamos de nuestros seres queridos y lo que en realidad nos pueden dar, y ese camino también puede llevar a la desilusión. Estoy aprendiendo a aceptarlo para poder disfrutar de lo que podemos darnos mutuamente. Cuando por fin logré aceptar esto, me invadió una sensación de paz y dejé de tener expectativas poco realistas de mi familia.

A fin de cuentas, quiero estar rodeada de personas que me hagan bien, que en definitiva me den paz. Quiero personas en mi vida que correspondan mi amor, ya sea en una relación, con mi familia o con mis amigos. En lugar de estar con gente que me chupa toda la energía, quiero personas que me completen. Anhelo una vida familiar llena de amor, en la que no haya negocios compartidos, en la que podamos ser simplemente hermanos, y tíos, y primos, y sobrinos, y abuelos, sin todo el drama adicional que tanto daño nos hace a todos. Aún guardo la esperanza de que mi familia dé un giro algún día… la esperanza es lo último que se pierde.

Anímate a soltar, anímate a Dios.
No sé qué va a pasar hoy.
Renuncio a cualquier duda,
a cualquier preocupación,
a cualquier miedo, y los envío al cielo.

16

DULCE, GLAMUROSA Y ATREVIDA

Cuando éramos niños y mi mamá nos pidió a mis hermanos y a mí que consideráramos cambiar legalmente nuestros apellidos a Rivera, dije que no. Yo respetaba a mi trabajadora familia Rivera y estaba muy orgullosa de mi abuelo, de mi mamá y de todo lo que habían logrado, y aunque sabía (más que nadie) lo que mi papá me había hecho, también sabía que había muchas cosas que pasaban en la familia Rivera que no me gustaban. Marín era mi apellido, con el que había nacido, con el que me identificaba, y me gustaba. Luego, con el paso de los años, los medios empezaron a llamarme Chiquis Rivera y se me quedó, pero en realidad soy Janney Marin, o simplemente Chiquis.

Por extraño que parezca, mi abuelo creía que me llamaba Chiquis hasta que cumplí los quince años. Un día, durante aquel verano que viví con mis abuelos cuando mi mamá me echó de casa porque pensó que había faltado a la escuela, sonó el teléfono. Mi abuelo levantó el auricular.

—Hola, ¿está Janie? —dijo un chico.

—¿Quién? —preguntó mi abuelo.

—Janie.

—No, aquí no vive ninguna Janie. Ella ya no vive aquí —le respondió, pensando que el tipo se refería a mi mamá, y luego colgó.

—¿Quién era, abuelo? —le pregunté, curiosa.

Un muchacho preguntando por Janie.

—¡Abuelo esa soy yo! ¡Yo soy Janie!

—No, tú eres Chiquis, cómo que Janie.

—¡Sí, yo soy Janie!

Se echó a reír:

—¡No lo puedo creer!

Entiendo su confusión. En mi familia, soy Chiquis desde que tengo uso de razón. Es más, hasta los dieciséis años, creía que mi verdadero nombre era Janie. No fue hasta que me inscribí en el anteúltimo año de la escuela con mi partida de nacimiento en la mano que me di cuenta de que mi nombre en realidad se escribía Janney. "¿Por qué no me lo dijiste antes?" le pregunté a mamá. "Ay, no sé, se me olvidó. Tengo demasiados pinche niños". Clásica respuesta de Jenni.

Pero con el paso de los años, al estar más expuesta a los medios y al comenzar mi propia carrera, mi apodo familiar se convirtió en una parte intrínseca de mi personalidad como celebridad. Chiquis da la cara a la cámara, es dulce y burbujeante, recibe la mala onda y la eclipsa con su luz. Es la cáscara dura que protege mi corazón. Algo así como la Sasha Fierce de Beyoncé, que contrarresta su personalidad naturalmente tímida y la ayuda a convertirse en una monstrua sobre el escenario. Chiquis es la que trabaja y hace que las cosas sucedan. Su mundo es el de las marcas, el glamour, la ostentación, el brillo. Es mi personaje en el escenario y mi Boss Bee interior. Cuando los medios me atacan con todo, es Chiquis la que sonríe cordialmente para atravesar la oscuridad, lidia amablemente con las pendejadas y siempre da lo mejor de sí misma, pase lo que pase. Eso es lo que se necesita para trabajar en esta industria. Mucha gente lo hace para sobrevivir. Si no lo haces, puedes convertirte fácilmente en otra Britney Spears u otro Justin Bieber. Necesitas ese personaje externo, esa coraza dura para que la industria del entretenimiento no afecte a tu esencia. Esto lo aprendí al principio: mis años de trabajo con mi mamá no fueron en vano. En lo que respecta a su carrera y sus negocios, era una chingona hasta la médula. Dejaba su lado suave y vulnerable para su círculo cercano de amigos y familiares. Yo quería emular eso a medida que pasaran los años.

Luego algo hizo clic en 2018, después de que hice mi limpieza de las redes sociales. Ese año había realizado setenta y tantos espectáculos y había ganado mucho dinero, pero todo me estaba pasando factura. Me di cuenta de que necesitaba hacer algo que me ayudara a proteger mi esencia, mi cordura, para no perderme en el camino. Fue entonces cuando separé por primera vez a Chiquis de Janney.

Cuando me quito el maquillaje glamuroso y me desprendo de mis trajes elegidos con tanto cuidado, dejo descansar a Chiquis y vuelvo a Janney, mi verdadera esencia, mi corazón. Janney es la persona hogareña, la *hippie* que no se preocupa por las redes sociales. Le gusta andar con la cara lavada, llevar el pelo en una coleta, ponerse una gorra y vivir con ropa de gimnasio. Mi verdadera actitud es más relajada, todo paz y amor. Me gusta trabajar para superarme. Al separar a Chiquis de Janney, pude reclamar mi nombre y la luz que venía con él. Solo las personas que me conocen de verdad me llaman Janney. Este es mi lado perdonador, mi lado inspirador y empoderador. Janney es la autora y la oradora motivacional; es mi yo más íntimo y mi futuro visualizado.

Y luego está Valentina. Lo sé, probablemente estarás pensando que he perdido la cabeza, pero tenme paciencia. Valentina siempre ha estado dentro de mí, pero en realidad nació con el primer simple de mi segundo álbum, "Horas extras". La imaginé como mi álter ego, esa chica de pelo largo y negro que salva a Chiquis de su tristeza en *Entre botellas*. El nombre surgió de una peluca negra que me puse para encarnar este personaje, y se quedó. Valentina Guerrera (sí, hasta tiene apellido para que sepan que no deben meterse con ella) es una chingona bien valiente.

Mientras que Chiquis es la que complace a la gente, Valentina piensa: *Así son las cosas, no te voy a dorar la píldora*. Ella es la que me dice: "Ándale, chingona, da un paso al frente. Deja de compadecerte de ti misma. Tienes que ser feroz". Ella es la que maldice y bebe y lleva el espectáculo de Chiquis al siguiente nivel. Valentina es la rebelde sin pelos en la lengua que vive en mí. Es mi lado gueto de Long Beach y Compton. No te metas con ella porque se quitará los anillos y se encargará del asunto. Por eso es la protagonista de mi video "Me vale". A diferencia de Chiquis, que es fuerte pero mucho más educada, Valentina es una valemadrista que te sacará el dedo medio, luego te guiñará el ojo y se irá.

Sé que parece una locura, pero en realidad todo se reduce a separar el trabajo (Chiquis) de la casa (Janney) y la chingona que sale sin reparos en mi defensa (Valentina). Las tres conforman lo que soy hoy. Estas partes de mi personalidad me permiten lidiar con los medios sin dejar de llevar la frente en alto y seguir adelante sin importar lo que me lancen. Es mi mecanismo de supervivencia, el que evita que pierda la cabeza cuando las cosas se vuelven demasiado oscuras demasiado rápido.

Creo que todo el mundo, de un modo u otro, tiene estas tres facetas en su personalidad. Está tu esencia. Luego está el lado que da lo mejor de ti en el trabajo, donde a veces tienes que sonreír a pesar del dolor interno para hacer el trabajo porque todos necesitamos pagar nuestras cuentas y sobrevivir. Y luego, bueno, creo que todo el mundo necesita su propia versión de una Valentina en caso de emergencia. Ese es el lado que te empuja a defenderte a ti misma y no deja que te pierdas complaciendo a todo el mundo en el camino. Chiquis y Valentina son las que me ayudaron a mí, Janney, a atravesar el final de 2020 y llegar al otro lado entera, glamurosa y descarada.

El mejor accesorio que puedes llevar es la confianza.

17

Y EL GRAMMY LATINO ES PARA...

El 29 de septiembre de 2020, recién salida de mi separación, uno de mis sueños se hizo realidad: fui nominada a un Grammy Latino. Fue como si Dios y mi mamá me dijeran, aguanta, lo bueno compensará lo malo. Llevaba años visualizando este momento y me súper conmocioné cuando me enteré de la noticia. Mientras grababa *Playlist,* podía sentir que tenía una energía especial, y recuerdo que me dije: "Quiero un Grammy". Lo manifesté, pero no podría haberlo conseguido sin mi equipo y los artistas que dijeron sí y formaron parte de mi viaje musical. Mi confianza como mujer, como cantante y como artista iba en aumento, y había encontrado mi ritmo. Sabía lo que quería: diez canciones, en un orden determinado, masterizadas a la perfección para que pudieran transmitirse sin problemas en cualquier dispositivo. Había seguido el consejo de mi mamá: "Cuando una puerta se cierra, entra por la ventana", y funcionó. La perseverancia estaba dando sus frutos.

Con el paso de las semanas, esta nominación se convirtió en mi faro de esperanza, halándome a través de la montaña rusa que fue octubre, el distanciamiento con mi familia, mi separación y los silenciosos y devastadores días de noviembre. El día antes del gran evento, estaba lleno de emociones encontradas.

Echaba de menos a mi mamá. No pude evitar notar los paralelismos entre lo que estaba pasando y la experiencia de mi mamá en 2012. Ella también estaba en medio de un proceso de divorcio, alejada de parte de su familia, e incluso tenía un problema de rodilla como yo en ese momento. Mi mamá había ganado un premio en los Premios de la Radio ese año como mejor artista femenina del año, y ahora yo estaba nominada a un Grammy Latino. Sólo de pensar en todo esto se me pone la piel de gallina. Me hubiera gustado que estuviera ahí conmigo, pero sé que estaba orgullosa. Mi mamá siempre me empujó a aprender de sus experiencias para poder hacer las cosas de forma diferente y mejor que ella cuando llegara mi momento. Así que ahora que ya no está más, cuando me enfrento a cualquier dilema o encrucijada, siempre me pregunto: "¿Qué haría Jenni?". Sé que el camino impulsivo no es la mejor opción, así que he tomado la costumbre de sentarme a pensar en las cosas y rezar sobre ellas.

Echaba de menos a mi marido. Cuando fue nominado un par de años antes con La Original Banda El Limón, fui con él a la ceremonia. Y recuerdo que me senté allí y pensé: *Seré nominada.* Lo manifesté esa noche. Luego, mientras grababa *Playlist,* Lorenzo fue un guía maravilloso en el estudio, dándome consejos para mejorar mis pistas vocales. Me hubiera encantado tenerlo a mi lado para ayudarme a celebrar este logro, pero Dios tenía otros planes. Todo sucede por algo, eso es lo que me decía a mí misma.

Pero también estaba muy emocionada. El mero hecho de ser reconocida era un sueño hecho realidad. Me propuse pasar un tiempo a solas para alinearme a nivel espiritual. Medité por la mañana. En lugar de hacer ejercicio, descansé. Comí con Johnny. Luego me hice un masaje. Decidí hacer sólo lo que llenaba mi corazón de alegría y paz. Entonces, una gran sensación de calma me invadió durante la prueba de vestuario. En general, elegir lo que voy a llevar puesto en un momento tan importante me pone nerviosa, pero esta vez sentí que todo iba a salir bien. Pasara lo que pasara, sabía que al final del día el simple hecho de ser reconocida por la academia era un gran honor.

El 19 de noviembre de 2020, puse mi alarma a las cinco de la mañana, pero cuando abrí los ojos y miré el reloj en la caja del cable, decía 4:44 a. m. Esto tenía que significar algo, así que lo busqué en Google y encontré que estaba relacionado con un mensaje de ángeles que significa conexión divina, como diciendo, estás en el camino correcto. Sonreí, era un buen augurio. Hice clic en una de mis aplicaciones de meditación y medité un rato, luego me levanté de la cama y me arrodillé junto a ella, con mi libro de devociones de ángeles en la mano, y empecé a rezar. Acto seguido, empecé a hablarle directamente a mi mamá, cosa que no había hecho en mucho tiempo. "Mamá, siento no haber hablado contigo. Sé que estás ocupada en el cielo" —así me la imagino, ocupada allá arriba—, "pero sabes que te quiero. Todo lo que hago es por ti. Sólo te pido que me ayudes. Estás más cerca de Dios". De repente, sentí una punzada en el pecho y oí su voz dentro de mí: "Es tuyo, mamacita. Es tuyo". Las lágrimas empezaron a correr por mi cara porque se sintió tan real. Pero me sacudí el pensamiento de la mente: no quería creer que era un hecho porque quería evitar sufrir la desilusión si no fuera así. Me recordé a mí misma que, pasara lo que pasara, estaría bien. El mero hecho de tener el honor de ser nominada era un gran logro.

A eso de las cinco y media de la mañana, empecé a escribir mi discurso de agradecimiento en mi aplicación de Notas y pensé: *Dios, si gano esto, voy a exaltar tu nombre entre todos porque sé que eres la razón por la que he llegado a este punto, por tu gracia y favor, porque me has dado la fuerza. Te prometo que te daré toda la gloria.*

En general no me gusta despertarme y leer mis correos electrónicos, pero esa mañana abrí mi bandeja de entrada y encontré uno de Lorenzo, que me había enviado la noche anterior. Tenía dos videos nuestros de 2016 y 2017, en el momento más lindo de nuestra relación, y un mensaje que decía que no sabía cómo iba a vivir sin mí. Vi los dos videos dos veces, pero ese día no pude entrar en el tema con él, así que no le respondí.

Luego me puse mi ropa de ejercicio, bajé las escaleras y monté en mi bicicleta estática durante cuarenta y cinco minutos mientras escuchaba música de adoración. Iba bien hasta que empezó a sonar la canción "Oceans" de Hillsong United. De repente sentí que Dios me hablaba a través de la letra, como si dijera: *Has pasado por muchas cosas, en especial en los últimos meses. Voy a mostrarte que estoy contigo. Que estás en el camino correcto.* Eso es lo que sentí en el centro de mi pecho, y empecé a llorar. Podía oír su voz: *Sé que estás sufriendo, pero esta vez voy a exaltarte entre los que no creen en ti y dicen que no puedes hacerlo. Voy a mostrar mi poder a través de ti.* Respiré hondo y, con las lágrimas aún rodando por mi cara, susurré: "Me lo voy a ganar. Voy a traer ese Grammy a casa".

Me sentía a flor de piel, fresca y en paz mientras me preparaba para el trascendental día. Como aún estábamos en medio de la pandemia, la clásica alfombra roja, la ceremonia y las fiestas posteriores se habían cancelado, pero eso no iba a impedirme conmemorar este momento tan especial. Quería celebrar no sólo el haber sido nominada, sino también a todos los que habían luchado por mí, habían estado a mi lado y me habían ayudado a soportar el tsunami de críticas y adversidades, y a todos los que creyeron en mí y pusieron su corazón y su alma en este álbum. La organizadora de mi fiesta le puso todas las ganas. Hicimos una minialfombra roja y todo en mi casa reflejaba esta entrega de premios, hasta dos enormes premios Grammy que decían "Chiquis". Me encantó. Fue lo más parecido a asistir al evento en directo.

Cuando entramos a la sala, todo estaba absolutamente perfecto. Emocionada, me coloqué detrás de un podio dorado a la espera de que apareciera nuestra categoría en la pantalla grande y me tomé un momento para mirar hacia abajo en silencio y prepararme para lo que viniera después. Cuando escuché "Mejor álbum de banda" y la lista de nominados, mi corazón empezó a acelerarse, cerré los ojos y pensé: *Esto es nuestro, esto es nuestro, prepárate, prepara tu discurso.* Entonces lo escuché: "Playlist". Mis invitados estallaron en vítores, gritos y aplausos, y sentí que mi corazón iba a explotar. Enseguida me recompuse del *shock* inicial y calmé a mi maravilloso círculo para poder dar mi discurso de agradecimiento. Estaba tan asombrada que olvidé mirar mis notas, pero no las necesité. Simplemente hablé desde mi corazón. Empecé dando las gracias a Dios por haberme dado el valor que necesitaba para perseverar, y luego pasé a darles las gracias a mi equipo, a mis fans, a todo el mundo, porque ese día ganamos todos. Nunca había sentido tanta emoción. Éramos los menos favorecidos de la lista y habíamos llegado a la cima.

Por desgracia, no tardaron en aparecer las voces tóxicas que decían que yo había "comprado" la victoria. Juan me llamó para felicitarme, pero mi tía Rosie dijo cosas muy hirientes respecto a mi victoria, y no solo afectó mi relación con ella, sino que también le costó su relación con Johnny y Jenicka.

Fueron unos días tan surrealistas. A pesar de sentirme herida por esta nueva ola de mierda, seguía en las nubes.

Mientras tanto, Lorenzo me había enviado dos correos más ese día, uno de ánimo antes del anuncio, y otro felicitándome a mí y a mi equipo. Lo eché mucho de menos, pero me quedé callada. No sabía qué decir, y necesitaba proteger mi corazón. El dolor estaba ahí, latente, pero lo último que quería era darle un papel protagónico en este momento tan único y maravilloso de mi vida.

Una de las sorpresas más significativas vino de mi tío Lupe. Aunque muchos de mis familiares no me felicitaron ni publicaron nada en sus redes sociales, la persona que menos esperaba me llamó enseguida y luego publicó un video de felicitación en YouTube. Mientras charlaba con Lupe, él me dijo: "Sé lo que se siente al no recibir una llamada de nadie". No se refirió explícitamente a nuestra familia, pero pude leer entre líneas. Hacía mucho tiempo que no estábamos unidos, pero ese momento significó mucho para mí. Estaba muy agradecida.

Ese día, después de una guerra de mensajes de texto de cinco horas entre parientes, decidí salir del chat del grupo familiar. Por fin estaba empezando a crear unos límites muy necesarios, pero me sentía tan sola. Le pedí perdón a Dios porque no quería ser desagradecida: mis hermanos estaban conmigo, mi abuela y un puñado de familiares me apoyaban, así como mis amigos. Personas que ni siquiera me conocían parecían alegrarse de verdad por mí. A pesar de la tristeza, supe que tenía la suerte de estar rodeada de mucha gente que me apoyaba de verdad. Eso me da vida. Me inspira a hacer todo mejor, a ser mejor.

Soy muy competitiva conmigo misma, y estos momentos no sólo alimentan mi sensación de logro, sino que encienden un fuego que me empuja a subir el listón más alto en todos los aspectos de mi vida. Me esfuerzo para que cada álbum sea mejor que el anterior, para que cada *look* de alfombra roja supere al anterior. Se trata de mejorar mi propio nivel. Estoy aquí como prueba de que cuando tienes fe y trabajas duro, los sueños se hacen realidad. Requiere perseverancia. Requiere no rendirse. Requiere creer en ti misma cuando nadie más cree en ti. No dejes que nada ni nadie te impida manifestar tu visión.

Si te han dicho que no puedes, que no debes, entonces estoy aquí para decirte que puedes y debes hacerlo.
¡Sí, se puede!

18

¡MESA PARA UNO, POR FAVOR!

Pocos días antes de Acción de Gracias, andaba con el traje de Chiquis y tan metida en el trabajo que no me di cuenta de que estaba descuidando a Janney, mi esencia. Estaba descuidando la parte de mí que se encontraba inmersa en un profundo dolor, tratando de navegar a través de un divorcio, de la tensión con mi familia y de un vacío indescriptible en la boca del estómago. Me dolía el cuello, me dolían los músculos, todo dentro de mí gritaba: *¡Tienes que ponerte en primer lugar!* Estaba a punto de desmoronarme, y crucé ese límite durante mi último día de rodaje de *Tengo Talento*.

Algo se quebró. En cuanto terminé de grabar el programa aquel día de finales de noviembre, sentí que pendía de un hilo. No me di cuenta de lo mucho que me había estado esforzando en los últimos dos meses hasta que me bajé del escenario y Don Cheto me dio un abrazo y me dijo: "Sé que no estás bien, lo siento. Pero te vas a poner bien, has pasado por cosas peores". Sus palabras me atravesaron el alma. Nunca olvidaré ese momento, ese abrazo, uno que no había recibido en mucho tiempo. Salí del set llorando y de repente me di cuenta de que necesitaba tiempo para mí. Necesitaba sanarme. Los productores me pidieron que hiciera algunas promos, pero apenas pude reunir las fuerzas para llegar a mi camerino. Cuando entré, me dirigí directo al baño, me arrodillé y dejé que las lágrimas reprimidas fluyeran. No me di cuenta de que había estado aguantando todo eso durante tanto tiempo hasta entonces.

Cuando llegué a casa esa noche y me quité el traje de Chiquis, me sentí tan desnuda y vulnerable. Hasta ese día, no había tenido más remedio que ser fuerte, chingona y sonreír a pesar de mi dolor porque tenía obligaciones, responsabilidades y trabajo. Acababa de lanzar mi sencillo, "Me vale", y en definitiva reflejaba parte de lo que estaba sintiendo, pero de repente me di cuenta de que necesitaba desesperadamente tiempo para procesar la intensidad de todo lo que había pasado en los últimos dos meses. Les había puesto un parche a mis heridas abiertas y ahora había llegado la hora de sanarlas y recargar las pilas. Les pedí a mis amigas Vanessa y Helen que vinieran a casa y, tras una limpieza de alcohol de dos semanas, me puse bien peda mientras escuchábamos música, y más tarde lloré hasta quedarme dormida.

El día siguiente era Acción de Gracias. Había planeado pasarlo con mi abuela, pero con todos los problemas de mi familia, opté por quedarme en casa. Necesitaba tiempo para estar sola. No quería ducharme, vestirme y fingir que todo estaba bien porque no lo estaba. Así que me quedé en la cama en pijama todo el día. Vanessa me trajo comida, y me dejé estar. Me di cuenta de que estaba tocando fondo cuando se me pasaron por la cabeza algunos pensamientos suicidas. Esto no era una broma. Tenía que cuidarme.

El viernes visité a mi abuela y pasé los dos días siguientes con ella, y luego cancelé todos mis compromisos. Necesitaba tomarme el mes de diciembre y realmente lidiar con lo que me pasaba, algo que hubiera deseado que mi mamá hubiera podido hacer en 2012.

Mi mamá no se sentía bien el año en que falleció. Estaba en

un camino autodestructivo, cegada por lo que decían los demás en lugar de prestarle atención a su instinto. Por lo que me contaron después Vanessa y Rosie, se pasaba días y días viendo obsesivamente el infame video borroso y rellenando los huecos con su mente inestable. Cuando miras la misma imagen incesantemente, puedes empezar a ver cosas que realmente no están ahí, como cuando miras las nubes y distingues formas de objetos o animales. El poder de la mente es tan grande que si realmente quieres ver algo, puedes hacerlo.

Creo que mi mamá estaba pasando por algo, y eso la estaba llevando a un lugar muy oscuro. Por lo que me han dicho, había ido al médico para averiguar por qué se sentía tan mal, y le dijeron que tenía las hormonas de una mujer de ochenta y seis años. Creo que empezó a tomar algún tipo de suplemento, según me contaron personas que estuvieron cerca de ella durante esos últimos meses. También me dijeron que tenía miedo de estar sola, lo que no era nada usual en ella. Quizás intuía que le iba a pasar algo. Nunca lo sabré, pero después de intentar armar este rompecabezas, creo que estaba actuando fuera de lo normal.

Ahora creo que esta inestabilidad puede llegar a ser un rasgo familiar. Hace poco estuve hablando con mi abuela sobre esto, tratando de comprender si podría haber un desequilibrio químico que hayamos heredado de nuestros antepasados. Mi abuelo tiene algunas ideas locas sobre lo que pasó en nuestra familia en el pasado, lo que la familia de mi abuela hizo a algunos de sus parientes, estoy hablando de una pinche película de terror. He oído historias sobre el padre de mi abuelo haciendo marchar a su esposa, desnuda, por la calle como un soldado. Parece que mi bisabuelo quizás sufría alguna inestabilidad mental.

Cuando escucho estas historias familiares, no las encuentro divertidas ni pintorescas; las encuentro preocupantes porque veo un patrón de inestabilidad que recorre nuestro linaje y del que nadie parece ser consciente o tomarse en serio. Ahora, después de charlar con mi abuela sobre todo esto, he llegado a pensar que tal vez mi mamá estaba pasando por algo mucho más allá de la influencia de voces tóxicas y un desequilibrio hormonal que empezó a dominar su estado mental.

Por desgracia, nunca lo sabré con seguridad. Lo que sí sé es que pasé por un lugar muy oscuro mientras estábamos distanciadas ese otoño. Y una vez que se confirmó que su avión se había estrellado y que no iba a volver a casa, todo se volvió aún más negro para mí. Me encerré en el baño de mi abuela y pensé: *No sé si quiero seguir viviendo*. Mientras miraba a la nada, de repente oí la voz de mi mamá decir: "No puedes rendirte. Tienes que ser fuerte por tus hermanos". Y de inmediato me despabilé. *Dios mío, en qué estaba pensando.* Respiré hondo y, antes de abrir la puerta del baño, recordé otra cosa que ella siempre decía: "No puedes tomar el camino fácil". Me alegro mucho de no haberlo hecho porque ahora estoy aquí, viva, y soy capaz de compartir esta historia y, con suerte, ayudar a otras mujeres a librarse de estos pensamientos devoradores.

Para ser honesta, no creía que la depresión fuera real hasta que la sentí en 2012. Antes de vivirla en carne propia, creía ingenuamente que podíamos elegir no estar deprimidos. Pero a veces la vida es más fuerte que tu propia voluntad. A veces no es tan fácil dejar atrás la oscuridad; algunas personas nunca lo logran. Me alegro de haber pasado por lo que pasé en 2012 porque me ayudó a reconocer de inmediato la profunda tristeza que me golpeaba en 2020. Me dolía el cuerpo, y por mucho que quisiera moverme y hacer ejercicio, me costaba incluso salir de la cama. Fue entonces cuando me di cuenta: *Ay Dios mío, estoy deprimida.*

La depresión es un demonio, así la veo yo, un demonio maligno que quiere robarme mi luz, mi futuro. Pero no se lo permitiré. Ya luché contra ella una vez en 2012, y estaba decidida a hacerlo de nuevo en 2020. Recé, encendí velas, leí libros espiritualmente positivos, fui a terapia y, poco a poco, empecé a salir de ese pinche agujero negro. Hice un esfuerzo deliberado para volver a ponerme en pie.

Me di cuenta fue de que por fin había llegado el momento de estar a solas conmigo misma. Mi codependencia —esa necesidad de sentirme necesitada— me había hecho saltar de mi mamá, a Ángel, a Lorenzo, sin darme nunca el espacio necesario entre las relaciones para estar conmigo misma. Y cuando mis relaciones se desmadraban, mis amigos me ayudaban a llenar ese vacío. Estuve a punto de caer en este patrón de nuevo en octubre con Mr. Tempo. Pensaba que era todo lo que le había pedido a Dios en un hombre, pero cuando el beso se filtró, tuve el sentido común de frenar. Había llegado la hora de escuchar. Había llegado la hora de prestar atención a las alertas rojas en lugar de ignorarlas. Tenía que empezar a aplicar las lecciones aprendidas. Al principio interpreté ese momento con él como que el universo me estaba enviando una señal de que me estaba escuchando, pero lo que en realidad me estaba diciendo era que aquel era el momento de estar sola.

Ese espacio con nosotras mismas es crucial. Puede enseñarnos lo que nos gusta y lo que no, y puede hacernos conscientes de lo que toleraremos, de lo que podemos ceder y de nuestros límites. Nos permite ordenar nuestras pendejadas para tener más posibilidades de no arrastrar nuestro bagaje a los nuevos capítulos de nuestra vida.

Ahora sé que al no darme tiempo y espacio después de mi relación con Ángel, definitivamente arrastré algunos de mis problemas del pasado a mi incipiente romance con Lorenzo, aunque ellos fueran la noche y el día. Y eso no fue correcto ni justo para él.

También sé que es común. Cuando sufrimos y nos sentimos mal, es muy fácil caer en los brazos de otra persona porque nos ofrece el consuelo que buscamos con desespero. También no podemos pensar con claridad porque estamos lo que yo llamo *dick-stracted*, es decir, verga-distraídas. Yo había estado distraída por vergas todo este pinche tiempo, y había llegado a mi límite. Necesitaba parar y evaluar mi vida.

El primer cambio en mi patrón llegó a principios de 2020, cuando después de una de esas montaña rusas emocionales con Lorenzo, me detuve y me pregunté: *¿Tengo paz?* Y enseguida se me manifestó la respuesta: *No.* De inmediato empecé a rezar. *Dios, por favor, muéstrame el camino. Si no estoy destinada a estar con este hombre, por favor dame señales. Dame el valor para alejarme.* Durante un tiempo, me daba miedo estar sola. Pero las señales por las que había rezado, mi despertar espiritual en este sentido, llegaron sólo unos meses después, en junio, cuando Lorenzo estaba en rehabilitación y yo estaba sola en casa.

Ese espacio sin distracciones, ese tiempo tranquilo sin amor ni dolor, me permitió elevarme a otro nivel espiritual y realmente conectarme conmigo misma. Fue entonces cuando desperté de mi letargo cegado por el amor y pensé: *Un momento, ¿qué chingados ha pasado aquí? Algo está mal.* Mi miedo al abandono me había convertido en una esposa dependiente e insegura que aceptaba todo tipo de pendejadas; apenas me reconocía. Habíamos caído en un ciclo tóxico que solo pude identificar durante ese tiempo de separación. Eso me permitió recuperar mi fuerza. Incluso una noche me vestí y salí a cenar sola. Ser capaz de sentarme allí, en una mesa para uno, y simplemente ser fue súper empoderador. Nuevamente empecé a iluminarme y a tener claro lo que necesitaba para ser feliz. Durante esos dos últimos meses de nuestro matrimonio, quise darle una última oportunidad, no porque lo necesitara sino porque lo amaba.

Pronto me di cuenta de que estaría bien pasara lo que pasara porque por fin me había enamorado de mí misma. Ese fuerte amor por mí misma fue lo que me permitió buscar la ayuda que necesitaba a finales del otoño. Y desde entonces me he estado reconstruyendo.

Si sientes que alguien te está quitando la paz, intenta acallar las voces, tu entorno y las distracciones, y haz una revisión honesta contigo misma. Deberíamos hacerlo más a menudo. ¿La persona con la que estás te hace feliz? ¿Te hace sentir alegría? ¿Te da paz? ¿Te preocupa y la cuestionas? En ese espacio, puedes darte cuenta de que las respuestas que has estado buscando han estado viviendo dentro de ti todo este tiempo, solo que no tenías la claridad para verlas. Tomarnos tiempo para nosotras mismas nos permite aprender las lecciones de nuestro pasado antes de saltar al futuro. Todavía estoy procesando esto porque es algo que apenas he aprendido en el último año, pero lo estoy logrando.

Todas necesitamos trabajar en nosotras mismas, independientemente de nuestra edad. *Coaching*, terapia, asesoramiento, lo que sea que funcione para ti, hazlo. Yo he hecho mucha terapia. Comenzó cuando salió a la luz todo el asunto con mi padre, luego continuó cuando mi mamá me desterró de su vida en 2012, y he buscado ayuda cuando la he necesitado desde entonces. Es mi forma de hacer todo lo posible para mejorar. Es lo que hice a finales de 2020 para salir de mi agujero negro y realmente digerir las lecciones que hay que aprender de todo ese sufrimiento. Tuve un *coach* y un consejero que me ayudaron a entender las energías masculina y femenina y cómo se comunican. Estaba decidida a dedicar tiempo y trabajo para hacer todo lo posible y no cargar con el mismo bagaje a ninguna relación futura.

Cuidar nuestra salud mental es crucial. No tengas miedo de buscar ayuda si la necesitas. Pedir ayuda no es una debilidad, es una fortaleza. Demuestra que eres lo suficientemente valiente como para admitir que necesitas apoyo para volver a ponerte en marcha. Significa que por fin te estás dando el cariño que te mereces.

En este camino hacia mi interior, he descubierto que tiendo a buscar parejas que sean mi familia, el frente unido del que actualmente carezco, y eso me empuja a estar en una búsqueda constante de ese muchacho que cumpla varios roles y me complete. Ahora sé que primero tengo que estar bien conmigo misma y aprender a recibir en lugar de dar todo el tiempo hasta que pueda completarme a mí misma. No puedo poner toda esa presión en mi futura pareja. No necesita completarme; necesita amarme y elevarme al igual que yo espero amar y elevarlo a él.

Estoy cansada de permitir que otras personas digan que soy egocéntrica o egoísta, porque me hacen sentir que no puedo ni debo pensar en mí o amarme a mí misma. Pero si yo no me cuido, ¿quién lo hará? El autocuidado no equivale a ser egoísta; se trata de arreglar lo que ya no sirve un propósito. Está bien ponerse en primer lugar. Está bien decir que no. Y si la gente se molesta, tendrá que superarlo. Esto no significa que seamos egoístas. Sólo estamos cambiando las prioridades de nuestras vidas, y sí, a las personas que se han beneficiado de todo lo que dimos puede que no les guste, pero tendrán que lidiar con eso por su cuenta.

El poder de la elección lo podemos ejercer en todos los aspectos de nuestra vida. Siempre hay una elección. He cuidado de mi familia desde que era una niña. Primero de mi mamá, luego de mis hermanos y de mis parejas. Ahora me elijo a mí. Me he ganado este espacio; me lo merezco. Estoy aprendiendo a valerme por mí misma y a quererme en la dicha y en la adversidad. Ahora que empiezo a priorizarme, siento que estoy juntando las herramientas para elegir una mejor pareja en el futuro. Alguien que me elija y sepa amarme. Hay días en los que me siento triste y un poco sola, pero sé que a la larga todo valdrá la pena. La vida es un viaje lleno de estaciones. Acabo de pasar por uno de mis peores inviernos. Me he metido hacia dentro, he reevaluado mi situación, y ahora que puedo sentir la primavera al alcance de la mano, estoy lista para florecer de nuevo.

La práctica no me hace perfecta, me hace mejor. Y eso es todo lo que espero... ser una mejor yo, todos y cada uno de los días.

19

HECHA PARA PROSPERAR: SI NO GANO, APRENDO

Cuando me fui de lo de mi abuela después de Acción de Gracias, conduje de vuelta a casa, me metí en la cama y dediqué el día siguiente a mis sentimientos, llorando a mares. Tenía una profunda tristeza, aún estaba en el mero medio de mi dolor, intentando descubrir cómo liberarme de esta oscura caída en picada para volver a mí. De repente, sentí la urgencia de ver a Lorenzo. Necesitaba charlar con él cara a cara. Sin decírselo a nadie, reservé un vuelo nocturno a El Paso y tomé un Uber hasta el aeropuerto en lugar de ir en coche para evitar que me reconocieran los medios. Viajé con lo que llevaba puesto. Mi avión aterrizó a las nueve de la mañana, alquilé un coche y conduje directamente a la casa de la mamá de Lorenzo. Después de estacionar afuera, agarré mi teléfono y le envié un correo electrónico a Lorenzo.

"Me gustaría hablar contigo", le escribí.

"Yo también quiero hablar contigo", me respondió.

"Bueno, ¿quieres hablar en persona?"

"Sí".

"Okey, pues, estoy fuera".

Entonces lo llamé y me quebré. Mi vulnerabilidad estaba a

flor de piel. Quizás esto le dio la impresión de que había ido para rogarle que volviera conmigo. Pero no estaba ahí para suplicarle nada. Quería hablar. Si lo hubiera engañado, si hubiera tenido la culpa, habría sido la primera en suplicar su perdón y pedirle que volviera a casa. Pero no era el caso. Cuando decidí tomarme el mes de diciembre para recuperarme, me di cuenta de que necesitaba cerrar ciclos y desintoxicarme de patrones tóxicos, y esta relación era uno de ellos. Quería una última conversación sincera. Esto es algo que necesitaba hacer por mí, y no quería que nadie influyera en mi decisión. Tampoco le debía una explicación a nadie. Por eso no compartí mi plan con nadie, absolutamente *nadie*. De hecho, al día siguiente le envié un mensaje de texto a Johnny para avisarle que estaba bien, pero no revelé mi ubicación; hasta ese punto llegué para mantener la privacidad de este viaje.

Cuando Lorenzo salió de casa de su mamá, nos dirigimos a un parque cercano para hablar. Fue horrible. Estaba obsesionado con mi cita con Mr. Tempo. Pero eso había ocurrido después de separarnos. No fue la causa de nuestro inminente divorcio, sino una de sus consecuencias. Lo diré de nuevo y un millón de veces más: no, no lo engañé. Mi error fue caer en los brazos de otra persona tan pronto después de separarnos. Asumo toda la responsabilidad por eso. Y cuando me di cuenta de mi traspié luego de toda la debacle mediática, tomé cartas en el asunto y dejé de hablar con Mr. Tempo. Estaba claro que necesitaba pasar tiempo conmigo misma antes de encontrar un nuevo compañero. No podía perderme en otra relación sin trabajar en mí misma primero. Pero nunca fui infiel mientras estuve con Lorenzo. Me disculpé porque nunca quise hacerle daño. Pero también fui brutalmente honesta con él.

—Necesitaba que me quisieran. Quería estar con alguien. Quería un compañero —le dije, y luego añadí—: Estoy segura de que has estado con mujeres…

—No, no lo he hecho —me dijo, cortándome en seco.

—Bueno pues, no te estoy pidiendo que me lo cuentes. Solo digo que es la naturaleza humana y que me parece bien. No estoy aquí para exigir ningún tipo de explicación al respecto. Después del 16 de septiembre, no tengo derecho a exigirte nada. Y tú tampoco.

Por alguna razón, estaba convencido de que Mr. Tempo había pagado mi viaje de cumpleaños a Ensenada (no tengo ni idea de dónde sacó esta idea), así que le llevé pruebas para corregir este error en su mente. Le mostré que mis amigos y yo habíamos contribuido a pagar el alquiler de ese lugar. También le mostré el primer mensaje directo de Mr. Tempo con la fecha del 7 de octubre, que no estaba ni cerca de junio. Hice todo esto en persona porque lo último que quería era que dijera que había sido retocado. Necesitaba despejar el aire de los incesantes y venenosos rumores que giraban en torno a nuestra separación. Su ego estaba herido y estaba listo para atacar. Parecía estar más enojado por lo que la gente pensaba de él que por cualquier otra cosa.

—¿Así que no estás aquí porque me amas? —me preguntó.

—Por supuesto que estoy aquí porque te amo. No quiero hacerte daño. No quiero que nunca pienses que te he engañado. —No quería que viviera con ese dolor.

—Ah, bueno, así que solo lo haces por ti.

Nada de lo que dijera le servía. Nada de lo que dijera iba a ser suficiente.

—Vengo en son de paz —le dije—. No estoy aquí para pelear. No me queda más energía para pelear. Estoy pasando por cosas con mi familia. Esto es algo que necesito hacer por mí y por ti porque necesitamos un cierre. —No tenía nada que ocultar. Le dije que me preguntara lo que quisiera. Fui muy honesta, lo cual no le gustó. Pero me juré a mí misma que, pasara lo que pasara, seguiría siendo transparente.

No paraba de gritarme:

—Estoy enojado, has herido mi hombría, me has humillado.

Mientras él seguía señalando todo lo que yo había hecho para perjudicarlo, yo permanecí ahí sentada llorando. No quería pelear. Estaba tan cansada. Me acerqué a él vulnerable. Le dije que estaba pasando por muchas cosas, que estaba triste, con el corazón roto por nuestra situación y por la decepción que había sufrido por parte de tanta gente de mi familia.

—Me ves en el suelo —le dije— y en lugar de levantarme, me das otra patada.

Esta conversación no iba a ninguna parte. Yo estaba dispuesta a dar por terminado el día y volver a casa, pero él no quería que me fuera. Estaba molesto, por momentos furioso, y anhelaba su libertad, pero también me pedía que me quedara más tiempo. Sentí que aún había cosas que teníamos que resolver, así que perdí mi vuelo. Pero cuando retomamos la conversación al día siguiente, fue igual de incómoda y molesta.

—¿Qué pensabas que iba a pasar cuando te fuiste? —le pregunté en un momento dado—. Me dijiste que nunca me abandonarías, y me sentí abandonada.

—Pero dijiste que querías separarte —me respondió.

—Lo hice por ti, porque expresabas tu necesidad de ser libre. Te sentías confinado. Decías que no eras independiente, que mi mundo se había convertido en el tuyo, que habías dejado tu vida en Texas. Sentí que decías "quiero estar aquí pero no". Así que te di la opción de irte y la tomaste sin pensarlo dos veces.

Expresó que en ese momento creía que íbamos a solucionar las cosas. Si realmente creía eso, entonces ¿por qué diablos condujo hasta Arizona el día que se fue de nuestra casa? ¿Por qué no se quedó cerca? ¿Era que andaba ansiando estar con otra persona?

—Esto no es un juego. No es un hotel del que puedes entrar y salir cuando quieras. Es un matrimonio. No deberías haberte ido. Especialmente no a otro estado.

Tuvimos que interrumpir esta conversación porque ese día él tenía programado el rodaje de un video.

—Ya que estás aquí, ¿puedes ayudarme con mi video? Eres tan buena haciendo eso.

—Espera, pero ¿no era que yo no apoyaba tu carrera? —le respondí, molesta. Seguía afirmando públicamente que yo nunca había apoyado su carrera y ahora ahí estaba pidiéndome ayuda. ¡Qué chingado!

—No, mira, quiero aclarar eso. Sacaron mis palabras de contexto.

—Sí, dejaste que te usaran. Y, a su vez, ellos me colgaron de la brocha. Ese programa me hizo mucho daño y nos hizo daño a nosotros. Y fuiste allí deliberadamente porque sabías que no les caigo. —Estaba hablando del mismo programa que había revelado al mundo nuestra invitación de boda. Cuando les concedió una entrevista después de nuestra separación, sentí que había sido una movida deliberada de su parte. Me sentí muy dolida y desilusionada. No esperaba un golpe tan bajo. Pero dijo que ahora se había dado cuenta de que había metido la pata y prometió aclararlo. Estaba tan agotada física y mentalmente que no podía seguir discutiendo, así que le seguí la corriente y lo ayudé con el vestuario para el video. Necesitaba enfocarme en otra cosa por un rato. Necesitaba sentirme normal. Fuimos a la locación y le di indicaciones sobre cómo moverse. Luego intervine y tomé el control, usando mi teléfono para la iluminación, dirigiendo al camarógrafo, e incluso sugiriendo que su hija apareciera corriendo en la última escena del video. Estaba en modo Chiquis, en lo mío, y por un breve instante, me sentí bien. Y él estaba increíblemente agradecido.

Cuando volvimos a casa de su mamá esa noche, me dijo:

—No voy a dejar que te vayas. Tenemos que hablar con un consejero. Este es tu lugar. Junto a mí. —Él quería que dejáramos de hablar del pasado y disfrutáramos del momento; quería llevarme a comer, y yo se lo permití. Cancelé dos vuelos más.

El sábado me llevó a que me dieran un masaje porque sabía que me dolían los brazos, los dedos, el cuello y la espalda por la tensión. Después comimos algo y dijo que quería hacerse la pedicura. Yo también, así que fuimos a un lugar al azar en el que ninguno de los dos había estado antes. En ese momento yo no estaba en las redes sociales e intentaba mantener esta visita en secreto. Sin embargo, él sí seguía conectado, así que mientras nos sentamos y nos hicimos lo que me pareció la pedicura más larga de mi vida, él publicó una foto de sus pies. En ninguna parte decía dónde estaba o que estábamos juntos. Sin embargo, en cuanto salimos del salón, nos encontramos con los reporteros de *Suelta la Sopa* que habían estado al acecho, listos para abalanzarse sobre nosotros. Me sorprendió y molestó tanto que me di la vuelta y volví a entrar. Lorenzo me siguió hasta el fondo del salón.

—¿Cómo pinche saben que estamos aquí, Lorenzo? —Mi voz se encontraba aterradoramente tranquila y asertiva.

—No lo sé. Acabo de publicar una foto de mis pies. Supongo que han ido a todos los salones de manicura de los alrededores de la casa de mi mamá hasta que al final nos encontraron aquí —dijo inocentemente.

—Bueno, ahora no puedes culpar a nadie de mi lado porque no le dije a nadie dónde estoy —le respondí, refiriéndome a la vez que los paparazzi nos encontraron en San Diego y él dijo que era culpa de mi círculo—. No he enviado mensajes ni he hablado con ninguno de mis amigos. Mira mi teléfono.

Me senté y de pronto vi cómo apretaba el puño. Luego lo miré, de pie a mi lado, y vi con claridad la tensión en su mandíbula. Conocía muy bien estas señales. Se sentía atacado. No lo estaba acusando de nada, sólo quería saber cómo nos habían encontrado esos malditos reporteros en aquel modesto salón de uñas al que nunca habíamos ido. Entonces empezó a gritar. Este era mi tercer día con él, el tercer día de entrar en este círculo vicioso de discusiones que no nos llevaban a ninguna parte. Por fin, pasamos a toda velocidad por delante de los reporteros, subimos al coche y nos marchamos. Me quedé callada durante el trayecto hasta su casa. Estaba decidida. Necesitaba volver a casa. No era el cierre que esperaba, pero al menos lo había intentado.

Esa noche recibí un mensaje de mi abuela: "Sé dónde estás y estoy preocupada por ti. Por favor, vuelve a casa. Ese hombre no es bueno para ti. Vas a sufrir mucho, mija". Eso era exactamente lo que necesitaba en ese momento. Me aferré al mensaje de mi abuela y compré mi boleto a casa a la mañana siguiente. Luego le dije a Lorenzo que me tenía que ir, que mi abuela me necesitaba en casa, sobre todo porque diciembre es un mes difícil para todos nosotros. Pasó de insistir en que debía estar a su lado —siendo todo dulzura y cariño y haciendo las cosas que tanto echaba de menos— a ser agresivo, acusador y frío, y ni siquiera me ofreció llevarme al aeropuerto. Pedí un Uber, me acompañó a la puerta y eso fue todo.

De regreso a mi casa, al reflexionar sobre esos últimos tres días, comprendí que, aunque seguía amando a ese hombre y lo echaba de menos, ya no confiaba en él. La introspección no le resultaba fácil. En lugar de sentarse y aceptar lo que cada uno de nosotros podría haber hecho mejor, simplemente me había señalado con el dedo. ¿Olvidó cómo sus adicciones habían afectado nuestra relación? No. Cuando saqué el tema, me culpó a mí. Dijo que las mentiras piadosas, las desapariciones, el no mandarme mensajes de texto ni devolverme las llamadas, todas las veces que me preocupaba pensando que le había pasado algo, eran culpa mía porque él tenía miedo de perderme. Mientras estaba conmigo, afirmaba que no se sentía respetado y que eso era lo que lo hacía caer en una depresión y beber. Pero en ese momento le dije: "Mano, llevas más de diez años bebiendo y metiéndote coca. ¿Cómo puede ser que eso sea culpa mía?". La única manera de hacerlo parar y prestarme atención era si empezaba a maldecir y gritar. "No me gusta la reacción que me generas", le dije. No me gustaba cómo me empujaba a salir de mi esencia. Entonces le agregué: "Somos tóxicos el uno para el otro". Quería ser una fuente positiva en su vida, pero estaba claro que eso no era posible si él sentía que yo tenía la culpa de todo. Eso fue todo. Supongo que no iba a lograr otro cierre más que ese.

A pesar de lo agotada y derrotada que me sentía, ese viaje me ayudó. Me recordó la razón por la que esta relación había llegado a su fin. Tal vez eso era lo que necesitaba para seguir adelante: darme cuenta de que no me había equivocado, de que estaba en el camino correcto, de que en definitiva no era el hombre para mí. Sólo me lo confirmó aún más cuando, más tarde ese mismo día, me llamó por FaceTime después de ir a la iglesia, rodeado de unos amigos, completamente borracho. "Mano, en serio, ¿qué pretendes con esta llamada?". Esta era la raíz de nuestros problemas. *¿Qué tenía en la cabeza?*

Para cuando aterricé en Los Ángeles, los medios estaban enloquecidos. Dijeron que había ido a pedirle perdón. Empezaron a rumorear que estaba embarazada. Y seguían hablando de cómo había estado llorando mientras estuve allí. Un momento... las únicas fotos que nos sacaron fueron la de la salida del salón de uñas y una foto de grupo en su sesión de video. No estaba llorando en ninguna de esas fotos. Entonces, ¿cómo sabían de mis lágrimas? No había hablado con nadie de mi círculo. ¿Cómo tenían esos datos?

Curiosamente, cada vez que los medios me habían tomado por sorpresa en los últimos años, había sido cuando estaba con Lorenzo. He hecho cosas más locas con gente más loca y he conseguido mantenerlo en privado. A él le gustaba la atención. A mí no. Prefería la relación que tuve con Ángel, nadie de afuera estaba metido en nuestros altibajos. ¿Habría sido Lorenzo el que filtró cosas todo este tiempo? Nunca lo sabré con seguridad, pero no era la única que lo sospechaba. La idea era, como mínimo, inquietante. Si se tratara de un tipo que acababa de conocer, me diría a mí misma: "¡Cabrona, corre!". Y, aunque me tomó algunos años, por fin lo hice.

Fui desde el aeropuerto de Los Ángeles directo a casa de mi abuela para que me consolara. Al sentarme en su cocina, me preparó algo de comida, charlamos y me preguntó si los rumores eran ciertos, si estaba embarazada.

—No, abuela, por supuesto que no.

—Esto se está poniendo bien feo. Estoy enojada por lo que está pasando —me dijo y luego repitió lo que me había enviado por mensaje mientras yo estaba fuera—. En el fondo de mi corazón, siento que vas a sufrir mucho con él.

Las lágrimas corrían por mi cara. Cuando alguien como mi abuela, que me ha apoyado y ha estado a mi lado desde que era una niña, dice algo así, vale la pena prestar atención. Y tenía razón. Durante los primeros meses después de nuestra separación, me pareció que él estaba usando el final de nuestro matrimonio para hacerse publicidad, para beneficio propio —pintando la imagen del buen tipo, el marido herido—, cuando lo que ocurría a puerta cerrada era una historia diferente. Sin embargo, me hubiese encantado que la relación hubiera funcionado. A los treinta y cinco años imaginaba algo diferente para mí. Quería una compañía constante, no este tumultuoso tira y afloja. Creo que, en parte, es por lo que no pude dejar de llorar durante esos tres días con Lorenzo, e incluso cuando volví. Estaba entrando en la fase de aceptación. No había vuelta atrás. Mis lágrimas eran ahora de luto por una relación que había llegado al final del camino.

Como si todo esto fuera poco, llegó el 9 de diciembre de 2020. Ocho años desde la muerte de mi mamá. Cada aniversario es diferente, así que no sabía muy bien qué esperar esta vez, ni cómo reaccionaría. Los últimos años me había centrado en el dolor causado por su ausencia y en todo lo que habíamos pasado juntas, pero este año fue diferente. Sentí su presencia, guiándome en el camino. No me centré en cómo dejamos las cosas porque sabía que ella estaba ahí conmigo. Empecé a pensar en ella desde otra perspectiva, de una manera más madura. El dolor dio paso a la gratitud. Era como si ella me estuviera ayudando, abriendo puertas y abriéndome los ojos para que no cometiera los mismos errores que ella. A lo largo de los años que he tenido que vivir sin mi mamá, creo que ella me ha ayudado a sobrellevar mis altibajos. Ahora sentí que me decía: "Mira, hija, por lo que te hice pasar, aquí está esta plataforma. Voy a abrir estas puertas para ti. Te estoy ayudando a sanar, y te estoy ayudando a ver las cosas porque a partir del próximo año, seguirás por tu cuenta".

Mis circunstancias me habían puesto de rodillas, pero ese día de pronto la comprendí más que nunca, y eso me dio paz. Podía escuchar su voz diciéndome que de alguna manera todo iba a estar bien, que a la oscuridad siempre le sigue la luz. Siempre seré su hija, pero ahora también soy Chiquis. He demostrado que puedo hacer esto por mí misma, y eso ahora me ha hecho ganar respeto. Siento que me está empujando a por fin desplegar mis alas del todo para dejar atrás el pasado y a remontar el vuelo hacia el futuro sabiendo que va a estar todo bien, que yo estaré bien.

Me gustaría poder decir que todo empezó a mejorar a partir de ese momento, pero el resto de diciembre fue una mierda. Uno no se cura mágicamente de la noche a la mañana, se necesita tiempo. Sentí el peso de todo ese año en mi corazón. Así que cuando decidí interrumpir mi descanso de las redes sociales para subir un *post* más para cerrar el año, quise ser lo más directa y honesta posible. Sentí que necesitábamos tomarnos un momento para reconocer y reflexionar sobre el año sin precedentes que por fin llegaba a su fin. Mi equipo directivo me lo desaconsejó, pero cuando vio mi determinación, se lanzó a ayudar. Teníamos temas de conversación concretos. Mi mánager hizo todo lo posible para guiarme y me pidió que no fuera demasiado vulnerable ante la cámara. Filmamos el clip siete veces, y estaba a punto de publicar una de esas tomas cuando pensé: *No puedo hacer esto. No me parece bien. A poco, voy a ser Janney*. Dejé de lado los temas puntuales a cubrir, me senté frente a la cámara por una última vez y hablé con el corazón. En primer lugar, reconocí lo duro que había sido el año para todos nosotros y luego lo contrarresté enumerando algunas de las grandes cosas que habían sucedido, como la música que conseguí publicar y la increíble victoria en los Grammy en noviembre. Y luego dije:

> Al final del día, soy humana. Estoy dejando que Chiquis descanse en este momento, y ahora estoy enfocada en Janney, estoy enfocada en mi corazón, en mi mente, en mi espiritualidad, en sanar muchas cosas que han pasado. La presión de ser Chiquis a veces hace que me olvide de permitirme ser humana, sentirme herida, [tomarme] tiempo para sanar. Para dar lo mejor de mí tengo que estar bien en mi mente, en mi alma, en mi corazón. Este ha sido un año de pérdidas. De un modo u otro, todos hemos perdido algo. Así que créeme, te entiendo. Créeme, estoy contigo.

> Deja atrás la pesadez y avanza con la frente en alto. Para eso, tienes que enfrentarte a ti misma. Tienes que ser intencionada y firme en querer ser una mejor persona. Querer cambiar. Sé por qué estoy aquí, sé cuál es mi propósito, pero a veces con tanto caos a nuestro alrededor, tendemos a olvidarlo, tendemos a perder nuestro camino. ¿Quién soy yo? ¿A dónde quiero ir? ¿Cuál es mi propósito en la vida? ¿Qué huella quiero dejar en esta tierra? Eso es lo que te recomiendo que hagas. Escríbelo todo. ¿A quién y qué quieres dejar atrás? ¿Qué te hace bien y qué no? ¿Qué servirá a tu bien superior para que puedas elevar tu propósito en esta tierra?

Con ese *post*, me di cuenta de que no estaba sola. Recibí tantos mensajes de seguidores y compañeros artistas que mi corazón se hinchó con todo el amor. Ese sentimiento de comunidad no tiene precio. Me llenó de luz y me inspiró a hacer todo lo que podía para dejar atrás el pasado y empezar el nuevo año con menos dolor y más paz en mi corazón.

Luego, en la víspera de Año Nuevo, recibí un mensaje de Lorenzo. Quería recibir el año nuevo conmigo y hacer un año de sobriedad juntos. Antes de la medianoche, me puse de rodillas y recé: "Dios, déjame ver lo que necesito ver porque estoy muy confundida". Sabía que no debía responder, pero me debatía entre mi mente, que sabía lo que debía hacer, y mi corazón, que no podía evitar la esperanza de que este fuera el gran gesto, el punto de inflexión que había estado esperando todo este tiempo.

Sin embargo, cuando el reloj dio las doce, no apareció por ninguna parte. Luego, a la una de la madrugada, sonó mi teléfono. Era Lorenzo. Estaba en Las Vegas, borracho. Gracias, Dios, por enviarme esa señal, el tiro de gracia de nuestra relación. ¿Cómo es que empiezo el año nuevo así? Frustrada, encabronada, agotada y llorando, por fin logré conciliar el sueño a las dos y media de la mañana.

Al día siguiente me envió un mensaje pidiéndome perdón. Quería hablar, empezar el año nuevo sobrio conmigo, como una página en blanco, donde ya no habláramos del pasado. "Pero el pasado es la razón por la que me siento como me siento", le expliqué. No podíamos borrarlo mágicamente con un chasquido de dedos sin lidiar con eso. "He estado haciendo esto durante cuatro años —una serie de llamadas y mensajes de texto sin respuesta, seguida de una respuesta borracha y una súplica de perdón al día siguiente— y no puedo hacerlo más". Había pedido una señal y la recibí. Dios me estaba mostrando su verdadera esencia, una vez más, totalmente expuesta, y ahora dependía de mí mantener mi decisión y no ceder más ante él.

Esta vez no cambié mi número. Quería que los mensajes llegaran para poder ejercer mi fuerza de voluntad y hacer de la no respuesta una elección consciente. Un par de días después, se presentó en mi casa y me envió un mensaje de texto: "Janney, ¿puedo invitarte a desayunar?". Estaba usando una de mis jugadas, pero era demasiado tarde. Lo ignoré. "Janney, estoy aquí sólo para verte", me escribió en otro mensaje y luego publicó una foto de uno de nuestros restaurantes favoritos, que está al final de la calle de mi casa. Pero me mantuve firme. No cedí. Por primera vez, no permití que volviera a entrar después de meter la pata. "No, no te voy a ver. No eres bueno para mi corazón. Déjame en paz. Estoy tratando de sanarme".

Estaba tan orgullosa de mí misma por haber roto por fin ese patrón tóxico en nuestra relación. Pero estaba tan conmocionada que, al final, lo bloqueé. Necesitaba tranquilidad. Cuando se dio cuenta, volvió a los correos electrónicos y me envió nuestra primera foto juntos.

"¿Qué quieres de mí? Estabas viviendo tu mejor vida hace solo unas semanas, y ahora que por fin me siento mejor ¿quieres volver? No, no me vas a tumbar, no me vas a tumbar".

"Siento no haber estado ahí para ti", me respondió.

Más disculpas. Ya no las podía soportar. Era el clásico comportamiento de la adicción —las borracheras, las disculpas— y ya no daba más de la manipulación. Quedaba claro que él no estaba dispuesto a romper ese ciclo y a enfrentarse a sus problemas. Nadie lo podía hacer por él. Y yo no me iba a hundir con él.

Mientras tanto, después de un mes de descanso, tenía que volver a pensar en el trabajo, tenía que seguir viviendo mi vida. Me di esas semanas para profundizar, y ahora era el momento de sacudirme y seguir adelante. Me propuse organizar y limpiar mi casa, renovar el interior y hacer mío el espacio. Fue entonces cuando una imagen de Tulum, México, apareció en mi teléfono. Me conectó directamente con mi esencia relajada, así que decidí que quería rehacer el año nuevo. Necesitaba empezar bien el año 2021, antes de reanudar mi trabajo y mi vida. Así que le envié un mensaje a mi amiga Rose y le dije: "Oye, vamos a Tulum". Quería quedarme en un hotel, quería que me mimaran, quería que me hicieran la cama. Quería estar con gente a la que quisiera y que me quisiera a mí. Visualicé este viaje como un botón de reinicio, una forma de reconectar con la energía que necesitaba en mi vida. Un puñado de amigas solteras que también necesitaban una escapada se unieron a nosotras y partimos.

Con el paso de los días, la tristeza que había cargado en mi corazón durante meses comenzó a disiparse. Me sentí más feliz y alineada a nivel espiritual. Nunca había estado en un lugar así, donde cada rincón tuviera un elemento espiritual y curativo. Cuanto más tiempo pasaba ahí, menos quería irme. Me sentía como en casa. Anoté mis pensamientos en mi diario, leí libros que alimentaban mi alma y me reconecté con mi esencia; por supuesto, las chicas y yo también nos divertimos. Dormí hasta tarde y ni siquiera me preocupé por lo que estaba comiendo porque me sentía tan bien que me inspiraba a tomar las decisiones correctas para mi cuerpo.

Mientras estuve ahí, no dejé de darle las gracias a Dios. Por primera vez en mi vida, me sentí realmente libre. Johnny tenía veinte años y podía cuidar de sí mismo. Mi mamá no me necesitaba. No tenía un compañero que me presionara para volver a casa. Incluso mi perro Pancho estaba en buenas manos. Eso significó que podía simplemente ser. También significó que cuando nuestro regreso se retrasó, no me estresé. Decidí aprovechar al máximo y disfrutar de los días extra en ese oasis. Así que cuando los paparazzi me encontraron en la playa y me fotografiaron, ni siquiera me di cuenta porque, para ser sincera, estaba viviendo mi mejor vida. Me enteré por Omi cuando me llamó para decirme que se habían filtrado unas fotos a los medios. Le pedí que me las enviara. Ella dudó y luego me dijo: "No son buenas". Pero le dije que me las enviara de todos modos.

Cuando las recibí, me eché a reír. Se las enseñé a mis amigas y ellas también empezaron a reírse. ¿Eran halagadoras? No. Pero no me importó. Sé quién soy. Sé que no soy la mujer más delgada del mundo, sé que hay camino para recorrer para mejorar y sé que puede que no cumpla los estándares de belleza de los bikinis, pero me importa un carajo. Cuando veo esas fotos, lo que recuerdo es que caminaba por esa playa como si fuera la pinche Tyra Banks, con las piernas largas y todo tonificado y en su sitio, y me aferré a esa sensación. Estaba decidida a no dejar que nadie me quitara ese momento.

En mi último día en Tulum, me dieron un masaje curativo y, aunque había una fiesta para los huéspedes del hotel, decidí quedarme en casa. Lo mismo hicieron mis amigas. No quería hacer nada que contaminara mi cuerpo. Para entonces, ya estaba lista para irme. Echaba de menos mi casa; echaba de menos mi vida estructurada.

La realidad me golpeó con toda su fuerza el primer lunes después de mi regreso. Había mucho que hacer y sólo yo podía hacerlo. Pero no dejé que eso me detuviera. Reconocí mis emociones y me reconecté con la dichosa energía de Tulum, sabiendo que un día volvería. Así fue que, renovada y reanimada, me esforcé y volví a la rutina.

Por ahora, esto es lo que tengo que hacer. Debo ocuparme de mis responsabilidades en el mundo real para poder cumplir mis metas y construir mis sueños futuros. Hago las cosas a mi ritmo, no me apresuro, me tomo mi tiempo. Si no lo hago hoy, lo haré mañana. Me he dado cuenta de que el paraíso pueden ser el sol y la playa, pero también puede ser un estado de ánimo. El paraíso está dentro de mí.

No desees que las cosas sean fáciles.
¡Reza para que valgan la pena!

20

INVENCIBLE

Estoy aquí, aún en pie, aún cantando, aún aprendiendo, aún prosperando. Ya no me cuestiono a mí misma. He aprendido que si no te amas a ti misma primero, nunca serás capaz de amar de verdad y recibir el amor que mereces de los demás. Amarse a uno mismo significa alimentarse con la comida adecuada, alimentar la mente con la literatura adecuada y rodearse de los amigos y compañeros adecuados. No me he vuelto suspicaz a causa de mi divorcio y todo lo que conllevó. Me he vuelto más fuerte, más inteligente, y ahora tengo una visión más clara de lo que quiero del hombre de mi vida. También me estoy obligando a reconocer las alertas rojas que aparecen en mi camino, porque ignorarlas no me ha servido de nada.

Durante los últimos años, he sufrido el fin de relaciones con parejas y amigos cercanos. Cada una de estas pérdidas me dolió mucho, pero me han hecho crecer como persona. Este dolor en particular me ayudó a abrir los ojos a lo que podría hacer mejor como pareja y como amiga, y también a lo que no tolero o no merezco. Hay personas que están destinadas a estar con nosotros a largo plazo y otras que sólo están ahí durante ciertas temporadas de nuestra vida para enseñarnos lecciones específicas, y eso también vale.

Durante mucho tiempo, sentí que tenía que sufrir para que ocurrieran cosas buenas en mi vida. No hay mal que por bien no venga, ¿verdad? Bueno, sí y no. Detrás de las nubes está el sol, lo creo, pero también me he dado cuenta de que las cosas buenas no vienen solo de los días nublados; los días soleados también proporcionan regalos maravillosos. No siempre tengo que pasar por lo peor para vivir el resultado positivo que está a la vuelta de la esquina. Ya no quiero sufrir sin necesidad. Quiero vivir, aprender y evolucionar.

También he aceptado el hecho de que no le debo a nadie una explicación sobre con quién me acuesto o salgo, ya sea uno, cinco o diez tipos. Después de soportar una relación tan dolorosamente pública, ahora quiero volver a guardar esa parte de mi vida para mí. Estar en realities durante mis años de formación como adulta realmente sesgó mi percepción sobre lo que debía compartir y lo que debía mantener en privado. Soy conocida por ser abierta y honesta ante el público sobre lo que me pasa, pero ahora sé que ser una figura pública no significa que esté obligada a compartirlo todo. Algunas cosas se disfrutan mejor en la intimidad de mi corazón. Al fin y al cabo, es mi cuerpo, es mi vagina y es mi vida.

Mi mamá fue la primera en enseñarme a ser invencible. Si estaba atascada, me decía: "Arréglatelas". Si me caía, me decía: "Sacúdete y sigue adelante". Ningún obstáculo era demasiado grande o demasiado difícil de superar ante sus ojos. Y después de su muerte, cuando estaba a punto de rendirme, lo que me mantuvo invencible fueron Johnny y Jenicka. No podía defraudarlos, no podía abandonarlos; ya habían perdido a sus dos padres. Aunque no estaba segura de cómo seguir viviendo, me levanté y lo hice por ellos. Son mi orgullo y mi alegría.

Mucha gente de mi familia me critica por cómo he criado a Johnny y a Jenicka. Creen que he sido demasiado liberal con ellos, que debería haberles quitado los coches y los teléfonos cuando estaban explorando sus identidades sexuales. Lo he oído todo: fue culpa mía porque tengo amigos gay; fue culpa mía porque tuve mi propia experiencia gay y fui abierta al respecto; fue culpa mía porque no fui lo suficientemente estricta. Nunca sabrán lo que es criar a los hijos de otras personas.

Cuando tuve que abandonar mi papel de hermana y entrar en el de mamá, me comprometí a ser paciente, cariñosa y comprensiva. Los guie y me propuse aceptar su individualidad. Me propuse respetar su proceso, al tiempo que buscaba un equilibrio entre la forma de hacer las cosas de mi mamá y la mía propia. Ella era muy tradicional y no veía con buenos ojos la experimentación y las preferencias sexuales no tradicionales, pero yo quería estar ahí para apoyarlos en el camino. Lo último que quería hacer era llevarlos a la depresión. Sé de primera mano lo devastada y perdida que te puede hacer sentir. Eso no significa que no me respetaran como mamá. Hasta el día de hoy, cuando me pongo seria, dicen: "Ay, está enojada", y respetan lo que tengo que decir. Los quiero mucho y quiero ayudarlos a transitar cada etapa de sus vidas. Estoy muy orgullosa de haber ayudado a criar a estos niños de corazones enormes.

He visto a Jenicka, la niña tímida y cohibida, convertirse en una mujer fuerte y segura de sí misma que acepta su cuerpo y tiene una sabiduría extraordinaria. Ha aprendido a maquillarse sola y ha convertido esa pasión en una carrera. A su edad, yo ni siquiera me valía por mí misma. Ahora está ganando su propio dinero y construyendo su propio imperio. Le deseo que siga así para que se convierta en una *influencer* aún mayor y tenga éxito en todo lo que se proponga. Lejos de ser mi competencia, es mi hermana, es mi bebé y, en definitiva, es mi inspiración. Sólo le deseo felicidad, y también amor. Que quien elija estar con ella le dé el amor que se merece. La última vez que le envié un mensaje de texto diciendo "Estoy muy orgullosa de ti", me contestó "Soy quien soy gracias a ti". Mi corazón dio un vuelco por lo bien que me hizo sentir.

Creo que Johnny es el más inteligente de los cinco. De momento, sigue buscando su propósito, aquello que lo apasione y lo haga feliz en el trabajo. Nos sentamos y tenemos conversaciones sobre esto mientras intento guiarlo cuando es necesario, pero sé que va a hacer cosas extraordinarias. Al igual que Jenicka, es un niño increíble y sé que no tengo que preocuparme por él (¡aunque siempre lo haré!). Si sale con amigos y le pido que vuelva a casa, lo hace. Nuestra comunicación es abierta, honesta y sin vueltas. Le permito ser él mismo y experimentar, pero también intervengo y le pongo límites cuando es necesario, y él los respeta. Me escucha y confío en él. A todas las páginas falsas en las redes sociales que hablan pendejadas y dicen que nunca me va a dejar ser feliz, no tienen ni idea de lo que están diciendo. Johnny no es celoso, es protector. Hemos pasado por el infierno y hemos sobrevivido juntos. Lo único que quiere es que yo sea feliz. Es mi hijo, es mi hermano y es mi pequeño cómplice. Siempre nos apoyaremos.

Cuando la gente me mira con lástima en los ojos y dice: "En serio, ¿tu mamá no te ha dejado nada?". Yo digo: "Sí, lo hizo". Me dejó a mis dos hermanos pequeños; ellos son mi herencia. Cuando mi familia se enoja porque no promociono las cosas de mi mamá como ellos quieren, me recuerdo que yo me encargué de lo más importante: he criado a sus hijos. Me ocupo de sus mentes y de sus corazones. Si alguna vez necesitan algo, estoy aquí. Saben que pueden contar conmigo. Me ocupo de la parte más importante del legado de mi mamá y de su posesión más valiosa: sus hijos.

¿Qué me hace invencible ahora? Dios. Él me inspira a dar lo

mejor de mí, a mejorar y a seguir avanzando para poder cumplir mi misión y mi propósito en la vida: ayudar a la gente. Me niego a ser una víctima de mi pasado. Me siento segura de mí misma, me siento realizada, amo lo que soy y quiero ayudarte a amar lo que eres. Cantar no es sólo mi pasión, es un vehículo para alcanzar mi meta a largo plazo de motivar y empoderar a los demás. Quiero aportar luz a la vida de las personas a través de mi música y, con el tiempo, también a través de charlas motivacionales. A menudo he tenido una visión de mí, cantando en un gran estadio lleno de miles de personas y cayendo de rodillas llorando. Después de respirar hondo, me levanto y empiezo a cantar una canción de adoración.

Se suponía que no lo lograría. Mi padre abusó sexualmente de mí cuando era una niña, tuve una pelea con mi mamá y ella murió sin que tuviéramos la oportunidad de reconciliarnos, he pasado por relaciones difíciles, he perdido amigos por el camino y me he alejado de mi propia familia. Debería haber sido una pinche puta adicta al crack que vive en un garaje el resto de su vida. Pero no lo soy. A pesar de las adversidades que he tenido que afrontar, sigo en pie, sigo creciendo y sé que puedo hacer más. Encontrar el equilibrio en la vida es una lucha constante, pero si yo puedo hacerlo, sé que tú también lo puedes lograr, porque todas somos invencibles.

He decidido que, sin importar lo que haya o no ocurrido en el pasado, seré la heroína de mi futuro.

EPÍLOGO

La vida está en constante e inesperado movimiento. Nos choca, nos sorprende, nos hace derramar lágrimas y soltar carcajadas, y también nos pide que nos detengamos a contemplar nuestro camino y, cuando es necesario, redefinirlo. Hace unas semanas, decidí que había llegado el momento de vender mi querida casa amarilla. La razón principal que me empujó a tomar esta decisión es que ya no me siento segura allí. Hay tanta gente que sabe dónde vivo gracias a *The Riveras* y a la serie *Mariposa del Barrio* y a menudo veo a TikTokeros parados frente a mis puertas grabando videos para sus perfiles, por no hablar de que los paparazzi pasan manejando a cada rato al acecho. Cada vez que tengo que viajar, se me hace un nudo en la garganta pensando en Johnny, que está solo. Su seguridad es mi prioridad, y también lo es mi paz.

Llegué a esta decisión con el corazón encogido porque me enamoré de mi casa amarilla en el momento en que pisé el camino que llevaba a su puerta principal hace cuatro años. Ese lugar me convirtió en propietaria por primera vez. Fue testigo de mi amor y mi desamor, es donde celebré a mis amigos y mi familia, y donde recibí mi primer Grammy Latino. Cuando nos separamos y Lorenzo se mudó definitivamente, renové todo el lugar; cambié los muebles y reemplacé los pisos. Tenía la misión de deshacerme de la mala energía de esa relación fallida y traer las buenas ondas. Tengo muy buenos recuerdos de todos los momentos divertidos y las fiestas que organicé en esa casa, pero también transcurrieron muchos momentos fuertes ahí. Por eso, cuando mi asesor financiero me planteó por primera vez la idea de vender, pensé: *Quizá sea lo mejor.* Estoy lista para un cambio que atraerá un capítulo más estable en mi vida, una ola fresca de energía que abrirá nuevas puertas para mi futuro. Estoy lista para actualizar mi casa y mi vida.

Algo ya ha llamado a una de esas nuevas puertas: el amor. Sucedió cuando menos lo esperaba, en una fiesta de cumpleaños sorpresa que organicé para mi amiga querida Becky G el 1º. de marzo de 2021. Cuando bajé a saludar a mis invitados, vi a Emilio y mi corazón dio un vuelco. Nos habíamos conocido un año antes, en mi sesión de fotos para el video de mi exitosa canción "Jolene". Becky G nos preguntó si podíamos utilizar a su fotógrafo, y mi equipo y yo dijimos que sí. Era mayo de 2020 y Lorenzo acababa de mudarse de casa tras una de nuestras últimas grandes peleas. Cuando me lo presentaron a Emilio, le dije: "Oye, tienes unos *eyeballs* muy bonitos", (refiriéndome a sus globos oculares en vez de sus ojos), porque los tiene. El rodaje fue súper profesional. No volví a verlo ni a hablar con él hasta aquella noche de marzo del año siguiente. Ese mismo día, había decidido dar el paso y empezar a explorar algunas aplicaciones de citas, pero esa noche lo cambió todo. *Ay, es el chico de los* eyeballs *bonitos*, pensé, cuando nuestras sonrisas se encontraron y entablamos una cómoda conversación: estábamos enganchados.

Poco después, empezamos a salir y todo iba bien, hasta que me di cuenta de que él y Lorenzo se seguían en las redes sociales.

—Un momento, ¿cómo conoces a Lorenzo? —le pregunté a Emilio durante una de nuestras primeras citas.

—Solo lo conozco de una fiesta a la que ambos fuimos hace siete años.

Resulta que había ido a una fiesta con Becky G, y Lorenzo también estuvo allí. Pasaron un rato juntos esa noche y luego se siguieron en las redes sociales. Tienen amigos en común, pero no volvieron a verse desde entonces. Nunca intercambiaron números de teléfono, nunca salieron, nunca hablaron, ni se enviaron mensajes de texto, ni mensajes directos, y nunca escribieron nada en las páginas del otro. Hasta hace poco, cuando de la nada, después de siete años, Lorenzo puso un comentario en una de los *posts* de Emilio. Luego, poco después, salió diciendo que el muchacho con quien se rumoreaba que salía conmigo era su amigo, su "compa". Ay Dios mío. ¿Cuándo va a parar? ¿Hasta dónde va a llegar?

La razón por la que aún no estoy divorciada no es porque no quiera, es porque Lorenzo no está cumpliendo con su parte. Al contrario de lo que le he oído decir a los medios, la última vez que se fijó mi abogado, no había absolutamente nada de él, ni papeles firmados, ni nuevas cláusulas, nada. Llevo meses esperando, y créanme que no voy a poner mi vida en pausa por este nuevo obstáculo en mi camino. Solo sé que me he librado de una bala de diamante. Pero por mucho que Lorenzo me haya enfurecido a veces, sinceramente no le deseo ningún mal. Nuestra relación simplemente no funcionó, y eso está bien. Eso pasa. Creo que estar juntos nos enseñó a ambos valiosas lecciones y ahora es el momento de seguir adelante. Realmente le deseo solo lo mejor.

Mientras tanto, estoy lidiando con otras relaciones que una vez más están en terreno pantanoso en mi vida. Ya no me hablo con mi tío Juan ni con mi tía Rosie, ni siquiera nos seguimos en las redes sociales. Jacqie está de nuevo en el medio, sin saber cómo manejar todo esto. Pero estoy siendo tan paciente y comprensiva como puedo con ella porque no quiero perderla. Incluso me he distanciado de mi abuelita; seguimos hablando, pero no como antes. Echo de menos ir a su casa y comer su comida casera. Espero que podamos volver a encontrarnos pronto.

¿Por qué ocurre esto ahora? Por la contabilidad que estoy ayudando a Johnny a hacer en la herencia de nuestra mamá. Porque después de que le dijeran una y otra vez que cuando cumpliera veinticinco años no tendría nada a su nombre, sólo queremos saber si eso es cierto. No hay nada malo en lo que estamos haciendo. Mi mamá trabajó incansablemente por nosotros. Lo sabemos. El mundo lo sabe. Ella misma lo dijo en innumerables entrevistas. Johnny sólo quiere ver los números de una herencia que en parte le pertenece. No somos malos hijos por hacer preguntas. Saber qué hay y con qué puede o no contar en el futuro le permitirá planificar mejor sus próximos pasos en la vida.

A fin de cuentas, aunque me encantaría que pudiéramos unirnos como familia, también he aprendido que a veces es mejor querer a ciertas personas desde lejos.

Ahora, por primera vez en mi vida, puedo decir con confianza que ya no tengo miedo de defenderme a mí misma y lo que creo. No me asusta la idea de volver a casarme. E incluso ya no tengo miedo de tener hijos. Estoy deseando ver lo que Dios, el destino y el futuro me tienen reservado. Mientras tanto, seguiré trabajando incansablemente por lo que quiero. Empezando por mi nuevo programa con Telemundo Universo: *Lo mejor de ti con Chiquis.* Esto no es un *reality show.* Por fin me han llamado al set para usar mis experiencias para ayudar a otros a superar sus propias batallas, y no podría estar más feliz. Dios me dio esta vida y esta voz para este propósito, para ayudar a otras personas a navegar por sus propias tormentas de mierda y salir mejor del otro lado. Este es el punto culminante de mi nuevo capítulo, mi broche de oro. Todo está saliendo bien, y no veo la hora de saber adónde iré a parar.

AGRADECIMIENTOS

Gracias a mis hermanos, Johnny, Jenicka, Mikey y Jacqie, por su amor y apoyo en esta montaña rusa llamada vida. Nos hemos reído juntos, hemos llorado juntos y hemos crecido juntos. Los quiero más de lo que se imaginan.

A mi increíble equipo, mi familia laboral, gracias por ser mi roca, por apoyar mi visión en desarrollo y, en definitiva, por creer en mí. Por muchos años más de evolución, oportunidad y éxito. ¡Arriba Team Thrive!

A Johanna Castillo, mi brillante agente literaria, llevamos mucho tiempo trabajando juntas y aún me sorprende tu tenacidad y tu espíritu emprendedor. Gracias por haberme apoyado siempre y por ayudarme a llevar a cabo las ideas de mis libros.

A Cecilia Molinari, gracias por ser mi amiga (¡y prácticamente mi terapeuta!) y alguien con quien pude hablar con el corazón abierto, sabiendo que interpretarías mis palabras, lágrimas, dolores y risas de forma hermosa en las páginas de este libro. ¡Qué viaje!

A Michelle Herrera Mulligan, editora sénior de Atria, tus correcciones consideradas, orientación y apoyo ayudaron a elevar aún más este libro, consolidando la intimidad y la honestidad que nos propusimos transmitir. Gracias a ti y a todo el equipo de Atria por darme la oportunidad de expresar una vez más lo que pienso y compartir mi corazón.

A mis Boss Bees, mis seguidores incondicionales, gracias por ser mi apoyo, por animarme cuando me siento mal, por recordarme siempre por qué elegí estar en este camino. No estaría donde estoy hoy sin todos ustedes. Este libro es para ustedes. Ya saben, son los mejores del mundo mundial.

Y por último, si bien no menos importante, gracias a Dios, por ser mi guía, mi brújula moral, mi luz en la profunda oscuridad, mi faro de esperanza. Con Dios todo, sin él nada.